Die Kerzen.

Seine Esoterischen Kräfte

Lerne, sie zu interpretieren und in Ritualen anzuwenden.

Angeline Rubi und Alina A. Rubi

Kerzen, als Beleuchtungsinstrumente mit spiritueller Symbolik, haben in den letzten Jahren die Bedeutung zurückgewonnen, die sie einst in alten mystischen und zeremoniellen Traditionen hatten. Seit der Antike hat die Menschheit in der Flamme einer Kerze weit mehr gesehen als nur eine einfache Lichtquelle. Ihr Feuer steht für Verwandlung, Hoffnung, Schutz und Verbindung mit den unsichtbaren Energien, die das Dasein umgeben. Eine Kerze anzuzünden bedeutet, ein kleines Portal der Absicht zu öffnen, in dem Stille, Energie und Gedanken sich vereinen, um eine heilige Atmosphäre zu schaffen. Im Laufe der Geschichte verwendeten verschiedene Kulturen Kerzen in Tempeln, spirituelle Zeremonien, heilige Rituale und esoterische Praktiken, die Liebe, Wohlstand, Schutz und emotionale Heilung anziehen sollten.

Die Magie der Kerzen gehört nicht nur Zauberern, Wahrsagern oder mystischen Praktizierenden. In Wirklichkeit hat fast jeder an irgendeinem Kerzenritual teilgenommen, ohne es überhaupt zu bemerken. Ein romantisches Abendessen, das von

Kerzenlicht erleuchtet wird, ein Gebet an einer kleinen Flamme, ein entspannendes Bad begleitet von sanftem Licht oder einfach das Anzünden einer Kerze in Momenten der Traurigkeit oder Hoffnung sind alles Formen alltäglicher Rituale. Kerzen verändern nicht nur die Umwelt, sondern auch den emotionalen Zustand der Menschen um sie herum. Ihre Flamme schafft Ruhe, Selbstreflexion und ein Gefühl von Geborgenheit, das nur wenige Dinge mitten in Stress und täglichen Sorgen bieten können.

Seit Jahrhunderten galten Kerzen als mächtige Werkzeuge, die Energie kanalisieren, Intuition wecken und die richtige Atmosphäre für Meditation, spirituelle Arbeit und Manifestationspraktiken schaffen können. Alte Seher sahen die Bewegung der Flammen und das Verhalten geschmolzenen Wachses, um symbolische Botschaften zu deuten, während Heiler und spirituelle Praktizierende Kerzen nutzten, um Räume zu reinigen, Absichten zu stärken und Häuser sowie Menschen zu schützen. Das Licht einer Kerze hat die Fähigkeit, den Geist zu fokussieren und die Absicht zu lenken und wird so eine Brücke zwischen menschlichem Denken und dem spirituellen Universum.

Kerzenrituale helfen Menschen, sich mit dem Unterbewusstsein zu verbinden, fördern Entspannung und unterstützen tiefe

Zustände der Meditation und Kontemplation. Viele Menschen finden darin eine einfache, aber kraftvolle Möglichkeit, sich wieder mit sich selbst zu verbinden, Angst abzubauen und emotionales Gleichgewicht wiederherzustellen. Nur wenige Minuten eine Flamme zu beobachten, kann zu einer tiefgreifenden Übung inneren Friedens werden, besonders in Zeiten, in denen Stress, Lärm und ständige Sorgen das tägliche Leben beherrschen. Kerzen schaffen einen intimen und heiligen Raum, in dem die Seele ruhen kann und der Geist endlich Stille finden kann.

Jede Kerzenfarbe trägt innerhalb esoterischer Traditionen eine besondere Bedeutung. Weiße Kerzen symbolisieren Reinheit, Frieden und Schutz. Rote Kerzen sind mit Leidenschaft, Stärke, Mut und Liebe verbunden. Grüne Kerzen werden mit Wohlstand, Fülle und Wachstum assoziiert. Blaue Kerzen fördern Ruhe, Heilung und emotionale Harmonie, während violette Kerzen mit Spiritualität, Intuition und innerer Transformation verbunden sind. Im Laufe der Zeit lernten viele Traditionen, Farben, Düfte, Kräuter, Öle und heilige Symbole zu kombinieren, um Absichten zu stärken und Ritualen mehr Kraft zu verleihen.

Durch den Einsatz von Kerzen konzentrieren sich viele spirituelle Praktiken auf energetischen Schutz und emotionales

Wohlbefinden. Zahlreiche Traditionen glauben, dass Kerzen helfen können, negative Energien zu neutralisieren, die mit Neid, Eifersucht, Groll, Angst, Traurigkeit oder emotionalem Konflikt verbunden sind. Sie werden außerdem verwendet, um Selbstvertrauen zu stärken, Gelassenheit zu fördern und harmonische Umgebungen im zuhause zu schaffen. In schwierigen Momenten kann die bloße Anwesenheit einer brennenden Kerze zum Symbol für Hoffnung, Widerstandskraft und spirituellen Trost werden. Obwohl das moderne Leben von künstlichem Licht und leuchtenden Bildschirmen umgeben ist, weckt die kleine Flamme einer Kerze weiterhin etwas Altes, Geheimnisvolles und zutiefst Menschliches in uns.

Ein wenig Geschichte

Der Ursprung der Kerzen ist eng mit der Geschichte des Feuers und dem Bedürfnis der Menschheit verbunden, die Dunkelheit zu erhellen. Obwohl es unmöglich ist, genau zu bestimmen, wann die ersten Kerzen entstanden oder wie sie ursprünglich hergestellt wurden, erlauben viele historische Aufzeichnungen uns, einen Teil ihrer Entwicklung im Laufe der Jahrhunderte zu rekonstruieren. Lange bevor es Elektrizität gab, bedeutete die Flamme einer Kerze Sicherheit, Führung und Schutz vor den Gefahren der Nacht. Über ihren praktischen Zweck hinaus erwarben Kerzen in vielen antiken Zivilisationen allmählich einen wichtigen spirituellen und symbolischen Wert.

Es wird angenommen, dass einige der frühesten Menschen, die Objekte ähnlich wie Kerzen herstellten, die Etrusker waren, die eine Mischung aus Talg und Wachs um einen Docht wickelten, der aus den Fasern oder dem Korn bestimmter Pflanzen gewonnen wurde. Diese primitiven Kerzen waren einfach und rudimentär, markierten jedoch den Beginn einer Tradition, die sich schließlich sowohl in den Herstellungstechniken als auch in der spirituellen Bedeutung weiterentwickeln sollte. Mit dem Fortschreiten der Gesellschaften hörten Kerzen auf, bloße Beleuchtungswerkzeuge zu sein, sondern wurden zu Elementen, die eng mit Zeremonien, Ritualen und religiösen Praktiken verbunden waren.

Es ist schwierig, genau zu entscheiden, welche Zivilisationen Kerzen zuerst ähnlich wie moderne Praktiken verwendet haben. Antike Texte zeigen jedoch, wie verschiedene Kulturen Licht als heilig betrachteten. Unter keltischen Völkern zum Beispiel führten Priester Zeremonien durch und teilten spirituelle Lehren in Höhlen, die nur von Flammen erleuchtet wurden. Für sie symbolisierte Licht Weisheit, Schutz und Verbindung zu den Göttern. Kerzen und Fackeln waren Teil von Ritualen, die der Natur, den Lebenszyklen und den unsichtbaren Kräften gewidmet waren, die das Universum beherrschen.

In der hebräischen Tradition spielten Kerzen und Kandelaber eine zentrale spirituelle Rolle. Eines der repräsentativsten Symbole des jüdischen Volkes war die Menora, der siebenarmige Kandelaber, der mit göttlichem Licht, Weisheit und der Gegenwart Gottes verbunden ist. Die Flamme symbolisierte spirituelle Kontinuität und Glauben, die auch in schwierigen Zeiten lebendig bleiben mussten. Im Laufe der

Jahrhunderte wurden Kerzen weiterhin bei religiösen Feiern, Zeremonien und Gebetsmomenten verwendet.

Im antiken Rom waren Kerzen als "cerus" bekannt und wurden aus Schilf-Korn hergestellt, das in Bienenwachs getaucht wurde. Das Wort "Kerze" stammt vom lateinischen Verb "candere", was "leuchten" oder "leuchten" bedeutet. Obwohl die Römer häufig Öllampen verwendeten, um ihre Häuser zu beleuchten, hatten Kerzen einen besonderen Platz in religiösen und zeremoniellen Umgebungen. In den Katakomben Roms zündeten frühe Christen Kerzen als Symbole des Glaubens und der Hoffnung bei geheimen Versammlungen, Beerdigungsriten und Akten der spirituellen Hingabe an. Gleichzeitig glaubten einige Philosophen jener Zeit, dass die zeremonielle Verwendung von Kerzen eine gefährliche Verbindung zu älteren heidnischen Traditionen darstellen könnte.

Im Christentum gibt es Hinweise auf die Verwendung von Kerzen, die etwa bis ins dritte Jahrhundert n. Chr. zurückreichen. Kerzenflammen wurden Teil von Taufen, Prozessionen, Mahnwachen und Trauerfeierlichkeiten. Das Licht einer Kerze symbolisierte göttliche Gegenwart, spirituelle Reinheit und den Triumph des Lichts über die Dunkelheit. Im Laufe der Zeit verbreitete sich diese Tradition in ganz Europa und wurde tief in christliche religiöse Praktiken integriert.

Im alten Frankreich wurden Kerzen aus Bienenwachs besonders beliebt, weil sie als reiner und haltbarer galten als Kerzen aus tierischem Fett. Im Mittelalter wurden auch in verschiedenen Regionen Asiens Kerzen hergestellt, die tierische Fette und natürliche Öle verwendeten. In dieser mittelalterlichen Zeit entwickelten Kerzen eine noch stärkere Verbindung zur mystischen und esoterischen Welt. Zauberer, Alchemisten, Astrologen und okkulte Praktizierende begannen, Kerzen als unverzichtbare Werkzeuge für Rituale, Anrufungen und spirituelle Praktiken zu verwenden, die Schutz, Liebe, Wohlstand und verborgenes Wissen anziehen sollten.

Im achtzehnten Jahrhundert erlebte die Kerzenproduktion bedeutende Fortschritte. Kerzen wurden aus Paraffin, festen Fettsäuren, gehärteten tierischen Fetten und raffiniertem Bienenwachs hergestellt. Diese neuen Materialien ermöglichten die Herstellung sauberer, stärkerer und langlebiger Kerzen. Von diesem Zeitpunkt an wurden Kerzen nicht mehr Luxusgüter für Tempel und privilegierte Klassen und wurden Teil des Alltags von Millionen Menschen.

Trotz der vergangenen Jahrhunderte und enormen technologischen Fortschritts behalten Kerzen weiterhin eine tiefe spirituelle und emotionale Bedeutung. Ihre Flamme steht immer noch für Hoffnung, Schutz, Selbstreflexion und

Verbindung zum Heiligen. Selbst heute wenden sich viele Menschen nicht nur Kerzen zu, um Räume zu erleuchten, sondern auch, um friedliche Umgebungen zu schaffen, Meditation und spirituelle Rituale durchzuführen oder einfach einen Moment der Ruhe inmitten des modernen Chaos zu finden.

Gründe, warum wir eine Kerze anzünden

Die Gründe, die jede Person dazu bringen, eine Kerze
anzuzünden, sind so vielfältig wie die menschliche Erfahrung
selbst. Manche Menschen tun es auf der Suche nach innerem
Frieden, andere aus Familientradition, Glauben, Hoffnung,
Schutz oder einfach aus dem Bedürfnis, sich in schwierigen
Zeiten begleitet zu fühlen. Es gibt diejenigen, die eine Kerze
anzünden, um Liebe, Gesundheit, Wohlstand oder spirituelle
Führung zu bitten, während andere dies tun, um sich an einen
geliebten Menschen zu erinnern, zu meditieren oder emotionale
Ruhe zu finden. Es ist unmöglich, genau alle Motive zu
bestimmen, die diese Tat antreiben, denn jede Lichtflamme hat
eine andere Absicht, ein persönliches Gefühl und ein stilles
Verlangen, das oft nicht einmal in Worte zu fassen ist.

Doch jenseits kultureller oder religiöser Unterschiede gibt es
etwas, das alle Menschen vereint: die Notwendigkeit,
Antworten jenseits der physischen und materiellen Welt zu
suchen. Seit der Antike versucht die Menschheit, die

Geheimnisse des Lebens, des Schicksals, des Todes und des Universums zu verstehen. Wir alle suchen irgendwann nach einem Zeichen, einem Leitfaden, einem Licht, das es uns ermöglicht, inmitten der Ungewissheit Sinn zu finden. Das Bedürfnis, an etwas Höheres zu glauben, Glauben zu haben und zu fühlen, dass es eine unsichtbare Kraft gibt, die unseren Bitten zuhören kann, begleitet den Menschen seit Beginn der Zivilisation.

Licht hat stets die symbolische Brücke zwischen Menschen und Göttlichem dargestellt. In vielen alten Kulturen galt Feuer als heiliges Element, das mit Spiritualität, Reinigung und Transformation verbunden war. Die Flammen symbolisierten die schöpferische Kraft der Natur, die Energie der Götter und die Fähigkeit, Dunkelheit in Klarheit zu verwandeln. Aus diesem Grund nahm Feuer in praktisch allen antiken Zivilisationen einen zentralen Platz in Ritualen, religiösen Zeremonien und spirituellen Praktiken ein. Das Entzünden einer Flamme wurde als Akt der Verbindung zu höheren Kräften und zu den unsichtbaren Geheimnissen des Universums angesehen.

Feuer und Licht sind genau die beiden großen Elemente, die wir in einer Kerze finden. Ein scheinbar einfaches Werkzeug, vom Menschen geschaffen, aber voller tiefer Symbolik. Die

Kerze erhellt den Raum physisch, steht aber auch für die Suche nach Innenbeleuchtung. Ihre Flamme inspiriert zu Erinnerung, Selbstreflexion und Hoffnung. In vielerlei Hinsicht wurden Kerzen zum Spiegelbild des menschlichen Bedürfnisses, das Dasein zu verstehen, emotionale Dunkelheit zu bekämpfen und zu versuchen, das eigene Schicksal zu verstehen.

Das Anzünden von Kerzen ist Teil einer so alten Tradition, dass sie scheinbar in das kollektive Gedächtnis der Menschheit integriert wurde. Selbst die rationalsten Menschen oder Menschen, die weit von Spiritualität entfernt sind, fühlen sich oft von der Ruhe und dem Geheimnis angezogen, die eine entzündete Flamme vermittelt. Im Laufe der Geschichte konnten nicht einmal die herausragendsten Wissenschaftler, Philosophen oder Denker alle Rätsel rund um die Existenz, das Bewusstsein oder den Ursprung des Universums vollständig beantworten. Es gibt immer noch unbeantwortete Fragen, unerklärliche Phänomene und Geheimnisse, die weiterhin Neugier und Staunen wecken. Vielleicht ist das der Grund, warum Kerzenlicht auch mitten im technologischen Zeitalter eine so starke emotionale Kraft besitzt.

Im Allgemeinen basierten die meisten Zivilisationen auf ihrer Entwicklung auf der Beherrschung des Feuers und der vielfältigen Funktionen, die es bot. Von den rustikalen, fettgetränkten Stäbchen, die frühe Menschen verwendeten, über Fackeln aus Naturharz bis hin zu großen holzbefeuerten Feuern – Feuer war entscheidend für Überleben und Fortschritt. Später perfektionierten Zivilisationen wie die Ägypter, Assyrer, Phönizier, Griechen und Römer verschiedene Beleuchtungssysteme mit natürlichen Ölen als Brennstoff. Jeder Fortschritt ermöglichte es, dass das Licht länger mit menschlichen Aktivitäten verweilte, stärkte aber auch deren spirituelle und zeremonielle Bedeutung.

Im Laufe der Jahrhunderte hörten Kerzen auf, nur praktische Gegenstände zu sein, sondern nahmen einen wichtigen Platz in Spiritualität, Religion und Esoterik ein. Ihre Präsenz bleibt ein Symbol für Hoffnung, Glauben und Transformation. Denn obwohl sich die Welt verändert hat, weckt die kleine Flamme einer Kerze im Menschen weiterhin das gleiche angestammte Gefühl von Schutz, Geheimnis und Verbindung zu etwas, das viel größer ist als sie selbst.

Die Sprache der Kerzen.

Kerzen gelten seit Jahrhunderten als Werkzeuge, die symbolische Botschaften durch das Verhalten ihrer Flammen, ihren Dochten und die Art und Weise des Konsums des Wachses übertragen können. Innerhalb alter esoterischer Traditionen sollen Kerzen als Energiekanäle fungieren, die Emotionen, Blockaden, Veränderungen und Umstände im Zusammenhang mit dem Leben der Person widerspiegeln, die ein Ritual oder eine spirituelle Bitte ausführt. Aus diesem Grund entwickelten viele Kulturen Interpretationssysteme, die auf der Bewegung der Flamme, des Rauchs, der Funken und der Formen basieren, die beim Brennen der Kerze erscheinen.

Kerzenbeobachtung wurde nicht nur von Zauberern, Priestern oder Wahrsagern praktiziert. Es war auch Teil populärer Rituale, die in Häusern, Tempeln und spirituellen Zeremonien durchgeführt wurden. Für viele Menschen wirkt die Kerze wie ein energetischer Spiegel, der verborgene emotionale Zustände, innere Spannungen oder Warnungen in Bezug auf die Zukunft offenbart. Obwohl diese Interpretationen in erster Linie der spirituellen Symbolik und nicht der Wissenschaft zugeordnet sind, werden sie weiterhin verwendet, weil sie eine intuitive und ursprüngliche Art sind, Antworten inmitten der Unsicherheit zu suchen.

Wenn eine Kerze beim Brennen kleine Funken erzeugt, wird dies traditionell als Zeichen für Luftfeuchtigkeit in der Umgebung oder für unruhige Energien rund um die betreffende Situation interpretiert. Auf spiritueller Ebene behaupten manche Überzeugungen, dass diese Funken wichtige Gespräche, unerwartete Nachrichten oder intensive Emotionen ankündigen, die sich noch nicht stabilisiert haben. Wenn das Geräusch der Kerze ebenfalls laut oder konstant ist, könnte es angesammelte emotionale Spannungen oder Konflikte symbolisieren, die bald an die Oberfläche kommen.

Wenn es schwierig ist, eine Kerze anzuzünden, gilt es, dass die energetische Umgebung mit Blockaden, Stress oder negativen Schwingungen belastet ist. Es kann auch zeigen, dass die Person Momente emotionaler Erschöpfung, Angst oder Unklarheit darüber, was sie wirklich verlangen möchte, durchmacht. Viele Traditionen empfehlen in solchen Fällen, eine spirituelle Reinigung durchzuführen oder sich eine Zeit der

Meditation zu nehmen, bevor man auf das Ritual besteht. Die Kerze scheint zu zeigen, dass es einen inneren oder äußeren Widerstand gibt, der den Fortschritt der Energie behindert.

Wenn eine Kerze zu viel Rauch erzeugt, besonders dunklen oder dichten Rauch, bezieht sich die Interpretation oft auf Zweifel, negative Gedanken oder emotionale Konflikte. Übermäßiger Rauch symbolisiert Hindernisse, Sorgen oder verwirrende Situationen, die noch Zeit brauchen, um zu beseitigen. Einige esoterische Strömungen gehen davon aus, dass Rauch auch dichte Energien sein kann, die sich in der Umgebung angesammelt haben, oder unterdrückte Emotionen, die freigesetzt werden wollen.

Der Docht der Kerze hat ebenfalls eine starke symbolische Bedeutung. Wenn die Zündschnur in zwei Hälften gerissen wird, wird dies als Zeichen von Unentschlossenheit, inneren Widersprüchen oder Unklarheit in der Forderung interpretiert. Es kann emotionale Zweifel, getrennte Wege oder widersprüchliche Gedanken symbolisieren, die verhindern, dass die Energie richtig voranschreitet. Wenn der Docht jedoch hell leuchtet und die Flamme fest und leuchtend bleibt, ist die Interpretation meist positiv. Diese Helligkeit steht für spirituellen Schutz, geistige Klarheit und gute Erfolgschancen bei dem, was du erreichen möchtest.

Es gibt einen sehr verbreiteten Glauben über Kerzen, die "weinen", also solche, die eine große Menge Wachs von den Seiten verschütten. Innerhalb der spirituellen Symbolik steht das gegossene Wachs für emotionale Hindernisse, Traurigkeit, Konflikte oder negative Energien, die die Erfüllung der Bitte behindern. In manchen Fällen wird es auch als Zeichen emotionaler Entlastung interpretiert, als ob die Kerze Spannungen aufnimmt oder schwere Energien um die Person herum abgibt.

Wenn eine Kerze vollständig und sauber verbraucht wird, ohne auszugehen oder übermäßigen Rauch oder Wachs zu erzeugen, gilt das als eines der positivsten Anzeichen. Dies symbolisiert Gleichgewicht, Harmonie und offene Wege, damit die Bitte günstig erfüllt werden kann. Eine ruhige Verbrennung steht für emotionale Stabilität und das Fehlen großer energetischer Störungen.

Im Gegenteil, wenn die Flamme ständig ohne Luftströmungen oder offensichtliche physikalische Ursachen schwingt, wird dies als Ankündigung wichtiger Veränderungen im Leben der Person interpretiert. Unruhige Flammen symbolisieren energetische Bewegung, Transformation, unerwartete Nachrichten oder Situationen, die noch nicht vollständig definiert sind. Einige Traditionen behaupten, dass

Schwingungen intensive Emotionen oder innere Konflikte im Zusammenhang mit wichtigen Entscheidungen sind.

Wenn mehrere Kerzen im selben Ritual verwendet werden, werden die Interpretationen noch komplexer und interessanter. Wenn eine der Kerzen mit einer hohen, hellen, stabilen Flamme brennt, gilt das traditionell als Ankündigung von Glück, Erfolg und offenen Wegen. Diese Kerze symbolisiert spirituellen Schutz und günstige Energien, die mit der geäußerten Bitte einhergehen. Je fester und heller die Flamme, desto stärker wird der positive Einfluss auf das Ritual betrachtet.

Wenn jedoch die Flamme einer Kerze wiederholt auf- und abgeht und die Intensität ständig ändert, interpretieren viele Traditionen dies als Zeichen von Gefahr, Instabilität oder unerwarteten Veränderungen. Dieses Verhalten kann Unsicherheit, emotionale Spannungen oder äußere Umstände sein, die die Pläne der Person verändern können. Sie ist auch mit Zeiten verbunden, in denen es notwendig sein wird, vor wichtigen Entscheidungen umsichtig und geduldig zu handeln.

Die Spitze des Dochts, genau dort, wo die Flamme entsteht, hat ebenfalls eine besondere Bedeutung, wenn sie einen intensiven Glanz erscheint. In der Esoterik steht dieses Phänomen im Zusammenhang mit Erfolg, Anerkennung und Triumph in dem, was gefordert wurde. Wenn der Glanz lange anhält, wird der Erfolg breit und langanhaltend sein. Wenn es schnell verschwindet, kann das positive Ergebnis vorübergehend oder begrenzt sein. Die Dauer des Leuchtens wird als eine Art symbolisches Maß für die energetische Kraft interpretiert, die mit der Anfrage einhergeht.

Wenn die Flamme langsam brennt und lange klein oder schwach bleibt, betrachten spirituelle Traditionen erhebliche Hindernisse oder einen Mangel an ausreichender Energie, um die gewünschten Ziele zu erreichen. Das kann zu ins Stocken geratenen Projekten, emotionaler Erschöpfung, ständigen Zweifeln oder Situationen führen, die zum Scheitern verurteilt sind, wenn es keine größeren Veränderungen in Einstellung oder Umständen gibt.

Eine der beunruhigend Sten Bewegungen in der Interpretation von Kerzen ist die Spiralflamme, also eine, die sich scheinbar um sich selbst dreht. Nach vielen Überzeugungen symbolisiert dieses Verhalten Täuschung, Manipulation oder falsche Menschen in der Nähe der Person, die das Ritual durchführt. Es wird als Warnung vor Verrat, Lügen, Klatsch oder verborgenen Verschwörungen interpretiert. In solchen Fällen empfehlen Traditionen, diskret zu handeln und auf die wahren Absichten der Menschen um die Person herum zu achten.

Wenn die Flamme ständig zischt, steht die Symbolik meist im Zusammenhang mit Enttäuschungen, Streitigkeiten oder bevorstehenden emotionalen Enttäuschungen. Einige Strömungen behaupten, dass das unregelmäßige Geräusch der Flamme für angespannte Energien oder unangenehme Nachrichten steht, die den emotionalen Zustand der betreuenden Person beeinflussen könnten. Es bedeutet nicht unbedingt eine Tragödie, aber es bedeutet eine Erfahrung, die Traurigkeit oder Frustration hervorrufen kann.

Wenn eine Kerze plötzlich ohne klare Erklärung erlischt, variieren die Interpretationen oft je nach Kontext des Rituals. In manchen Fällen gilt es als Warnung im Zusammenhang mit Familienverlusten, Arbeitskonflikten oder unerwarteten Enden. Manchmal symbolisiert es, dass die Energie die Richtung ändern muss und dass die Person ihre Ziele überdenken muss, bevor sie weiterhin auf demselben Weg besteht. Wenn die Kerze erlischt und keine Luft oder sichtbare physische Ursache vorhanden ist, halten viele Traditionen es für Zeit, die getroffenen Entscheidungen gründlich zu reflektieren und bestimmte Pläne oder Erwartungen zu ändern.

Über mystische Interpretationen hinaus sind Kerzen weiterhin Symbole, die tief mit Hoffnung, Introspektion und spiritueller Verbindung verbunden sind. Eine Flamme zu beobachten,

weckt uralte Gefühle und ein Gefühl von Geheimnis, das
schwer rational zu erklären ist. Vielleicht ist das der Grund,
warum selbst in einem Zeitalter, das von Technologie und
künstlichem Licht dominiert wird, Millionen Menschen
weiterhin nach Antworten, Ruhe und Bedeutung in der stillen
Sprache der Kerzen suchen.

Bedeutung der Farben einer Kerzenflamme

In alten esoterischen Traditionen haben nicht nur die Bewegung der Flamme oder die Art und Weise, wie eine Kerze konsumiert wird, eine spirituelle Bedeutung. Außerdem gelten die Farben, die in der Flamme erscheinen, als wichtige Signale, die mit den Energien, Emotionen und Ergebnissen eines Rituals zusammenhängen. Für viele spirituelle Praktizierende fungiert die Flamme als symbolischer Kanal, der verborgene Botschaften über die Umstände einer Anfrage, den energetischen Zustand der Person und die unsichtbaren Kräfte offenbart.

Die Farbe der Flamme wird seit Jahrhunderten als Manifestation eigenständiger spiritueller Schwingungen interpretiert. Einige Strömungen glauben, dass bestimmte Töne aufgrund der energetischen Intensität des Rituals entstehen, während andere Traditionen behaupten, sie spiegeln emotionale oder spirituelle Einflüsse oder sogar die Anwesenheit schützender Wesen wider. Obwohl einige Farben aus physikalischer Sicht mit Materialien, Temperatur oder Verbrennung zusammenhängen können, kauft in der esoterischen Welt jeder Farbton eine besondere Symbolik.

Wenn die Flamme einer Kerze einen blauen Schimmer annimmt, wird sie traditionell als positives Signal interpretiert, das mit spiritueller Kommunikation und der Übertragung von Gedanken oder Wünschen zusammenhängt. Die Farbe Blau symbolisiert Ruhe, mentale Verbindung und energetische Offenheit. In vielen Ritualen zeigt eine blaue Flamme, dass die Person, die in der Petition enthalten ist, irgendwie die gesendete energetische Botschaft empfängt. Sie ist auch mit spirituellem Schutz, emotionaler Gelassenheit und dem Vorhandensein erhöhter Energien verbunden, die Klarheit und Verständnis fördern. Manche Traditionen betrachten blaue Flammen besonders dann, wenn tiefe emotionale Verbindungen oder starke spirituelle Bindungen zwischen den Beteiligten bestehen.

Wenn die Flamme intensive gelbe Töne hat, hängt die Bedeutung meist mit Energieerschöpfung oder spiritueller Schwäche zusammen. In vielen Interpretationen symbolisiert dies, dass die Person, die das Ritual durchführt, emotional müde, verwirrt oder wenig innere Kraft hat, um die Energie der Bitte aufrechtzuerhalten. Es kann auch Widerstand oder Ablehnung seitens der Person zeigen, auf die sich die spirituelle

Arbeit richtet. Gelb steht in diesem Zusammenhang für emotionale Instabilität, Zweifel oder Störungen, die den richtigen Energiefluss behindern. Einige Strömungen empfehlen, wenn schwache oder instabile gelbe Flammen erscheinen, Pausen einzulegen, energetische Lichtungen einzulegen oder die Absicht zu verstärken, bevor man weitermacht.

Die rote Flamme gilt als eine der intensivsten und mächtigsten innerhalb der esoterischen Interpretation. Rot symbolisiert Tat, Leidenschaft, Stärke und Schnelligkeit. Wenn eine Kerze rötliche Farbtöne in ihrer Flamme zeigt, wird dies als Zeichen für schnelle Ergebnisse, intensive Ereignisse oder Veränderungen interpretiert, die sich in kurzer Zeit stark zeigen werden. Es kann auch tiefe Emotionen, Verlangen, Tapferkeit und Kampfenergie sein. In Ritualen, die mit Liebe, Schutz oder Erfolg zu tun haben, wird eine rote Flamme oft als Zeichen schneller Bewegung und sofortiger Reaktionen gesehen. Einige Traditionen warnen jedoch, dass Geschwindigkeit auch von Impulsivität oder schwer kontrollierbaren Emotionen begleitet werden kann.

Die weiße Flamme hat eine der spirituellsten und positivsten Bedeutungen innerhalb der Symbolik der Kerzen. Weiß steht für Reinheit, göttlichen Schutz, spirituelle Erhebung und

Frieden. Wenn eine Flamme einen weißen oder hellen Farbton annimmt, glauben viele Traditionen, dass es Schutzenergien, Engel oder spirituelle Wesen gibt, die bei der Bitte helfen. Es symbolisiert auch energetische Reinigung, offene Wege und spirituelle Harmonie. Weiße Flammen werden oft als Zeichen dafür interpretiert, dass die Person in wichtigen Lebensmomenten von positiven Kräften geführt oder geschützt wird.

Manchmal kann die Flamme einer Kerze zwei Farben gleichzeitig zeigen, wodurch Kombinationen entstehen, die in esoterischen Praktiken als besonders bedeutend gelten. Nach den alten Interpretationen müssen bei diesem Geschehen die Bedeutungen beider Farben miteinander verbunden werden, um die vollständige Botschaft zu verstehen. Zum Beispiel könnte eine blau-weiße Flamme spirituelle Kommunikation symbolisieren, die durch positive Energien oder die Anwesenheit von Lichtwesen geschützt wird, die emotionales Verständnis begünstigen. Eine rote und gelbe Flamme konnte schnelle Ergebnisse sein, aber begleitet von emotionalen Spannungen, energetischer Erschöpfung oder inneren Konflikten. Die Kombinationen werden als komplexere Nachrichten interpretiert, bei denen verschiedene energetische Kräfte gleichzeitig interagieren.

Über spirituelle Überzeugungen hinaus weckt die Symbolik der Flammen weiterhin Faszination, weil sie mit einem tiefen menschlichen Bedürfnis verbunden ist: Sinn im Licht und in den kleinen Details zu finden, die wichtige Lebensmomente umgeben. Kerzen bleiben Symbole für Hoffnung, Selbstreflexion und Transformation. Sein Feuer erhellt nicht nur den physischen Raum, sondern auch Emotionen, Gedanken und Wünsche, die oft in der inneren Stille jedes Menschen verborgen bleiben.

Bedeutung von Wachsformen

In alten esoterischen Traditionen gilt das Wachs, das eine
Kerze nach dem Verzehr hinterlässt, als Quelle von Symbolen
und Botschaften, die sich auf das Ergebnis eines Rituals, den
energetischen Zustand einer Person oder die unsichtbaren
Kräfte rund um eine Petition beziehen. Die Interpretation von
Wachs gehört zu sehr alten Praktiken spiritueller Beobachtung,
bei denen jede Figur, Silhouette oder Form, die durch die
geschmolzenen Überreste geschaffen wird, eine besondere
Bedeutung erhält. Für viele Menschen hört die Kerze nicht auf
zu sprechen, wenn die Flamme erlischt, sondern kommuniziert
weiterhin durch die Spuren und Formen, die auf dem Behälter
oder am Sockel hinterlassen werden.

Wachslesen erfordert Geduld, Konzentration und Intuition. Es
geht nicht nur darum, zufällige Figuren zu sehen, sondern
darum, dem Unterbewusstsein zu erlauben, an der
Interpretation teilzunehmen. Viele Traditionen empfehlen, die

Überreste der Kerze schweigend zu betrachten, den Geist leer zu lassen und zu vermeiden, rationale Bedeutungen zu erzwingen. Die Idee ist, der Intuition zu ermöglichen, Symbole, Emotionen oder Botschaften zu erkennen, die mit der konsultierten Situation zusammenhängen. Bei dieser Art von Praxis beeinflusst der emotionale Zustand der Person die Interpretation tiefgreifend, weshalb es als wichtig gilt, die Beobachtung ruhig und ohne Angst durchzuführen.

Wenn Wachs tränenartige Ansammlungen oder lange Tropfen an den Seiten des Behälters bildet, wird dies meist als intensives emotionales Signal interpretiert. Wenn jedoch weiche Profile oder Figuren, die engelsgleichen ähneln, innerhalb dieser Formen unterschieden werden, betrachten die Traditionen das Ritual als geschützt und das Ergebnis wird günstig sein. Engelsformen symbolisieren spirituelle Hilfe, Schutz und energetische Begleitung. Manche Menschen glauben, dass sie die Anwesenheit von Geistführern oder positiven Energien sind, die eingreifen, um das Geforderte zu erleichtern.

Umgekehrt ist die Bedeutung, wenn Wachs spitze Strukturen, Dornen, Schnäbel oder stachelartige Figuren bildet, oft mit Konflikten, Widerständen und energetischen Hindernissen verbunden. Diese Formen sind Spannungen, Streitigkeiten,

Neid oder gegensätzliche Kräfte, die die Anfrage behindern. Je aggressiver oder ungeordneter die Figuren sind, desto stärker wird der energetische Widerstand rund um das Ritual als angesehen. Einige esoterische Strömungen interpretieren diese Überreste als Warnungen vor negativen Menschen, betroffenen Umgebungen oder Situationen, die noch nicht bereit sind, positiv gelöst zu werden.

Wenn die Wachsformen ähnlich wie Traubenbüschel, kleine Kugeln, die sich gruppieren, oder reichlich abgerundete Formen haben, gilt die Bedeutung als sehr positiv. Traditionell symbolisieren Trauben Wohlstand, Wachstum, Fruchtbarkeit und Fülle. Diese Art von Figur zeigt, dass der energetische Weg offen ist und dass günstige Momente in Bezug auf Gesundheit, Stabilität sowie materielles oder emotionales Wohlbefinden näher rücken. Sie können auch Belohnungen nach längeren Anstrengungen und Phasen der Ruhe nach schwierigen Zeiten sein.

Manchmal bilden die Überreste des Wachses Gesichter, menschliche Profile oder Silhouetten von Tieren. Diese Bilder werden meist als Reflexion des emotionalen oder energetischen Zustands der Person, die das Ritual durchführt, interpretiert. Wenn traurige Gesichter, schwache Gestalten oder Tiere, die mit Erschöpfung oder Angst in Verbindung gebracht werden, erscheinen, gehen viele Traditionen davon aus, dass es an Vitalität, emotionale Erschöpfung oder übermäßige Sorgen geht. Einige Strömungen glauben, dass diese Formen innere Energien sind, die angesprochen werden müssen, während andere behaupten, sie symbolisieren äußere Einflüsse, die das emotionale Gleichgewicht der Person beeinflussen.

Die mit dem Mond verbundenen Figuren haben eine der interessantesten Symboliken innerhalb der Wachslesung. Wenn sichelförmige Fragmente erscheinen und die Spitzen nach links ausgerichtet sind, wird dies als Zeichen spirituellen Schutzes und äußerer Hilfe interpretiert. Das bedeutet, dass unsichtbare Kräfte oder Menschen in deinem Umfeld die Situation begünstigen und dass positive Antworten oder Ergebnisse bald eintreten könnten. Der Mond links symbolisiert Intuition, emotionale Unterstützung und offene Wege.

Wenn sich jedoch die Mondspitzen nach rechts neigen, ändert sich die Interpretation komplett. In vielen esoterischen Traditionen steht dies für Blockade, energetische Sabotage oder okkulte Kräfte, die die Anfrage stören. Sie kann innere Zweifel, negative Menschen oder äußere Situationen symbolisieren, die das erwartete, Ergebnis verzögern oder schwächen können.

Manche Menschen betrachten diese Art von Figur als Warnung,

Absichten, Kameraden oder Entscheidungen im Zusammenhang mit dem Ritual sorgfältig zu überprüfen.

Wenn Wachsrückstände außerhalb des Behälters oder weg vom Hauptboden erscheinen, hängt die Bedeutung weitgehend von der Art des durchgeführten Rituals ab. Im spirituellen Symbolismus steht das, was von der Kerze ausgeht, für freigesetzte Energien, ausgestoßene Emotionen oder Kräfte, die die energetische Umgebung der Person verlassen. Daher ist es wichtig, die Form, Textur und das Aussehen dieser Überreste sorgfältig zu betrachten.

In Schutzritualen oder Arbeiten im Zusammenhang mit dem bösen Blick, Neid oder negativen Energien werden unangenehme oder deformierte Gestalten meist positiv interpretiert. Wenn das Wachs dunkle Gesichter, seltsame Gestalten oder als negativ angesehene Symbole bildet, glauben viele Traditionen, dass das Ritual ordnungsgemäß funktioniert und schädliche Energien ausgestoßen oder zerstört werden. In diesen Fällen würde die Kerze als eine Art spirituellen Reinigungskanal fungieren.

Andererseits werden in Ritualen, die auf Liebe, Wohlstand, Harmonie oder persönliches Wachstum abzielen, unangenehme Formen meist als Zeichen von Widerstand oder emotionalen Blockaden interpretiert. Wenn die Trümmer unangenehme, aggressive oder starke Empfindungen übertragen, wird angenommen, dass etwas nicht richtig fließt oder das verborgene Kräfte das erwartete Ergebnis beeinträchtigen. Umgekehrt, wenn die Formen Ruhe, Schönheit oder angenehme Empfindungen hervorrufen, werden die Energien positiv interpretiert.

Das Lesen von Wachs, wie die Interpretation von Flammen, soll keine absoluten Wahrheiten bieten, sondern als symbolisches Werkzeug für Reflexion und Intuition dienen. Durch diese Praktiken finden viele Menschen einen Weg, mit ihren Gefühlen in Kontakt zu treten, ihre Ängste zu verstehen und auf Hinweise zu achten, die normalerweise unbemerkt bleiben. Vielleicht ist das der Grund, warum Kerzen die Menschheit weiterhin faszinieren. Denn selbst, nachdem es erloschen ist, scheint sein Licht immer noch verborgene Botschaften zwischen den stillen Formen des geschmolzenen Wachses zu hinterlassen.

Bestimmte Formen und Zeichnungen, die das Kerzenwachs bilden. Bedeutungen.

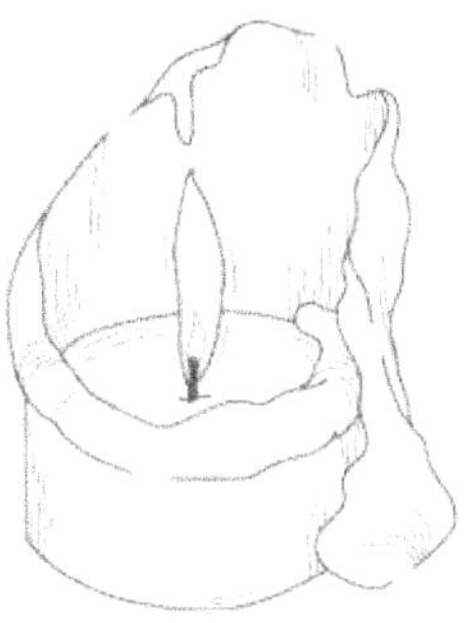

Die Interpretation der Figuren, die im Wachs der Kerzen erscheinen, ist seit sehr alten Zeiten Teil esoterischer Praktiken. Viele Kulturen glaubten, dass nach dem Verzehr einer Kerze die Energie des Rituals in den durch das geschmolzene Wachs erzeugten Formen eingefangen wurde. Diese Silhouetten wurden von Priestern, Wahrsagern und spirituellen Praktizierenden sorgfältig beobachtet, um zu verstehen, ob eine Petition günstig vorankam, ob es verborgene Hindernisse gab oder ob es notwendig war, den Verlauf bestimmter Entscheidungen zu ändern.

Wachslesen erfordert Ruhe, Intuition und emotionale Sensibilität. Es geht nicht einfach darum, nach zufälligen Figuren zu suchen, sondern darum, dem Unterbewusstsein zu ermöglichen, Symbole zu erkennen, die mit der persönlichen Situation der Person verbunden sind, die das Ritual durchgeführt hat. Bilder erscheinen oft unvollständig oder abstrakt, und genau hier kommt spirituelle Intuition ins Spiel. Manche Menschen empfinden gleichzeitig eine positive oder negative Emotion, wenn sie bestimmte Formen sehen, und innerhalb esoterischer Traditionen wird dieser erste Eindruck oft als wichtig für die Interpretation angesehen.

Wenn Wachs quadratische Formen oder bildähnliche Strukturen bildet, bezieht sich die Bedeutung meist auf Stabilität und fortschreitende Problemlösung. Das Quadrat symbolisiert jedoch auch Langsamkeit, Struktur und Prozesse, die Geduld erfordern. Das zeigt, dass die Lösung dank der Hilfe von Dritten oder unerwarteter Unterstützung erfolgen wird, auch wenn der Weg lang und voller Phasen sein wird, die Schritt für Schritt gelöst werden müssen. Sie steht nicht für ein Scheitern, sondern für einen Sieg, der durch Anstrengung, Ausdauer und die Fähigkeit, auf den richtigen Moment zu warten, errungen wurde.

Rechteckige Formen haben eine günstigere und ausgewogenere Symbolik. Sie sind in verschiedenen Lebensbereichen erfolgreich, besonders in Fragen der Liebe, Wirtschaft, emotionaler Stabilität und Gesundheit. Das Rechteck symbolisiert Organisation und Expansion und zeigt, dass Projekte stetig voranschreiten und die Energien rund um das

Ritual stetig fließen. Es kann auch Materialsicherheit und der Aufbau einer soliden Zukunft sein.

Wenn das Wachs perfekte Kreise oder vollständig geschlossene, abgerundete Figuren bildet, sind die Interpretationen meist komplexer. Obwohl der Kreis traditionell Ewigkeit und Kontinuität symbolisiert, kann er innerhalb bestimmter esoterischer Rituale Stagnation, fehlenden Schutz oder ständiger Wiederholung emotionaler Probleme zeigen. In solchen Fällen wird empfohlen, abzuwarten, die Ideen neu zu ordnen und das Ritual zu einem anderen, energetisch günstigeren Zeitpunkt zu wiederholen.

Mond- oder Sichelgestalten haben eine enge Beziehung zu Emotionen, Intuition und spiritueller Gesundheit. Wenn die Spitzen des Halbmonds auf die Person gerichtet sind, die das Ritual durchgeführt hat, bedeutet die Genesung, emotionale Verbesserungen und spirituelle Unterstützung. Wenn die Spitzen jedoch in die entgegengesetzte Richtung schauen, kann dies Rückfälle, Energieerschöpfung oder Situationen symbolisieren, die sich noch nicht vollständig stabilisiert haben. Es steht auch für die Notwendigkeit, Gedanken zu ordnen und mentales Gleichgewicht zu finden, bevor wichtige Entscheidungen getroffen werden.

Fächerformen symbolisieren angenehme Nachrichten, positive Überraschungen und unerwartete Ereignisse, die Freude oder emotionale Erleichterung bringen können. Der Ventilator steht für eine günstige Energiebewegung und das Öffnen von Wegen, besonders in Situationen mit Blockaden oder Unsicherheiten. In manchen Fällen symbolisiert es auch angenehme gesellschaftliche Zusammenkünfte oder Feiermomente.

Bienenfiguren sind eng mit Glück, Arbeit und Wohlstand verbunden. Die Biene symbolisiert belohnte Anstrengung, Organisation und wirtschaftliches Wachstum. Wenn es in Ritualen im Zusammenhang mit Finanzen oder Beschäftigung erscheint, wird es meist als Ankündigung neuer Arbeitsmöglichkeiten, Beförderungen oder materieller Stabilität interpretiert. Es steht auch für Glücksspiel-Erfolg oder Windfalls.

Flugzeugformen haben doppelte Bedeutungen. Einerseits sind sie Reisen, Ortswechsel und ständige Bewegung. Aber sie können auch emotionale Enttäuschungen oder Situationen symbolisieren, die uns schnell entgehen. Je nach emotionalem Kontext des Rituals kann die Ebene sowohl neue Gelegenheiten als auch unerwartete Abschiede einläuten.

Nadeln, Dornen oder spitze Figuren gelten als Anzeichen von Spannung, Streitigkeiten und emotionalen Konflikten. Jede Figur mit aggressiven Punkten wird üblicherweise als Warnung vor Hindernissen, Kämpfen oder negativen Energien rund um die konsultierte Situation interpretiert. Wenn die Form der Nadel sehr definiert erscheint, steht sie in direktem Zusammenhang mit Problemen, die durch andere Menschen verursacht werden, Kritik, Neid oder soziale Konflikte.

Anker sind Stabilität, Treue und emotionale Beständigkeit. Wenn sie in Liebesritualen auftreten, werden sie meist als Zeichen von Loyalität, Verpflichtung und Sicherheit innerhalb der Beziehung interpretiert. Sie symbolisieren auch Schutz in schwierigen Zeiten und die Fähigkeit, angesichts von Veränderungen standhaft zu bleiben.

Ringfiguren sind eines der wohlwollendsten Symbole für Wohlstand und emotionale Verpflichtung. Ein vollständig definierter Ring steht für wirtschaftlichen Überfluss, günstige Vereinbarungen oder die Konsolidierung romantischer Beziehungen. Wenn die Figur an einen Verlobungsring erinnert, interpretieren viele Traditionen dies als Bekanntmachung einer Hochzeit oder einer wichtigen Verbindung.

Das Erscheinen von Spinnen oder ähnlichen Netzen symbolisiert Opfer, emotionale Schwierigkeiten und komplizierte Phasen, die Geduld und Ausdauer erfordern. Allerdings verfügen sie auch über Intelligenz, Strategie und die Fähigkeit zum Wiederaufbau. Die Person muss wichtige Tests durchlaufen, bevor sie Stabilität erreicht.

Bäume sind hochgradig spirituelle und positive Figuren. Sie sind Wachstum, Schutz vor Geistführern und persönliche Entwicklung. In Ritualen im Zusammenhang mit Geschäfts- oder Arbeitsprojekten zeigen sie soliden Erfolg, Stabilität und zukünftigen Überfluss. Der Baum symbolisiert starke Wurzeln und ständige Entwicklung.

Vögel sind Freiheit, Botschaften und Wünsche, die endlich verwirklicht werden. Je nach Position der Flügel oder der von der Figur vorgeschlagenen Bewegung können sie nach einer schwierigen Phase auch wichtige Nachrichten, Reisen oder emotionale Erleichterungen ankündigen.

Schiffe sind mit Erbschaft, Zieländerungen und neuen Lebensphasen verbunden. Sie symbolisieren auch emotionale Reisen und Chancen, die aus fernen oder unerwarteten Orten kommen. In manchen Ritualen zeigen sie Wohlstand, der mit familiären Angelegenheiten oder materiellen Gütern zusammenhängt.

Zerbrochene Ketten symbolisieren unvermeidliche Enden, emotionale Befreiung und große Trennungen. Obwohl es sich um Scheidungen oder sentimentale Trennungen handeln kann, zeigen sie auch das Überwinden von Blockaden und die Möglichkeit, eine neue, freiere und authentischere Phase zu beginnen.

Häuser sind Umzüge, Wohnumzüge und familiäre Veränderungen. Je nach Stabilität der Figur können sie sowohl Schutz und Stabilität symbolisieren als auch das Bedürfnis, emotional belastende Orte zu verlassen.

Kronen symbolisieren Anerkennung, Fortschritt sowie sozialen oder beruflichen Erfolg. Wenn sie von Strahlen oder leuchtenden Linien begleitet werden, sind sie wichtige Triumphe, Beförderungen und Momente großen persönlichen Wachstums. Sie sind Figuren, die mit Prestige und Belohnung nach Einsatz verbunden sind.

Kreuze haben eine komplexe Symbolik. In manchen Zusammenhängen sind es schwierige Prüfungen, Traurigkeit oder emotionale Verrätereien. Sie können jedoch auch spirituelle Transformation, tiefes Lernen und Enden symbolisieren, die notwendig sind, um eine neue Lebensphase zu beginnen.

Die Sterne sind Glück, Hoffnung und spiritueller Schutz. Wenn jedoch sehr markante fünfzackige Sterne erscheinen, beziehen sich einige esoterische Traditionen auf intensive Energiearbeit oder verborgene Einflüsse rund um das Ritual.

Blumen sind eines der positivsten Symbole beim Wachslesen. Sie sind Gesundheit, emotionales Wohlbefinden, Harmonie und spirituelle Erneuerung. Je nach Größe und Form der Blütenblätter können sie auch Versöhnungen, familiäre Freude oder neue sentimentale Möglichkeiten ankündigen.

Die Schlüssel symbolisieren das Öffnen von Pfaden und unerwarteten Lösungen. Sie zeigen, dass sich bald Chancen ergeben werden, die Probleme oder stagnierende Situationen entdecken können. Sie sind auch wichtige Entdeckungen und Zugang zu neuen Wachstumsphasen.

Berge sind wirtschaftliche oder emotionale Hindernisse, die mit Geduld überwunden werden müssen. Sie zeigen jedoch auch, dass nach dem Einsatz materielle Stabilität und finanzielles Wachstum kommen werden.

Wolken symbolisieren Unsicherheit, Spannungen und Momente emotionalen Aufruhrs. Sie kündigen stürmische

Situationen oder schwierige Gefühle an, die noch keine Klarheit gefunden haben. Bei echten Stürmen gibt es jedoch auch vorübergehende Veränderungen, die schließlich verschwinden werden.

Schlangen haben eine doppelte Symbolik. Einerseits sind sie starke Gesundheit, Erneuerung und Transformation. Aber sie zeigen auch intensive Veränderungen in romantischen Beziehungen und die Notwendigkeit, angesichts manipulativer Menschen oder vager Situationen umsichtig zu handeln.

Die Sonne ist eine der positivsten Figuren innerhalb der esoterischen Interpretation von Wachs. Sie steht für Erfolg, Klarheit, Wohlstand und sicheren Erfolg bei wichtigen Projekten. Wenn er mit einer definierten und leuchtenden Struktur erscheint, zeigt er spirituellen Schutz und eine günstige Bühne, um ohne Angst voranzuschreiten.

Die Schere sind Trennung, emotionale Distanzierung und notwendige Trennungen. Obwohl sie Scheidung oder Konflikte symbolisieren können, zeigen sie auch Befreiung von toxischen Situationen und das endgültige Abschließen von Zyklen, die kein Wohlbefinden mehr bringen.

Vereine sind mit unerwartetem Glück, wirtschaftlichen Gewinnen und günstigen Chancen verbunden. Sie sind Zeichen von Wohlstand, Freude und Momenten, in denen das Schicksal scheinbar positiv zugunsten der Person wirkt.

Schließlich symbolisiert das Erscheinen der Kerzen im Wachs spirituelle Entwicklung, inneres Wachstum und eine tiefe Verbindung zur energetischen Welt. Es ist eine Figur, die mit dem Erwachen des Bewusstseins, dem Schutz und der spirituellen Entwicklung verbunden ist.

Was bedeuten die Tränen in deiner Kerze?

Die Wachstränen, die während des Konsums einer Kerze erscheinen, werden seit Jahrhunderten als Signale interpretiert, die mit den Emotionen, Energien und Ereignissen rund um ein Ritual oder eine spirituelle Bitte zusammenhängen. In vielen esoterischen Traditionen gilt die Kerze als jemand, der einige der Schwingungen der Umgebung absorbiert und sie physisch durch die Art und Weise manifestiert, wie das Wachs auf den Körper der Kerze fällt, rutscht oder sich ansammelt. Aus diesem Grund werden Tränen nicht einfach als Überreste geschmolzenen Wachses gesehen, sondern als symbolische Botschaften, die Konflikte, Zweifel, Blockaden, spirituelle Hilfe oder wichtige Veränderungen offenbaren können, die sich noch nicht vollständig manifestiert haben.

Tränen sind die Emotionen und energetischen Spannungen, die mit der behandelten Situation einhergehen. Wenn Energie mit Mühe fließt, neigt die Kerze dazu, intensiver zu "weinen". Andererseits ist die Verbrennung in der Regel sauberer und harmonischer, wenn die Umwelt ausgeglichen ist und die Anfrage positiv voranschreitet. Viele spirituelle Strömungen sind der Ansicht, dass die Form, Richtung und Geschwindigkeit, mit der das Wachs fällt, es uns ermöglicht, den emotionalen und energetischen Zustand der Person, die das Ritual durchführt, zu verstehen.

Wenn eine einzelne Träne die rechte Seite der Kerze hinunterfällt, wird sie traditionell als positives Signal interpretiert. Die rechte Seite ist mit Handeln, Fortschritt und einer günstigen Lösung von Situationen verbunden. Diese Träne symbolisiert eine bejahende Antwort auf die gestellte Anfrage und kündigt an, dass die Energie sich auf eine vorteilhafte Weise zu bewegen beginnt. Es kann auch spirituelle Unterstützung, emotionale Klarheit oder das Öffnen von Wegen sein, die es dir ermöglichen, das zu erreichen, was du möchtest. Je sauberer und definierter der Riss ist, desto stärker wird der positive Einfluss auf das Ritual betrachtet.

Umgekehrt hängen die Interpretationen oft mit Unsicherheit, Zweifeln oder negativen Reaktionen zusammen, wenn eine einzelne Träne die linke Seite der Kerze hinunterfällt. Die linke Seite symbolisiert verborgene Emotionen, Unsicherheiten und Situationen, die sich noch nicht stabilisieren konnten. Das bedeutet nicht zwangsläufig ein endgültiges Scheitern, zeigt aber, dass es emotionale Blockaden, energetische Widerstände oder äußere Umstände gibt, die es erschweren, die Bitte zu erfüllen. Oft spiegelt diese Träne Angst, Unentschlossenheit oder das Bedürfnis wider, zu warten, bevor man handelt.

Wenn ein Riss auf der rechten Seite beginnt und dann nach links abweicht, wird die Bedeutung komplexer. Diese Kombination steht für Zweifel, Langsamkeit und unerwartete Veränderungen in der konsultierten Situation. Sie symbolisiert Pfade, die günstig schienen, aber emotionale oder energetische Hindernisse begegnen. Es kann auch unentschlossene Menschen, unklare Versprechen oder Umstände zeigen, die noch nicht vollständig definiert sind. In manchen Fällen spiegelt diese Abweichung wider, dass das Ergebnis stark von persönlichen Entscheidungen und der Fähigkeit, geduldig zu handeln, abhängt.

Wenn mehrere Tränen gleichzeitig fallen und dann zu einem einzigen größeren Tropfen zusammenkommen, interpretieren esoterische Traditionen dies als eine Ansammlung von Spannungen, emotionalem Stress oder Konflikten, die schnell gelöst werden müssen. Die Vereinigung der Tränen symbolisiert kleine Probleme, die, wenn sie nicht rechtzeitig gelöst werden, zu komplexeren Situationen werden können. Es steht auch für Emotionen, die schließlich explodieren, oder Umstände, die eine sofortige Lösung erfordern, bevor sie noch schwerwiegender werden.

Wenn jedoch ein großer Riss zersplittert oder in mehrere Teile geteilt wird, ist die Bedeutung meist viel günstiger. Diese

Trennung symbolisiert emotionale Entlastung, notwendige Pausen und Erleichterung von angesammelten Spannungen. Es steht für Momente, in denen die Sorgen nachlassen und die Person die Möglichkeit hat, sich emotional auszuruhen, bevor sie weitergeht. In vielen Fällen zeigt sich, dass die energetischen Ladungen beginnen sich zu zerstreuen und an Stärke verlieren.

Es gibt eine besonders positive Interpretation, wenn viele Tränen in die Mitte der Kerze fallen und sich übereinander ansammeln. Dieses Phänomen symbolisiert Energiekonzentration und schnelle Reaktionen auf unerledigte Angelegenheiten. Die angesammelten Tränen sind Situationen, die nach einer Zeit der Unsicherheit schließlich eine Lösung finden. Es kann auch wichtige Nachrichten, emotionale Klarstellungen oder konkrete Lösungen zeigen, die früher als erwartet eintreffen werden.

Wenn die Tränen langsam zum Kerzensockel hinabsteigen und dabei mehrere Pausen machen, hängt die Bedeutung meist mit emotionaler Erschöpfung, Erschöpfung oder dem Gefühl der Unfähigkeit, bestimmte Probleme zu lösen, zusammen. Pausen symbolisieren innere Blockaden, ständige Zweifel oder Schwierigkeiten bei wichtigen Entscheidungen. Oft spiegelt diese Form des Sturzes Momente wider, in denen die Person das Gefühl hat, langsam zu bewegen oder das äußere Umstände sie zwingen, wiederholt anzuhalten, bevor sie Stabilität erreicht.

Andererseits ist die Interpretation viel positiver, wenn der Riss zur Basis schnell und kontinuierlich fällt. Dies symbolisiert günstige energetische Bewegung und vorteilhafte Ereignisse, die sich schnell manifestieren werden. Die Fallgeschwindigkeit steht für offene Wege, Problemlösung und Veränderungen, die in kurzer Zeit emotionale Erleichterung oder wichtige Verbesserungen bringen können. Sie können auch unerwartete Nachrichten, plötzliche Chancen oder Lösungen ankündigen, die Ihnen leichter erscheinen, als Sie gedacht haben.

Eines der empfindlichsten Anzeichen bei der Interpretation von Tränen ist das Auftreten dunkler Flecken oder trüber Töne im Wachs. Wenn Tränen schmutzig, undurchsichtig oder mit seltsamen Farben aussehen, die nichts mit der natürlichen Farbe der Kerze zu tun haben, interpretieren viele Traditionen dies als Warnung vor Verrat, verborgenen Konflikten oder negativen Energien rund um die konsultierte Situation. Die Dunkelheit im Wachs symbolisiert emotionale Spannung, falsche Menschen, Manipulationen oder negativ belastete Umgebungen. In solchen Fällen wird empfohlen, vorsichtig zu handeln und auf die wahren Absichten der Menschen um die Person herum zu achten.

Wenn das dunkle Erscheinungsbild jedoch mit der Zeit verschwindet und das Wachs wieder sauber oder hell aussieht, wird dies als positives Zeichen der Verwandlung und der Überwindung von Schwierigkeiten interpretiert. Das bedeutet, dass negative Energien zu verschwinden beginnen und Probleme allmählich an Stärke verlieren. Die Kerze würde nach diesen Überzeugungen einen Teil der Spannungen in der Umgebung absorbieren und durchtrennen.

Über spirituelle Interpretationen hinaus wecken Kerzentränen weiterhin Faszination, weil sie etwas zutiefst Menschliches widerspiegeln: das Bedürfnis, in kleinen Details Bedeutung zu finden und Antworten in den Symbolen zu suchen, die in wichtigen Lebensmomenten erscheinen. Die Kerze, mit ihrem stillen Licht und ihren wechselnden Formen, bleibt für viele Menschen eine Brücke zwischen Emotionen, Intuition und dem Geheimnis dessen, was noch nicht vollständig in Worte erklärt werden kann.

Gängige Meinungen zu Kerzenhaltern

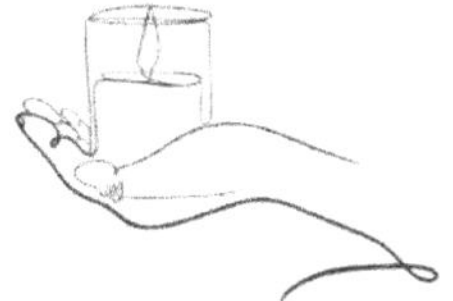

Kerzen sind seit der Antike mit zahllosen populären Glaubensvorstellungen über Glück, Liebe, Wohlstand, Spiritualität, Gesundheit und sogar Tod in Verbindung gebracht. In praktisch allen Kulturen gilt die Flamme einer Kerze als Symbol der Verbindung zwischen der physischen und der spirituellen Welt, die Energien anziehen, Signale offenbaren oder bestimmte Situationen im Alltag beeinflussen kann. Aus diesem Grund entstanden Rituale, Aberglauben und Traditionen, die von Generation zu Generation weitergegeben wurden, um Kerzen herum, von denen viele bis heute praktiziert werden.

Eine der häufigsten Assoziationen ist die Beziehung zwischen Kerzen und Liebe. Seit Jahrhunderten verwenden Menschen Kerzen in sentimentalen Ritualen, die darauf abzielen, einen Partner anzuziehen, emotionale Bindungen zu stärken oder verlorene Lieben wiederzuerlangen. Innerhalb der populären Vorstellungen spielt die Farbe der Kerze eine grundlegende Rolle, da jeder Farbton für eine andere emotionale Energie steht. Es heißt zum Beispiel, dass es ratsam ist, um wahre Liebe anzuziehen, jeden Freitag eine rosa Kerze anzuzünden, einen Tag, der mit dem Planeten Venus assoziiert wird, dem astrologischen Symbol für Liebe, Schönheit und emotionale Beziehungen. Die rosa Farbe steht für Zärtlichkeit, Romantik und emotionale Harmonie, weshalb es als ideal gilt, das Herz zu öffnen und aufrichtige Gefühle zu wecken.

Es gibt auch Rituale, die darauf abzielen, eine bestimmte Person anzulocken. Eine der verbreitetsten Vorstellungen ist, eine rote Kerze über ein Foto der gewünschten Person zu legen, es anzuzünden und das Wachs über dem Bild schmelzen zu lassen. Rot symbolisiert Leidenschaft, Verlangen und intensive Anziehung. Nach populärer Tradition steht die Verbindung von Wachs mit Fotografie für die energetische Bindung zwischen beiden Menschen und die Absicht, sie emotional näherzubringen. Ebenso ist es, wenn jemand mit einem geliebten Menschen wiedervereint werden möchte, üblich, eine Kerze neben einem Fenster anzuzünden und sie langsam erlöschen zu lassen, was das Öffnen von Pfaden und die Rückkehr der Fernen symbolisiert.

Um eine verlorene Liebe wiederzuerlangen, empfehlen einige Praktiken, zwei Kerzen, eine rote und eine pinke, auf einem Foto zu platzieren, auf dem beide Personen zusammen erscheinen. Die Kerzen sollten gleichzeitig angezündet werden und das Wachs das Bild teilweise bedecken lassen. Die rote Kerze steht für Verlangen und Leidenschaft, während die rosa Versöhnung und Zuneigung symbolisiert. Die Kombination beider Energien soll die sentimentale Bindung wiederherstellen und die emotionalen Wunden der Vergangenheit heilen.

Kerzen wurden traditionell auch mit Glück und Wohlstand in Verbindung gebracht. Viele Menschen sind der Meinung, dass es vor dem Umzug in ein neues Zuhause wichtig ist, eine weiße Kerze an der Haustür anzuzünden, um die Energien des Ortes zu reinigen und Harmonie ins Haus zu bringen. Weiß symbolisiert Reinheit, Schutz und spirituellen Frieden. Eine weitere verbreitete Überzeugung besagt, dass das vollständige Brennen einer grünen Kerze während des Vollmonds den wirtschaftlichen Wohlstand und materieller Stabilität begünstigt. Grün steht für Wachstum, Fülle und energetische Erneuerung, während der Vollmond Ausdehnung und Manifestation von Wünschen symbolisiert.

Während der Jahresabschlussfeierlichkeiten gibt es auch Traditionen rund um Kerzen. Es heißt, dass das Anzünden einer weißen Kerze in jedem Raum des Hauses in der letzten Nacht des Jahres Glück, Schutz und spirituelles Gleichgewicht für den neuen Zyklus bringt, der beginnt. Ebenso sehen viele Menschen es als positives Zeichen, wenn die Flamme die Kerze gleichmäßig und ruhig verzehrt, da dies offene Wege und das Fehlen großer energetischer Hindernisse symbolisiert.

Innerhalb der spirituellen und esoterischen Welt hat jede Kerzenfarbe eine spezifische Symbolik. Gelbe Kerzen werden in Ritualen verwendet, die emotionale Anziehung, Kommunikation und mentale Verbindung zwischen Menschen bewirken. Gelb steht für Energie, Intelligenz und emotionale Klarheit. Blaue Kerzen hingegen werden mit Ruhe, Intuition und prophetischen Träumen assoziiert. Viele Traditionen behaupten, dass sie helfen, spirituelle Führung und wichtige Botschaften durch Träume oder Meditation zu erhalten.

Weiße Kerzen gelten spirituell als die reinsten und werden oft bei Zeremonien des Schutzes, der Wahrsagung und spirituellen Stärkung verwendet. Sie sind Frieden, energetische Reinigung und Verbindung zu positiven Kräften. Graue Kerzen werden als Werkzeuge gesehen, um negative Energien zu neutralisieren und emotional aufgeladene Umgebungen auszugleichen. Unterdessen werden schwarze Kerzen, stets von Geheimnissen umgeben, sowohl mit dunklen magischen Ritualen als auch mit Schutzpraktiken gegen Flüche, Neid und schädliche Energien in Verbindung gebracht.

Violette Kerzen haben eine enge Verbindung zur spirituellen Entwicklung und intuitiven Fähigkeiten. Viele esoterische Strömungen glauben, dass sie die psychischen Fähigkeiten, das Energiegefühl und die Verbindung zu höheren Bewusstseinsebenen verbessern. Rosa Kerzen hingegen gelten weiterhin als ideal für Rituale rund um Liebe, Freundschaft, Versöhnung und emotionale Harmonie.

Im Laufe der Geschichte wurden Kerzen auch mit Geistern und der unsichtbaren Welt in Verbindung gebracht. Einer der bekanntesten Glaubenssätze besagt, dass das nächtliche Platzieren einer schwarzen Kerze in einem Kürbis hilft, böse Geister und Geister abzuwehren. Ein weiterer weit verbreiteter Aberglaube besagt, dass wenn eine Kerze mit einer blauen Flamme brennt, eine spirituelle Präsenz in der Nähe der Person ist. Einige Traditionen interpretieren dies als Nähe von Geistführern oder schützenden Energien, während andere es mit intensiver paranormaler Aktivität in Verbindung bringen.

Bei Beerdigungsritualen nehmen weiße Kerzen einen besonders wichtigen Platz ein. Es wird geglaubt, dass das Anzünden weißer Kerzen in der Nähe eines toten Körpers hilft, die Seele des Verstorbenen zu schützen und ihren spirituellen Übergang in eine andere Dimension zu erleichtern. Das Licht symbolisiert

Führung, Frieden und Begleitung während des Übergangs zwischen Leben und Tod.

Kerzen werden auch oft mit wirtschaftlichem Wohlstand in Verbindung gebracht. Einer das weit verbreitete Glauben besagt, dass das Anzünden einer goldenen oder gelben Kerze während einer Neumondnacht Geld und materiellen Überfluss anzieht. Gold symbolisiert Reichtum, Erfolg und finanzielle Expansion. Außerdem heißt es, dass, wenn das Wachs einer goldenen Kerze beim Konsum eine Runde Zahl bildet, dies die Ankunft reichlich Geld zu Hause ankündigt. Einige Aberglauben warnen jedoch, dass das Anzünden einer Kerze mit einer bereits brennenden Kerze Unglück oder finanzielle Probleme bringen kann.

Aberglauben im Zusammenhang mit Pech gibt es ebenfalls zahlreich. Es gilt als schlechtes Omen, wenn eine Kerze ständig an die Seite einer bestimmten Person tropft, da sie Schwierigkeiten oder negative Energien symbolisieren würde, die auf sie gerichtet sind. Es gibt auch die Überzeugung, dass das allein brennende Brennen einer Kerze in einem leeren Raum schlechte Energie und Disharmonie ins zuhause zieht. Eine Kerze in mehrere Teile zu teilen oder am Dienstag oder Freitag, dem 13., schwarze Kerzen anzuzünden, sind Praktiken, die viele Traditionen mit Unglücken und familiären Konflikten in Verbindung bringen.

Auch bei Hochzeiten und religiösen Zeremonien haben Kerzen eine tiefe Symbolik. Das Anzünden einer weißen Kerze während der Hochzeit steht für Schutz, Stabilität und Glück für das Paar. Wenn jedoch eine Kerze während einer Hochzeitszeremonie oder Taufe erlischt, interpretieren viele verbreitete Überzeugungen dies als Zeichen für zukünftige Schwierigkeiten oder Pech auf dem Weg des Paares. Es gibt auch Rituale, die darauf abzielen, die Treue des Paares durch Kerzen zu überprüfen, die an bestimmten Stellen des Hauses angezündet werden.

Der Tod ist ein weiteres traditionell mit Kerzen verbundenes Thema. Einige Aberglauben besagen, dass eine Kerze, die plötzlich erlischt, bevor der Docht richtig brennt, einen drohenden Verlust oder Tod ankündigen kann. Eine kleine Flamme, begleitet von viel Rauch, galt historisch auch als Omen für Trauer oder Tod. Es wird sogar angenommen, dass das Aufbewahren zerbrochener Kerzen im Haus Unfälle und Unglücke anzieht.

Kerzen nehmen auch einen wichtigen Platz in gesundheitsbezogenen Überzeugungen ein. Blaue Kerzen werden mit Entspannung und Stressabbau assoziiert, während weiße Kerzen körperlichen Schutz, emotionale Erleichterung und Genesung symbolisieren. Rote Kerzen werden bei Fruchtbarkeits- und körperlicher Stärkungsrituale verwendet, grüne Kerzen stehen für Fruchtbarkeit und Heilung, und violette Kerzen für spirituelle Genesung und Energieheilung. Goldene Kerzen symbolisieren allgemeinen Schutz des Körpers und vitale Stärkung.

Schließlich treten Kerzen auch in vielen traumbezogenen Deutungen auf. Das Träumen von roten Kerzen wird meist mit Verlangen, Leidenschaft und intensiven Gefühlen assoziiert. Weiße Kerzen stehen für reine Liebe, emotionalen Frieden und spirituelle Harmonie. Schwarze Kerzen in Träumen gelten als Warnungen im Zusammenhang mit schwierigen Ereignissen oder bevorstehenden negativen Situationen. Gleichzeitig symbolisiert das Träumen von goldenen Kerzen Wohlstand, wirtschaftlichen Erfolg und Fülle.

Abgesehen von Aberglauben und populären Überzeugungen bleiben Kerzen universelle Symbole von Hoffnung, Schutz und Spiritualität. Ihre Flamme ist seit der Antike mit der Menschheit gegangen und erleuchtet Rituale, Zeremonien, Abschiede, Feiern und Momente der Selbstreflexion. Vielleicht ist das der Grund, warum Menschen selbst in einer von

Technologie und künstlichem Licht dominierten Welt in einer einfach brennenden Kerze ein Gefühl von Ruhe, Geheimnis und Verbindung zu etwas viel Tieferem als sich selbst finden.

Kerzen, Farben, Tage, Quarz, Planeten, Stunden und Sternzeichen.

Kerzen, die in Ritualen, spirituellen Zeremonien und esoterischen Werken verwendet werden, finden sich in vielen Farben, und jede davon hat eine andere energetische und symbolische Bedeutung. Seit den antiken Zivilisationen werden Farben mit bestimmten Emotionen, spirituellen Kräften, mentalen Zuständen und Schwingungen in Verbindung gebracht, die die Energie von Menschen und Umwelt beeinflussen können. Aus diesem Grund wird in esoterischen Traditionen die Farbwahl einer Kerze nie als unwichtiges Detail betrachtet. Jeder Farbton fungiert als spezifischer Energiekanal, der bestimmte Absichten stärkt und die Wirkung des durchgeführten Rituals verstärkt.

Die Farbe einer Kerze steht für die Schwingungsfrequenz, mit der du arbeiten möchtest. Einige Kerzen werden mit Liebe, Wohlstand oder Schutz assoziiert, während andere mit

Intuition, Gesundheit, Spiritualität oder emotionaler
Transformation verbunden sind. Daher gilt es vor der
Durchführung eines Rituals oder spirituellen Praktikums als
unerlässlich, die passendste Kerze entsprechend dem Ziel
sorgfältig auszuwählen. Die richtige Farbe hilft laut diesen
Überzeugungen, eine größere Harmonie zwischen der Absicht
der Person und den zu mobilisierenden Energien zu schaffen.

Viele esoterische Strömungen behaupten, dass Farben einen
direkten Einfluss auf das Unterbewusstsein und auf den
emotionalen Zustand der Person haben, die das Ritual
durchführt. Rot zum Beispiel wird oft mit Leidenschaft, Stärke,
Verlangen und Handeln assoziiert. Blau steht für Ruhe,
Intuition und spirituelle Verbindung. Grün symbolisiert Fülle,
Wachstum und Wohlstand. Weiß steht für Reinheit, Schutz und
spirituelle Erhebung. Gelb steht für Intelligenz,
Kommunikation und mentale Energie, während Violett mit
Spiritualität, psychischen Fähigkeiten und innerer
Transformation verbunden ist. Jede Farbe vermittelt eine eigene
Energie und weckt bestimmte Emotionen, die innerhalb
spiritueller Symbolik helfen, die Absicht des Rituals zu lenken.

In alten magischen und astrologischen Traditionen wird auch
angenommen, dass es günstigere Wege gibt, bestimmte
Kerzenfarben zu verwenden. Das liegt daran, dass jeder

Wochentag symbolisch mit einem bestimmten Planeten und bestimmten energetischen Schwingungen verbunden ist. Zum Beispiel steht der Freitag in Verbindung mit der Venus und gilt meist als ideal für Rituale der Liebe, Schönheit und emotionalen Harmonie, während der Dienstag, der mit dem Mars assoziiert wird, mit Stärke, Mut und Handeln verbunden ist. Das bedeutet jedoch nicht, dass eine bestimmte Kerze nur an einem einzigen Tag verwendet werden kann. Esoterische Traditionen weisen darauf hin, dass jede Kerze zu unterschiedlichen Zeiten angezündet werden kann, aber wenn die Farbe der Kerze energetisch synchron mit dem entsprechenden planetaren Tag ist, gelten die Effekte des Rituals als stärker, schneller und günstiger.

Diese Synchronität zwischen Farben, Planeten und Wochentagen ist Teil einer spirituellen Vision, bei der das gesamte Universum durch miteinander verbundene Schwingungen wirkt. Nach diesen Überzeugungen ermöglicht das Ergreifen des richtigen Moments Energien, mit weniger Widerstand und der Absicht, größere Stärke zu erlangen. Es ist, als würde man mit dem Strom zugunsten und nicht gegen ihn rudern. Deshalb bevorzugen viele Menschen es, bestimmte Rituale zu bestimmten Zeiten, bestimmten Mondphasen oder Tagen durchzuführen, die als energetisch stärker gelten.

Neben der Beziehung zu den Planeten wurden auch Kerzen mit den Tierkreiszeichen in Verbindung gebracht. In der esoterischen Astrologie hat jedes Zeichen bestimmte energetische Eigenschaften und ist mit bestimmten Farben verbunden, die besser mit seiner Schwingung harmonieren. Es wird geglaubt, dass ihre spirituellen Auswirkungen stark verstärkt werden, wenn eine Kerze unter dem Einfluss des Sternzeichens verwendet wird, das sie beherrscht. Zum Beispiel kann ein Kerzenhalter, der mit Feuerzeichen verbunden ist, mächtiger sein, wenn der Mond oder bestimmte Planeten durch Widder, Löwe oder Schütze ziehen. Ebenso könnten Kerzen, die mit Emotionen, Intuition oder Spiritualität verbunden sind, unter Wasserzeichen wie Krebs, Skorpion oder Fische intensiver wirken.

Das bedeutet nicht, dass das Ritual außerhalb dieser astrologischen Bedingungen nicht funktioniert, sondern dass die Energie als günstiger gilt, wenn eine Übereinstimmung zwischen der Farbe der Kerze, dem Sternzeichen und dem astrologischen Moment besteht. Viele Traditionen vergleichen diese energetische Harmonie damit, eine Tür genau in dem Moment zu öffnen, in dem der Wind zu ihren Gunsten weht. Das Ritual kann jederzeit durchgeführt werden, aber wenn die symbolischen Kräfte zusammenfallen, glaubt man, dass sich die Energie leichter und präziser bewegt.

Die Beziehung zwischen Kerzen, Farben und Astrologie spiegelt ein uraltes menschliches Bedürfnis wider, eine Verbindung zwischen dem Universum und dem Alltag zu finden. Seit der Antike beobachten Menschen die Zyklen des Mondes, die Bewegung der Planeten und die Wechsel der Jahreszeiten, um zu verstehen, wie sie menschliche Emotionen, Ereignisse und Schicksal beeinflussen. Kerzen, mit ihren Farben und Flammen, wurden zu symbolischen Werkzeugen, die die Verbindung zwischen Himmel, Energie und menschlicher Absicht darstellen.

Über spirituelle Überzeugungen hinaus haben Farben einen echten psychologischen Einfluss auf die Emotionen und den Geisteszustand der Menschen. Deshalb empfinden viele Menschen auch heute noch eine besondere Anziehung zu bestimmten Kerzen, je nachdem, welchen emotionalen Moment sie durchmachen. Eine blaue Kerze kann in Zeiten der Angst ruhig vermitteln, eine rote Energie und Motivation wecken, während eine weiße ein Gefühl von Frieden und Schutz erzeugen kann. Vielleicht liegt darin ein Teil des Geheimnisses und der Beständigkeit der Kerzen durch die Jahrhunderte: in

ihrer Fähigkeit, Symbolik, Emotion, Spiritualität und Hoffnung
in einer einfachen Lichtflamme zu vereinen.

Gelbe Kerzen

Gelbe Kerzen gelten in esoterischen Traditionen als Symbole für Intelligenz, Kommunikation, geistige Klarheit und energetische Anziehung. Sie werden hauptsächlich in Ritualen verwendet, die mit persönlichem Charme, Vertrauen, Überzeugungskraft, sozialem Erfolg und der Fähigkeit, positive Verbindungen zwischen Menschen herzustellen, zu tun haben. Seine Energie ist eng mit Vernunft, Kreativität, dem bewussten Geist und der Art und Weise, wie eine Person ihre Ideen und Emotionen in die Außenwelt projiziert, verbunden. Aus diesem Grund werden gelbe Kerzen oft für spirituelle Arbeit gewählt, die darauf abzielt, Beziehungen zu verbessern, Geschäftswege zu öffnen, das Selbstwertgefühl zu stärken und wichtige Verhandlungen zu fördern.

Gelb gilt als eine der ältesten Farben in der Kerzenherstellung. In der Antike, noch bevor moderne Farbstoffe und industrielle Verfahren existierten, behielt natürliches Wachs aufgrund seines organischen Ursprungs gelbliche Farbtöne, insbesondere wenn es aus Bienenwachs stammte. Daher betrachten viele spirituelle Strömungen gelbe Kerzen als die reinste und natürlichste Form der Energie, die in einer Kerze enthalten ist. Sie symbolisieren das Wesen des Lichts, das Erwachen des

Bewusstseins und die Verbindung zwischen dem menschlichen Geist und dem Wissen.

Innerhalb der spirituellen Symbolik bezieht sich die Farbe Gelb auf die greifbaren und rationalen Aspekte der menschlichen Existenz. Sie steht für Geschäft, Intellekt, logisches Denken, geistige Beweglichkeit und die Fähigkeit, klare Entscheidungen zu treffen. Es symbolisiert auch Persönlichkeit, Ego und die Art und Weise, wie sich eine Person anderen gegenüber ausdrückt. Wenn jemand Sicherheit, Selbstvertrauen oder größere Klarheit braucht, um alltägliche Probleme zu lösen, gelten gelbe Kerzen als ideale Werkzeuge, um diese Energien zu stärken.

Gelbe Kerzen sind als Kommunikationskerzen bekannt. Man glaubt, dass sie den Dialog, das Verständnis und die Weitergabe von Ideen fördern. Viele Menschen verwenden sie in Ritualen im Zusammenhang mit Vorstellungsgesprächen, wichtigen Meetings, Studien, Prüfungen, Geschäftsverhandlungen oder familiären Konflikten, wo es notwendig ist, Vereinbarungen zu finden und die Kommunikation zwischen den beteiligten Parteien zu verbessern. Sie werden auch eingesetzt, um Egoismus, Arroganz oder negative Einstellungen zu entdecken, die menschliche Beziehungen behindern.

Ein weiterer wichtiger Aspekt der Farbe Gelb ist ihre Beziehung zur spirituellen Erleuchtung und intellektuellen Erweckung. Obwohl sie oft mit dem Praktischen und Alltäglichen assoziiert wird, steht sie auch für die Erweiterung des Bewusstseins und die Fähigkeit, Situationen aus einer breiteren Perspektive zu verstehen. Aus diesem Grund betrachten viele Traditionen gelbe Kerzen, um Intuition, Klarheit und geistige Schnelligkeit zu fördern, insbesondere wenn sie während Meditation oder spiritueller Arbeit zur persönlichen Entwicklung verwendet werden.

Gelbe Kerzen können in allen Farbtönen verwendet werden, von sanften und hellen Tönen bis hin zu intensiven und leuchtenden Gelbtönen. Hellere Töne stehen meist für Gelassenheit, Klarheit und emotionale Harmonie, während stärkere Gelbtöne für Energie, Handlung, Führung und intellektuelle Entwicklung stehen. Jeder Farbton vermittelt eine leicht andere Atmosphäre, obwohl sie alle das Hauptwesen der Farbe bewahren: Kommunikation, Intelligenz und Dynamik.

Innerhalb der astrologischen und esoterischen Korrespondenzen gilt der Mittwoch als der günstigste Tag, um mit gelben Kerzen zu arbeiten. Das liegt daran, dass der Mittwoch von Merkur beherrscht wird, einem Planeten, der mit Geist, Kommunikation, Lernen und Handel assoziiert wird. Es wird angenommen, dass jedes an diesem Tag durchgeführte Ritual im Zusammenhang mit Geschäften, Studien, Verträgen, Interviews oder Vereinbarungen höhere Erfolgschancen und positive Ergebnisse hat. Gelbe Kerzen können jedoch zu jeder Tageszeit der Woche verwendet werden, wenn dringend geistige Klarheit oder emotionale Stärkung benötigt wird.

Die Blumen, die am besten zu gelben Kerzen harmonieren, sind gelbe Rosen. Diese Blumen symbolisieren Intelligenz, Freundschaft, Optimismus und emotionale Entwicklung. Neben ihrer Schönheit sind sie widerstandsfähig und anpassungsfähig, da sie in der Regel klimatischen Veränderungen mit großer Kraft standhalten. Innerhalb der spirituellen Symbolik helfen gelbe Rosen, Intuition, Klarheit und die Fähigkeit, komplexe Situationen mit größerer emotionaler Klarheit zu verstehen, zu wecken.

Entsprechend dem Zeitplan können die gelben Kerzen zu jeder Tageszeit angezündet werden. Viele Traditionen halten es jedoch für günstiger, sie nach dem Mittag zu nutzen, wenn die Solarenergie einen Punkt größerer Stabilität und Klarheit erreicht. Die Sonne, symbolisch mit Licht und Intellekt assoziiert, verstärkt die geistigen und kommunikativen Eigenschaften, die mit dieser Farbe verbunden sind.

Das mit den gelben Kerzen verbundene Metall ist Quecksilber, aufgrund seiner wechselhaften und flüssigen Beschaffenheit. Innerhalb der alchemistischen und esoterischen Symbolik steht Merkur für Intelligenz, geistige Schnelligkeit, Kommunikation und Anpassungsfähigkeit. Wie dieses Metall sind die mit Gelb verbundenen Energien dynamisch, vielseitig und können sich je nach Umständen schnell verwandeln.

Die Zahl, die traditionell mit gelben Kerzenhaltern assoziiert wird, ist 4. Diese Zahl symbolisiert Stabilität, Organisation, ständige Arbeit und Verbindung zur materiellen Welt. Sie steht für den Aufbau solider Grundlagen, mentale Ordnung und die Fähigkeit, Ideen in konkrete Ergebnisse umzuwandeln. In vielen Ritualen wird die Zahl 4 auch mit Disziplin, Verantwortung und Ausdauer assoziiert.

In esoterischen Praktiken wird empfohlen, die Rituale mit gelben Kerzen mit Weihrauch oder ätherischem Sandelholzöl zu begleiten. Sandelholz besitzt spirituelle Eigenschaften, die mit geistiger Ruhe, Klarheit und Bewusstseinserhöhung verbunden sind. Viele Traditionen empfehlen, vor Beginn des Rituals ein paar Tropfen Sandelholz-ätherisches Öl auf die Hände zu schmieren, um die energetische Verbindung zu stärken und die Konzentration zu fördern. Der Duft von Sandelholz trägt dazu bei, eine Atmosphäre der Ruhe und geistigen Konzentration zu schaffen und verstärkt die Wirkung der gelben Kerze.

Der mit dieser Farbe verbundene Quarz ist Citrin, bekannt als ein Stein, der mit Energie, Fülle und innerer Stärke verbunden ist. Citrin symbolisiert Optimismus, geistige Klarheit und die Fähigkeit, positive Chancen anzuziehen. Er gilt als idealer Kristall für Rituale beruflichen Erfolgs, Studiums, Geschäfts oder persönliches Wachstum. Viele Menschen glauben, dass die Kombination aus Citrin und gelben Kerzen das Selbstvertrauen stärkt und hilft, die Motivation aufrechtzuerhalten, die nötig ist, um wichtige Ziele zu erreichen.

Der herrschende Planet der gelben Kerzen ist Merkur, der der Sonne nächstgelegene Planet in der traditionellen Astrologie. Merkur steuert Kommunikation, Wissen, Intelligenz, Lernen und den menschlichen Geist. Ihr Einfluss begünstigt die geistige Geschwindigkeit, die Fähigkeit zu analysieren und die Fähigkeit, sich richtig auszudrücken. Aus diesem Grund gelten gelbe Kerzen als besonders wirkungsvoll für Arbeiten im Zusammenhang mit Studien, Prüfungen, Interviews, Handel und Konfliktlösung.

Gesundheitlich sind gelbe Kerzen hauptsächlich mit dem Nerven- und Atmungssystem verbunden. Innerhalb der populären Überzeugungen helfen sie, mentale Anspannungen zu verringern, das Gedächtnis anzuregen und die intellektuellen Fähigkeiten zu stärken. Sie symbolisieren auch emotionale Vitalität und die Fähigkeit, gesündere, ausgewogenere Beziehungen zu anderen Menschen aufzubauen.

Astrologisch gesehen sind die Sternzeichen, die am meisten mit gelben Kerzen verwandt sind, Zwillinge und Jungfrau, die beide von Merkur regiert werden. Zwillinge stehen für Kommunikation, Anpassungsfähigkeit und schnelles Denken, während die Jungfrau Analyse, Organisation und logisches Denken symbolisiert. Aus diesem Grund harmonieren die Energien der gelben Kerzen besonders mit Menschen, die unter diesen Zeichen geboren wurden, oder mit Ritualen, die durchgeführt werden, wenn der Einfluss des Merkurs dominiert ist.

Über esoterische Traditionen hinaus sind gelbe Kerzen weiterhin Symbole für Klarheit, Optimismus und mentale Energie. Ihr warmes Licht vermittelt ein Gefühl von Vitalität, Bewegung und Hoffnung. Vielleicht ist das der Grund, warum sie weiterhin nicht nur in spirituellen Ritualen verwendet werden, sondern auch in Momenten, in denen Menschen

Selbstvertrauen, Inspiration und Kraft zurückgewinnen müssen,
um mitten in den Schwierigkeiten des Lebens voranzukommen.

Lichtblaue Kerzen

Hellblaue Kerzen haben eine Energie, die tief mit Emotionen, Sensibilität, spirituellen Schutz und affektiven Beziehungen verbunden ist. Innerhalb esoterischer Traditionen symbolisiert Hellblau Gelassenheit, emotionale Harmonie, Loyalität und sentimentale Stabilität. Rituale mit dieser Farbe sind meist auf aufrichtige Liebe, Versöhnung, inneren Frieden und den Schutz wichtiger Bindungen ausgerichtet. Sie gelten außerdem als besonders kraftvolle Kerzen, die vorahnende Träume anregen, die Intuition stärken und die spirituelle Verbindung zwischen Menschen fördern.

Hellblau hat einen sehr intensiven Einfluss auf die emotionale Welt des Menschen. Es steht für Ruhe nach Konflikten, die Fähigkeit, emotionale Wunden zu heilen, und das Bedürfnis, in persönlichen Beziehungen ein Gleichgewicht zu finden. Aus diesem Grund verwenden viele Menschen diese Kerzen, wenn sie romantische Auseinandersetzungen, emotionale Distanzierung oder Situationen haben, in denen Vertrauen und Harmonie wiederhergestellt werden müssen. Ihre Energie ist nicht aggressiv oder impulsiv, sondern sanft, umhüllend und tief emotional.

Innerhalb der spirituellen Symbolik steht Hellblau auch im Zusammenhang mit Liebe, Freundschaft, Sex und allen affektiven Ausdrucksformen, die auf aufrichtiger Zuneigung und gegenseitigem Verständnis beruhen. Es ist eine Farbe, die mit authentischen Gefühlen und dem menschlichen Bedürfnis assoziiert wird, emotional mitgenommen zu werden. Hellblaue Kerzen stärken starke Beziehungen, schützen stabile Verbindungen und schaffen friedliche Umgebungen, in denen Dialog und Zuneigung ohne übermäßige Anspannung fließen können.

Einer der interessantesten Aspekte dieser Farbe ist ihre Fähigkeit, Sinnlichkeit und emotionale Verbindung zwischen Menschen zu fördern. Obwohl es meist mit Ruhe und Gelassenheit verbunden ist, hat Hellblau auch eine sinnliche und attraktive Ausstrahlung. Nach vielen esoterischen Traditionen weckt diese Farbe emotionale Sensibilität, das Verlangen nach Nähe und das Bedürfnis, aufrichtige Zuneigung zu teilen. Deshalb wird es oft in Ritualen verwendet, die darauf abzielen, Liebesbeziehungen zu stärken oder die emotionale Anziehung innerhalb eines Paares zu steigern.

Hellblaue Kerzen symbolisieren auch Motivation, Hoffnung und eine positive Lebenseinstellung. Seine Energie hilft, emotionale Spannungen zu reduzieren, Traurigkeit zu lindern und nach schwierigen Zeiten wieder Selbstvertrauen zu gewinnen. Viele Menschen nutzen sie in Zeiten von Angst, Unsicherheit oder emotionalen Konflikten, weil sie ein Gefühl von Schutz und innerem Gleichgewicht vermitteln. Ihre Flamme steht für emotionalen Frieden und die Fähigkeit, selbst in komplizierten Situationen Ruhe zu finden.

In alten esoterischen Korrespondenzen gilt Hellblau als maskuline Farbe, die mit emotionaler Eroberung, Stabilität und dem Wunsch nach dauerhaften Beziehungen assoziiert wird. Sie steht für die Absicht, solide und dauerhafte Partnerschaften auf der Grundlage von Vertrauen und Treue zu bilden. Es symbolisiert auch emotionale Authentizität und Aufrichtigkeit in den Gefühlen. Aus diesem Grund gelten hellblaue Kerzen als grundlegend in Ritualen, die darauf abzielen, echte und tiefe emotionale Bindungen zu stärken.

Der Freitag ist der günstigste Tag, um mit hellblauen Kerzen zu arbeiten, da er von der Venus beherrscht wird, einem Planeten, der mit Liebe, Schönheit, Vergnügen und emotionaler Harmonie verbunden ist. Wenn am Freitag sentimentale Rituale durchgeführt werden, gilt es, dass die liebevollen Energien mit größerer Intensität fließen und die Chancen auf emotionalen Erfolg erheblich steigen. Viele Traditionen behaupten, dass das Anzünden von leuchtend blauen Kerzen während der sogenannten "Stunde der Venus" die Ergebnisse in Bezug auf Versöhnungen, emotionale Verbindungen und sentimentale Stabilität weiter verstärkt.

Die Blume, die am besten mit hellblauen Kerzen harmoniert, ist der Mohn. Diese Blume symbolisiert Leidenschaft, Romantik und emotionale Sensibilität. Ihre Zartheit steht für die Intensität der Gefühle und die Zerbrechlichkeit menschlicher Emotionen. Innerhalb der spirituellen Symbolik hilft der Mohn, die Fähigkeit zu wecken, tief zu lieben und emotionale Bindungen zwischen Menschen zu stärken.

Der Nachmittag gilt als die beste Zeit, um blaue Kerzen anzuzünden. Während dieser Tageszeit werden Energien, die mit Emotionen und Reflexion zusammenhängen, meist mit größerer Intensität wahrgenommen. Wenn das Ritual jedoch während der astrologischen Stunde der Venus durchgeführt werden kann, gelten die symbolischen Effekte als noch günstiger für sentimentale und affektive Angelegenheiten.

Das Metall, das mit hellblauen Kerzen assoziiert wird, ist Kupfer. Innerhalb esoterischer Traditionen steht Kupfer für energetische Übertragung, emotionales Gleichgewicht und die Fähigkeit, Menschen zu verbinden. Es ist ein edles und formbares Metall, Eigenschaften, die emotionale Flexibilität und Offenheit für Liebe symbolisieren. Kupfer wird auch als Leiter von affektiven und spirituellen Energien gesehen.

Die Zahl, die mit hellblauen Kerzen zusammenhängt, ist 6, eine Zahl, die traditionell mit der Venus und der Energie der Liebe assoziiert wird. Die 6 symbolisiert Harmonie, Sensibilität, die Fähigkeit, sich um andere zu kümmern, und das Bedürfnis, stabile Bindungen zu schaffen. Es steht für Familie, Zuneigung, emotionales Verständnis und den Wunsch, im Gleichgewicht mit den Menschen um uns herum zu leben.

Unter den Ritualen mit hellblauen Kerzen ist Lavendel das am meisten empfohlene Weihrauch. Lavendel besitzt beruhigende, entspannende und spirituell reinigende Eigenschaften. Sein Aroma hilft, Spannungen abzubauen, Angst abzubauen und eine Umgebung emotionaler Ruhe zu schaffen. Viele Traditionen sind der Ansicht, dass die Kombination aus hellblauer Kerze und lavendel färbendem Weihrauch die sentimentale Harmonie stärkt und emotionale Versöhnung fördert.

Der mit dieser Farbe verbundene Quarz ist Lapislazuli, ein Stein, der als Symbol für Weisheit, inneren Frieden und spirituelle Verbindung gilt. Lapislazuli wird seit der antiken Zivilisation für seine intensive blaue Schönheit und seine

Eigenschaften in Bezug auf Intuition und emotionale Gelassenheit geschätzt. In esoterischen Praktiken wird angenommen, dass dieser Quarz aufrichtige Liebe anzieht, stabile Beziehungen stärkt und emotionale Klarheit fördert. Es symbolisiert auch spirituellen Schutz und inneres Gleichgewicht.

Der herrschende Planet der hellblauen Kerzen ist Venus, die in der Astrologie als der Planet der Liebe, Schönheit, Lust, Harmonie und materiellen Güter gilt. Venus steht für die Fähigkeit zu lieben, zu genießen und tiefe emotionale Bindungen zu schaffen. Aus diesem Grund werden hellblaue Kerzen besonders in Ritualen verwendet, die darauf abzielen, emotionale Beziehungen zu verbessern, sentimentale Harmonie wiederherzustellen oder das emotionale Selbstwertgefühl zu stärken.

Gesundheitlich sind hellblaue Kerzen hauptsächlich mit dem Hals, den Stimmbändern und dem Atmungssystem verbunden. Symbolisch sind sie die Fähigkeit, sich emotional auszudrücken und Gefühle aufrichtig zu kommunizieren. Viele Traditionen gehen davon aus, dass sie den Körper vor Infektionen und Spannungen im Zusammenhang mit emotionalem Stress oder emotionalen Konflikten schützen.

Astrologisch gesehen sind die Zeichen, die am meisten mit hellblauen Kerzen verwandt sind, Stier und Waage, beide von der Venus beherrscht. Stier symbolisiert Stabilität, Sinnlichkeit und das Bedürfnis nach emotionaler Sicherheit, während Waage für Harmonie, Gleichgewicht und affektive Beziehungen steht, die auf Kooperation und Verständnis basieren. Daher harmonieren die Energien der hellblauen Kerzen besonders mit Menschen, die unter diesen Zeichen geboren wurden, oder mit Ritualen, die durchgeführt werden, wenn die Venus einen wichtigen Einfluss auf die astrologische Umgebung hat.

Über esoterische Überzeugungen hinaus sind hellblaue Kerzen weiterhin Symbole für Gelassenheit, Liebe und emotionalen Schutz. Ihre Flamme strahlt Ruhe, Süße und Hoffnung aus und erinnert uns an die Bedeutung emotionaler Bindungen und innerer Ruhe inmitten der Spannungen des Alltags. Vielleicht ist das der Grund, warum viele Menschen auch heute noch im sanften bläulichen Licht einer Kerze ein Gefühl von Zuflucht, Gleichgewicht und tiefer emotionaler Verbindung finden.

Dunkelblaue Kerzen

Die dunkelblauen Kerzen sind die emotionale Tiefe, das spirituelle Geheimnis und die innere Stärke, die nötig sind, um die komplexesten Herausforderungen des Lebens zu meistern. Innerhalb esoterischer Traditionen symbolisiert diese Farbe die Tiefen des Meeres und alles, was unter der Oberfläche verborgen bleibt: tiefe Gedanken, intensive Emotionen, spirituelle Geheimnisse und Prozesse innerer Transformation. Im Gegensatz zu Hellblau, das mit affektiver Harmonie und emotionaler Sanftheit verbunden ist, hat Dunkelblau eine intensivere, ernstere und kraftvollere Energie. Es ist eine Farbe, die mit Durchhaltevermögen, Willensbereitschaft und der Fähigkeit, voranzuschreiten, auch dann assoziiert wird, wenn der Weg schwierig oder unsicher erscheint.

Dunkelblaue Kerzen gelten als ideale spirituelle Werkzeuge für Rituale, die darauf abzielen, komplexe Ziele oder Ziele zu erreichen, die Zeit, Disziplin und mentale Stärke erfordern. Viele Menschen nutzen sie, wenn sie Situationen durchmachen, in denen sie emotionale Ausdauer, Konzentration und genug Energie benötigen, um angesichts von Hindernissen nicht aufgeben zu müssen. Seine Flamme symbolisiert die menschliche Fähigkeit, inmitten von Noten standhaft zu bleiben, wie ein Leuchtfeuer, der selbst im Sturm weiterleuchtet.

Innerhalb der esoterischen Symbolik steht Dunkelblau auch für spirituelles Fortschritt und den Wunsch, sich in sich selbst weiterzuentwickeln. Sie gilt als eine tief maskuline Farbe, die mit Führung, emotionaler Kontrolle und Entschlossenheit zusammenhängt. Es ist keine aggressive Energie, sondern eine stille und konstante Kraft, die dich antreibt, mit Reife und geistiger Klarheit voranzuschreiten. Aus diesem Grund werden diese Kerzen häufig in Ritualen verwendet, die sich auf persönliches Wachstum, spirituelle Disziplin, psychischen Schutz und die Stärkung des Willens beziehen.

Dunkelblaue Kerzen helfen, Ausdauer und emotionale Stabilität zu fördern. Viele Traditionen behaupten, dass sie den Geist in Zeiten von Müdigkeit, Zweifel oder Unsicherheit stärken. Sie gelten auch als nützlich für Menschen, die nach Misserfolgen oder schwierigen Erfahrungen ihre Motivation wiedergewinnen müssen. Ihre Energie inspiriert Selbstkontrolle, Geduld und die Fähigkeit, sich selbst in emotional belastenden Situationen zu konzentrieren.

Freitag bleibt der günstigste Tag für die Arbeit mit dunkelblauen Kerzen. Obwohl ihr Farbton intensiver und tiefer als das helle Blau ist, stehen beide weiterhin unter dem Einfluss der Venus. Das mag aufgrund der ernsthaften Stärke des Dunkelblaus kontraintuitiv erscheinen, aber innerhalb der esoterischen Astrologie steht Venus nicht nur für Liebe und Schönheit, sondern auch für emotionale Harmonie und inneres Gleichgewicht. Im Fall von dunkelblau manifestiert sich die venusianische Energie als emotionale Stabilität, affektive Reife und die Suche nach innerem Frieden.

Das mit diesen Kerzen verbundene Metall ist Kupfer, ein Symbol für Widerstand, Flexibilität und Energieübertragung. Kupfer gilt als Leiter spiritueller und emotionaler Energien. Seine formbare Natur steht für die Fähigkeit, sich an Schwierigkeiten anzupassen, ohne an Kraft oder Stabilität zu verlieren. Innerhalb der Rituale symbolisiert Kupfer das Gleichgewicht zwischen Stärke und Sensibilität.

Die Zahl, die mit dunkelblauen Kerzen assoziiert ist, beträgt 5. Diese Zahl hat eine dynamische und unvorhersehbare Schwingung. Es zeigt Abenteuer, Reisen, plötzliche Veränderungen und Erfahrungen, die das Leben eines Menschen tiefgreifend verändern. Obwohl 5 instabil erscheinen mag, symbolisiert es auch Freiheit, Wachstum und ständige Entwicklung. Innerhalb der spirituellen Symbolik kommen Dunkelblau und die Zahl 5 zusammen, um die Fähigkeit zu sein, neue Wege einzuschlagen, auch wenn die Zukunft ungewiss ist.

Das Weihrauch und ätherisches Öl, das am engsten mit dunkelblauen Kerzen verwandt ist, ist Zimt. Zimt besitzt intensive energetische Eigenschaften, die mit Leidenschaft, emotionaler Stärke und Vitalität verbunden sind. Ihr Aroma regt den Geist an, weckt Motivation und hilft, in Zeiten emotionaler oder körperlicher Erschöpfung Energie zurückzugewinnen. In vielen Ritualen stärkt die Kombination aus Zimt und dunkelblauen Kerzen die Entschlossenheit und hilft, die Leidenschaft für persönliche Ziele lebendig zu halten.

Der mit dieser Farbe verbundene Quarz ist Türkis, ein Stein, der als Symbol für Schutz, Stärke und spirituelle Weisheit gilt. Seit der Antike wurde Türkis als Amulett für Reisende, Krieger und Menschen verwendet, die in schwierigen Zeiten Schutz benötigten. Innerhalb esoterischer Praktiken wird angenommen, dass es hilft, den Geist zu stärken, Emotionen auszugleichen und vor negativen Energien oder emotional belastenden Umgebungen zu schützen. Es symbolisiert auch innere Klarheit und die Fähigkeit, Hindernisse mit Gelassenheit zu überwinden.

Der herrschende Planet der dunkelblauen Segel bleibt Venus, wobei sich ihr Einfluss in diesem Fall auf eine reifere und tiefgründigere Weise manifestiert. Venus steht für Harmonie, Frieden und Schönheit, aber auch für das Bedürfnis, emotionale Stabilität und Gleichgewicht mitten in den Schwierigkeiten des Lebens zu finden. Dunkelblaue Kerzen wirken genau auf diese Fähigkeit, innere Gelassenheit zu bewahren, während sie komplexen Herausforderungen gegenüberstehen.

In Bezug auf die Gesundheit stehen dunkelblaue Kerzen symbolisch im Zusammenhang mit dem Schutz des Nervensystems und der geistigen Funktionen. Innerhalb populärer Überzeugungen stärken sie das Gedächtnis, die geistige Klarheit und die emotionale Stabilität. Viele Überlieferungen behaupten, dass sie einen positiven Einfluss auf Krankheiten haben, die mit Gehirnverfall und Alterung zusammenhängen, wie Gedächtnisprobleme, senile Demenz, Alzheimer, Parkinson oder Arteriosklerose. Obwohl diese Deutungen zum spirituellen und symbolischen Bereich gehören, spiegeln sie die alte Verbindung zwischen Dunkelblau und geistiger Stärke wider.

Astrologisch gesehen ist das Zeichen, das am engsten mit dunkelblauen Kerzen verwandt ist, Zwillinge. Obwohl Zwillinge meist mit Dynamik und Kommunikation assoziiert werden, stehen sie auch für Vielseitigkeit, Intelligenz und die Fähigkeit, sich an verschiedene Umstände anzupassen.

Dunkelblaue Kerzen stärken genau diese Fähigkeit, ständigen Veränderungen zu begegnen, ohne Klarheit oder emotionales Gleichgewicht zu verlieren. Sie helfen auch, mentale Zerstreuung in Fokus und Durchhaltevermögen umzuwandeln.

Über esoterische Glaubensvorstellungen hinaus sind dunkelblaue Kerzen weiterhin Symbole emotionaler Tiefe, Disziplin und spiritueller Entwicklung. Ihre Flamme vermittelt ein Gefühl von Geheimnis, Gelassenheit und stiller Stärke, die Menschen in den schwierigsten Momenten des Lebens begleiten kann. Vielleicht ist das der Grund, warum viele Menschen eine besondere Verbindung zu dieser Farbe empfinden: Weil tiefgrünes Dunkelblau tief im Inneren an die Tiefen des Ozeans und die menschliche Seele erinnert, Orte, an denen sowohl die größten Ängste als auch die nötige Kraft, sie zu überwinden, wohnen.

Weiße Kerzen

Weiße Kerzen gelten innerhalb esoterischer Traditionen als die reinsten, vielseitigsten und spirituell kraftvollsten Kerzen der gesamten chromatischen Skala. Seit der Antike wird Weiß mit göttlichem Licht, Reinheit der Seele, spirituellen Schutz und Verbindung mit höherer Energie assoziiert. Aus diesem Grund stehen weiße Kerzen in religiösen Zeremonien, spirituellen Ritualen, Energiereinigungspraktiken, Gebeten, Meditationen und Exorzismen im Mittelpunkt. Ihre Flamme symbolisiert Klarheit, inneren Frieden und die Anwesenheit schützender Kräfte, die selbst die dunkelsten Momente des Lebens erhellen können.

Innerhalb der spirituellen Symbolik steht die Farbe Weiß für Reinheit, Aufrichtigkeit, Gleichgewicht und emotionale Erneuerung. Es steht auch im Zusammenhang mit der Intimität, Fruchtbarkeit, Sensibilität und kreativen Fähigkeit des Menschen. Weiße Kerzen haben eine sanfte, aber zutiefst kraftvolle Energie, die emotional aufgeladene Umgebungen harmonisieren und Menschen, die schwierige Situationen durchmachen, Seelenfrieden verschaffen kann. Viele Menschen nutzen sie, wenn sie Seelenfrieden, spirituelle Klarheit oder Schutz vor negativen Energien brauchen.

Weiße Kerzen haben einen besonderen Einfluss auf Menschen, die künstlerisch und kreativ tätig sind. Man glaubt, dass sie die Fantasie anregen, Inspiration anregen und die emotionale Sensibilität fördern, die für künstlerisches Schaffen erforderlich ist. Schriftsteller, Musiker, Maler und Menschen, die mit der kreativen Welt verbunden sind, fühlen sich oft von der ruhigen und leuchtenden Energie dieser Farbe angezogen. Die weiße Kerze symbolisiert Aufgeschlossenheit, reine Inspiration und die Fähigkeit, sich mit tiefen und authentischen Ideen zu verbinden.

In esoterischen Praktiken ist die weiße Kerze als "die neutrale Kerze" bekannt. Das bedeutet, dass sie in nahezu jeder Art von Ritual verwendet werden kann, wenn die Kerze der empfohlenen Farbe nicht verfügbar ist. Sie gilt als multivalente Kerze, weil sie symbolisch alle Energie und Schwingungen der anderen Farben besitzt. Nach alten Überlieferungen erscheinen beim Abbau von weißem Licht alle sichtbaren Farben der chromatischen Skala daraus. Aus diesem Grund gilt die weiße Kerze als spirituelle Synthese aller energetischen Kräfte und als Werkzeug, das sich an verschiedene Zwecke anpassen kann.

Weiße Kerzen stehen auch in engem Zusammenhang mit Mutterschaft, Kinderschutz und emotionaler Fürsorge für die Familie. Viele Traditionen behaupten, dass seine Energie

Schwangerschaften schützt, die Fruchtbarkeit fördert und harmonische Umgebungen im Haus schafft. Sie werden auch eingesetzt, um kleine Kinder zu schützen und geistlich mit Menschen auf wichtigen Reisen oder in Momenten emotionaler Verletzlichkeit zu gehen.

Ein weiterer wichtiger Aspekt weißer Kerzen ist ihre Beziehung zu Intuition, Hingabe und Spiritualität. Man glaubt, dass sie helfen, die spirituelle Sensibilität und die Fähigkeit zu stärken, die innere Stimme zu hören. Sie fördern auch Zustände mentaler Ruhe und emotionaler Offenheit, die es der Person ermöglichen, leichter mit ihrer Intuition und höheren spirituellen Energien in Kontakt zu treten. Viele Traditionen betrachten die weiße Kerze als Charakter milder, Menschen empfänglicher zu machen und Gefühle von Mitgefühl, Geduld und Verständnis zu fördern.

Montag gilt als der günstigste Tag, um mit weißen Kerzen zu arbeiten. In der esoterischen Astrologie wird der Montag vom Mond beherrscht und symbolisiert den Beginn von Zyklen, den Beginn neuer Phasen und die emotionale Organisation der Woche. Es gilt als idealer Tag, um Rituale im Zusammenhang mit Energiereinigung, spiritueller Schutz, emotionalem Gleichgewicht und innerer Erneuerung durchzuführen. Einige Traditionen empfehlen jedoch, wichtige Rituale zu vermeiden, wenn dieser Montag mit der ersten Nacht des Neumonds oder Schwarzmonds zusammenfällt, da dies als eine Zeit zu instabilen oder introspektiven Energien gilt.

Der Morgen ist die beste Zeit, um weiße Kerzen anzuzünden, besonders während der sogenannten "Mondstunde" oder in der Phase des zunehmenden Mondes. Morgenenergie symbolisiert Erneuerung, Klarheit und Neuanfänge, während der Mondsichel für Wachstum, Expansion und Stärkung der Absichten steht. Diese Kombination begünstigt Rituale, die darauf abzielen, Projekte zu starten, Emotionen zu heilen oder spirituelle Harmonie zu fördern.

Das Metall, das mit weißen Kerzen verwandt ist, ist Silber. Silber gilt seit der Antike als Mondmetall, das mit Intuition, Sensibilität und spiritueller Schutz assoziiert wird. Ihr sanftes Leuchten symbolisiert emotionale Reinheit und die Fähigkeit, negative Energien zu reflektieren, ohne sie zu absorbieren. Außerdem ist Silber ein formbares und widerstandsfähiges Metall, Eigenschaften, die emotionale Anpassung und spirituelle Stabilität bedeuten. In Ritualen glaubt man, dass die Energie des Silbers dazu beiträgt, Absichten auf ein günstiges Ergebnis hinzuweisen.

Die mit weißen Kerzen assoziierte Zahl ist 2, ein universelles Symbol für Dualität, Gleichgewicht und Vereinigung zwischen Gegensätzen. Die Zahl 2 steht für Kooperation, Sensibilität, Paar, Mutterschaft und emotionale Harmonie. Es symbolisiert auch das Gleichgewicht zwischen Licht und Dunkelheit, Körper und Seele, Vernunft und Intuition. Innerhalb von Ritualen hilft diese numerische Schwingung, Beziehungen zu stärken, emotionale Stabilität zu finden und inneren Frieden zu schaffen.

Das am meisten empfohlene Weihrauch und ätherisches Öl zur Begleitung von Ritualen mit weißen Kerzen ist Rosmarin. Rosmarin wird seit Jahrhunderten zur spirituellen Reinigung und zum Schutz von Energie verwendet. Ihr Aroma stärkt die Konzentration, reinigt die Umgebung und hilft, angesammelte emotionale Spannungen abzubauen. Viele Traditionen empfehlen, vor Beginn des Rituals einige Tropfen Rosmarinöl auf die Hände zu geben, um die spirituelle Verbindung zu fördern und die energetische Intention zu stärken.

Der mit weißen Kerzen verwandte Quarz besteht hauptsächlich aus Perlmutt und Aquamarin. Die Perle symbolisiert Reinheit, Gelassenheit und emotionalen Schutz. Seit der Antike gilt er als Stein, der mit weiblicher Energie, Mutterschaft und emotionaler Weisheit verbunden ist. Aquamarin hingegen steht für Ruhe, geistige Klarheit und spirituelle Erneuerung. Seine Farbe erinnert an das ruhige Meer und soll helfen, den Geist zu beleben und tiefe emotionale Spannungen zu lösen.

Der herrschende Planet der weißen Kerzen ist der Mond, ein Symbol für Mutterschaft, Intuition, Sensibilität und spirituellen Schutz. In der Astrologie steht der Mond für die emotionale Welt, Erinnerungen, Familie und Energie, die das menschliche Leben nähren und schützen. Deshalb werden weiße Kerzen oft in Ritualen verwendet, die mit Emotionen, Fruchtbarkeit, zuhause und innerem Gleichgewicht zu tun haben.

Gesundheitlich sind weiße Kerzen mit allen Organen verbunden, die mit Mutterschaft und weiblicher Energie zu tun haben. Sie symbolisieren auch die Reinigung des Nervensystems und des Lymphsystems. In den gängigen Überzeugungen helfen sie, emotionale Spannungen zu lindern, die Energiegewinnung zu fördern und Zustände des mentalen Friedens zu schaffen, die für innere Heilung notwendig sind.

Astrologisch gesehen ist das Sternzeichen, das am meisten mit weißen Kerzen verwandt ist, der Krebs, ein Zeichen, das genau vom Mond regiert wird. Krebs symbolisiert Sensibilität, Intuition, Familienschutz und das Bedürfnis nach emotionaler Sicherheit. Menschen, die unter diesem Zeichen geboren wurden, sind meist tief emotional, beschützend und mit zuhause und Familie verbunden – Eigenschaften, die perfekt mit der sanften und spirituellen Energie weißer Kerzen harmonieren.

Über esoterische Glaubensvorstellungen hinaus sind weiße Kerzen weiterhin universelle Symbole von Frieden, Hoffnung und Schutz. Ihre Flamme strahlt Gelassenheit und Reinheit aus und schafft ein Gefühl der Ruhe, das nur wenige Dinge wecken können. Vielleicht ist das der Grund, warum das Licht einer weißen Kerze von alten Tempeln bis zu modernen Häusern die Menschen weiterhin in Momenten des Gebets, der Traurigkeit, der Feier und der spirituellen Suche begleitet und uns daran erinnert, dass es selbst mitten in der Dunkelheit immer ein kleines Licht gibt, das den Weg weisen kann.

Goldfarbene Kerzen

Goldfarbene Kerzen stehen für Macht, Fülle, Ausdehnung und Verbindung zu den universellen Kräften, die mit Wohlstand und Selbstverwirklichung verbunden sind. Innerhalb esoterischer Traditionen gilt Gold als eine der mächtigsten und majestätischsten Farben auf der gesamten chromatischen Skala, da es sowohl materiellen Reichtum als auch spirituelle Erleuchtung symbolisiert. Seine Helligkeit erinnert an das Licht der Sonne, an das Leuchten des Goldes und an die angestammte Idee, etwas Höheres, Wertvolles und Transzendentes zu erreichen. Aus diesem Grund werden goldene Kerzen seit Jahrhunderten in Ritualen verwendet, die darauf abzielen, Erfolg, Anerkennung, wirtschaftlichen Wohlstand, spirituelles Wachstum und die Stärkung innerer Kraft anzuziehen.

Die Farbe Gold steht in starker Verbindung zur antiken Alchemie, einer spirituellen und philosophischen Disziplin, die das Gewöhnliche in das Außergewöhnliche verwandeln wollte. Innerhalb dieser Strömungen repräsentierte Gold nicht nur materiellen Reichtum, sondern auch spirituelle Vollkommenheit, Weisheit und Entwicklung der Seele. Das Anzünden einer goldenen Kerze symbolisiert den Wunsch, das

Leben zu verändern, Fülle anzuziehen und persönliche Energie auf höhere Bewusstseins- und Erfüllungsebenen zu heben.

Im Laufe der Geschichte verwendeten praktisch alle Zivilisationen und Religionen die Farbe Gold als Symbol für Macht, Größe und Verbindung zum Göttlichen. Alte Tempel, königliche Kronen, heilige Gegenstände und zeremonielle Gewänder wurden mit Gold geschmückt, da es als Material galt, das mit Ewigkeit, solarer Kraft und spiritueller Autorität verbunden war. Gold steht für Triumph, Großartigkeit und die Fähigkeit, wichtige Ziele sowohl auf materieller als auch auf spiritueller Ebene zu erreichen.

Die Symbolik der goldenen Kerzen beschränkt sich jedoch nicht nur auf Geld oder wirtschaftlichen Erfolg. Es steht auch in einem tiefen Zusammenhang mit Intuition, natürlichem Talent und dem Erwachen verborgener Fähigkeiten. Viele Traditionen glauben, dass diese Kerzen helfen, das wahre Potenzial zu erkennen und das Selbstvertrauen zu stärken, das nötig ist, um ehrgeizige Ziele zu erreichen. Seine Energie treibt die Person an, mentale Grenzen zu überwinden, Führung zu entwickeln und mehr in ihre eigenen Fähigkeiten zu vertrauen.

Donnerstag gilt als der günstigste Tag, um mit goldenen Kerzen zu arbeiten, da dieser Tag von Jupiter regiert wird, einem Planeten, der mit Expansion, Wohlstand, Weisheit und Wachstum assoziiert wird. In der esoterischen Astrologie symbolisiert Jupiter Fülle, Erfolg, Wissen und günstige Chancen. Daher werden Rituale, die donnerstags mit Geld, wichtigen Projekten, Karriereentwicklung oder dem Streben nach Anerkennung durchgeführt werden, oft als besonders kraftvoll angesehen, wenn goldene Kerzen verwendet werden.

Das Metall, das mit diesen Kerzen verbunden ist, ist Gold, das seit der Antike als das wertvollste und begehrteste Metall der Menschheit gilt. Gold symbolisiert Reichtum, Unsterblichkeit, Autorität und spirituelle Kraft. Im Laufe der Geschichte haben Millionen von Menschen gekämpft, gereist und sogar gestorben, um nach diesem Edelmetall zu suchen, gerade weil es für den menschlichen Wunsch steht, Fülle und Transzendenz zu erreichen. In Ritualen symbolisiert Gold Stabilität, Schutz und die Fähigkeit, günstige Chancen anzuziehen.

Die Zahl, die mit goldenen Kerzenhaltern zusammenhängt, ist 4. Diese Zahl steht für Stabilität, Struktur und Vereinigung zwischen materieller und spiritueller Welt. Sie symbolisiert den Aufbau solider Grundlagen, Disziplin und die Fähigkeit, Träume in konkrete Ergebnisse umzuwandeln. Innerhalb der esoterischen Symbolik steht 4 auch im Zusammenhang mit der Verschmelzung von Solarenergie und materiellem Reichtum, also dem Gleichgewicht zwischen äußerem Erfolg und innerem Wachstum.

Das am häufigsten empfohlenes ätherisches Öl und Weihrauch für Rituale mit goldenen Kerzen sind Rosen. Neben ihrer natürlichen Schönheit besitzen Rosen einen Duft, der als fähig gilt, materielle Wünsche mit spirituellen Bestrebungen zu vereinen. Ihr Duft symbolisiert Harmonie, emotionale Erhebung und Offenheit des Herzens für Überfluss und Dankbarkeit. Viele Traditionen glauben, dass die Verwendung von Rosenöl während Wohlstandsritualen hilft, den Wunsch nach Reichtum mit dem Bedürfnis nach spiritueller Ruhe und emotionaler Klarheit in Einklang zu bringen.

Der mit goldenen Kerzen assoziierte Quarz ist Bernstein, ein geheimnisvoller alter Stein, der mit Schutz, Glück und energetischer Kraft verbunden ist. Seit der Antike wird Bernstein als schützendes Amulett gegen böse Energien und negative Geister verwendet. Es symbolisiert außerdem Vitalität, innere Stärke und die Fähigkeit, Wohlstand anzuziehen. Seine warme und leuchtende Farbe harmoniert perfekt mit der solaren und der ausgedehnten Energie der goldenen Kerzen.

Der herrschende Planet dieser Farbe ist Jupiter, der in der Astrologie als Planet der Weisheit, des Wachstums und der Größe gilt. Jupiter steht für geistige Entwicklung, Erfolg, Optimismus und die Fähigkeit, wichtige Ziele zu erreichen. Goldene Kerzen wirken genau auf diese Energie des Wachstums und der Großartigkeit, helfen der Person, Wege zu öffnen, Chancen zu gewinnen und Selbstvertrauen zu entwickeln.

Gesundheitlich sind goldene Kerzen symbolisch mit dem allgemeinen Schutz des Körpers und der Stärkung der Lebensenergie verbunden. Traditionell stehen sie in Verbindung mit Leber, Bauchspeicheldrüse und Gallengängen, Organen, die mit Transformationsprozessen und innerem Gleichgewicht verbunden sind. Sie haben auch eine starke symbolische Verbindung zu den Augen und dem Bereich um den Kopf, da viele Traditionen annehmen, dass dort die Aura oder das Energiefeld der Menschen manifestiert ist. Aus diesem Grund symbolisiert Gold geistige Klarheit, Klarheit und spirituelle Stärkung.

Astrologisch gesehen ist das Tierkreiszeichen, das am meisten mit goldenen Kerzen verwandt ist, der Schütze, ein Zeichen, das genau von Jupiter regiert wird. Schütze steht für Abenteuer, Expansion, Optimismus und die ständige Suche nach persönlichem Wachstum. Menschen, die unter diesem Zeichen geboren wurden, haben dank ihrer Begeisterung und Ausdauer meist eine große Fähigkeit, Hindernisse zu überwinden und wichtige Ziele zu erreichen. Goldene Kerzen harmonieren perfekt mit dieser Energie der Eroberung, Weisheit und des Verlangens nach ständiger Weiterentwicklung.

Über esoterische Glaubensvorstellungen hinaus sind goldene Kerzen weiterhin universelle Symbole für Wohlstand, Hoffnung und Selbstverwirklichung. Seine helle Flamme vermittelt ein Gefühl von Stärke, Selbstvertrauen und Überfluss und erinnert uns an die menschliche Fähigkeit, immer nach etwas Größerem zu streben. Vielleicht ist das der Grund, warum Gold die Menschheit seit den ältesten Zivilisationen fasziniert: weil es nicht nur materiellen Reichtum symbolisiert, sondern auch den tiefen Wunsch nach Erfüllung, Erfolg und innerem Licht.

Graue Kerzen

Graue Kerzen nehmen einen besonderen Platz in esoterischen Traditionen ein, weil sie Gleichgewicht, Neutralisierung und energetische Transformation darstellen. Sie gelten als spirituelle Werkzeuge, die in der Lage sind, negative Energien, emotionale Konflikte und von Spannung aufgeladene Umgebungen aufzufangen, zu blockieren und aufzulösen. Im Gegensatz zu anderen, intensiveren oder direkteren Farben wirkt Grau aus Stabilität und Stille und fungiert als Brücke zwischen Dunkelheit und Licht, zwischen dem Ende einer Bühne und dem Beginn einer völlig anderen.

Die Farbe Grau symbolisiert Asche, und Asche ist das, was nach Zerstörung und Veränderung bleibt. Aus diesem Grund ist Grau innerhalb der spirituellen Symbolik tief mit den Prozessen innerer Erneuerung, Reinigung und Wiederaufbau verbunden. Sie steht nicht nur für Traurigkeit oder Erschöpfung, wie oft gedacht wird, sondern auch für die Fähigkeit, nach Schwierigkeiten aufzustehen und nach emotionalem Chaos Klarheit zu finden. Graue Kerzen werden genau dann verwendet, wenn eine Person ihr Leben umorganisieren, sich vor negativen Einflüssen schützen oder geistige und spirituelle Stabilität wiedererlangen muss.

Innerhalb esoterischer Praktiken gelten graue Kerzen als perfekt, um Akte von Negativität, Neid, emotionalen Konflikten und dichten Energien, die sich in der Umgebung angesammelt haben, zu neutralisieren. Viele Traditionen glauben, dass sie schädliche Schwingungen absorbieren und langsam in ausgewogenere Energien umwandeln können. Aus diesem Grund werden sie häufig in Schutzritualen, spiritueller Reinigung, Hindernisbeseitigung und emotionaler Genesung nach schwierigen Erfahrungen eingesetzt.

Grau symbolisiert auch die Verbindung zwischen Vergangenheit und Zukunft. Es steht für den Zwischenraum, in dem eine Phase endet und eine andere noch nicht vollständig begonnen hat. Aus diesem Grund werden graue Kerzen besonders in Übergangszeiten, wichtigen Veränderungen, Trennungen, Umzügen, Neuanfängen oder in Phasen empfohlen, in denen die Person unsicher ist, welchen Weg sie einschlagen soll. Ihre Energie hilft, geistige Ruhe und emotionale Klarheit zu bewahren, wenn sich die Umstände verändern.

Eine der tiefsten Bedeutungen grauer Kerzen ist ihre Beziehung zur Reinigung der Seele und zur Erneuerung des Glaubens. Grau entsteht aus der Verbindung von Schwarz und Weiß, zwei entgegengesetzten, aber komplementären Farben. Weiß steht für Reinheit, Licht und spirituellen Schutz, während Schwarz die Aufnahme negativer Energien und tiefe Transformation symbolisiert. Kombiniert erzeugen beide Farben Grau, einen Ton, der das Gleichgewicht zwischen gegensätzlichen Kräften und die Fähigkeit symbolisiert, selbst in schwierigen Situationen Harmonie zu finden.

Graue Kerzen helfen, emotionale Stärke und mentale Widerstandsfähigkeit aufzubauen. Sie sind besonders nützlich für Menschen, die innere Konflikte, Stress, emotionale Erschöpfung oder Umgebungen durchmachen, in denen Streitigkeiten, Spannungen oder Manipulationen vorherrschen. Ihre Energie vermittelt Stabilität, Vorsicht und Gelassenheit und hilft dabei, emotionale Kontrolle und Klarheit im Denken zurückzugewinnen.

Der Dienstag gilt als der günstigste Tag für die Arbeit mit grauen Kerzen. Dieser Tag ist mit dem Mars verbunden, einem Planeten, der mit Kampf, Mut und der Fähigkeit, Hindernisse zu überwinden, verbunden ist. Obwohl der Mars meist mit Stärke und Konfrontation assoziiert wird, wird seine Energie im Fall grauer Segel in spirituelle Verteidigung, emotionale Widerstandskraft und die Fähigkeit, Konflikte zu bewältigen, ohne das innere Gleichgewicht zu verlieren, kanalisiert. Der Dienstag symbolisiert genau den Kampf gegen negative

Energien und den Willen, trotz Schwierigkeiten voranzukommen.

Die besten Zeiten, um Rituale mit grauen Kerzen durchzuführen, sind Sonnenaufgang oder die sogenannte "Marsstunde". Die Morgendämmerung symbolisiert Wiedergeburt, Klarheit und den Beginn neuer Phasen nach der Dunkelheit der Nacht. Eine graue Kerze in diesem Moment anzuzünden bedeutet, Konflikte, negative Gedanken und angesammelte emotionale Lasten hinter sich zu lassen. Sie symbolisiert auch den Beginn eines Prozesses persönlichen und spirituellen Wiederaufbaus.

Das Metall, das mit grauen Kerzen assoziiert wird, ist Stahl. Innerhalb der esoterischen Symbolik steht Stahl für Stärke, Festigkeit und Schutz. Es ist ein starkes Metall, schwer zu brechen und Druck standzuhalten, ohne sich leicht zu verformen. Aus diesem Grund gilt es als ideal, Rituale zur spirituellen Verteidigung und emotionalen Stärkung durchzuführen. Viele Traditionen behaupten, dass das Platzieren von Stahlgegenständen auf dem Altar dazu beiträgt, die energetische Stabilität des Rituals zu stärken.

Die Zahl der grauen Kerzenhalter ist 5. Diese Zahl symbolisiert Inspiration, Veränderung, Bewegung und innere

Transformation. Obwohl 5 Situationen unvorhersehbar sein können, spiegelt es auch die Fähigkeit wider, sich anzupassen und sich durch schwierige Erfahrungen zu entwickeln. Innerhalb der Rituale hilft die Zahl 5, Stagnation zu durchbrechen und fördert Prozesse emotionaler und spiritueller Erneuerung.

Das am häufigsten empfohlener Weihrauch und ätherisches Öl für Rituale mit grauen Kerzen ist Zitrone. Zitrone wird seit der Antike als Symbol für Reinigung und Energiereinigung verwendet. Ihr frischer Duft hilft, den Geist zu klären, Spannungen abzubauen und das emotionale Umfeld zu erneuern. Innerhalb esoterischer Praktiken gilt Zitronenweihrauch als besonders mächtig, um negative Energien auszustoßen, dunkle Gedanken zu vertreiben und spirituelle Klarheit wiederherzustellen.

Der Quarz, der eng mit grauen Kerzen verwandt ist, ist Rauchquarz. Dieser Stein ist bekannt für seine Fähigkeit, emotionale Toxizität zu absorbieren und vor negativen Schwingungen zu schützen. Innerhalb spiritueller Traditionen hilft Rauchquarz, die emotionale Stabilität zu bewahren und bietet die nötige Kraft, schwierige Situationen mit Gelassenheit und Reife zu meistern. Es symbolisiert auch innere Resilienz und Fähigkeit zur Transformation.

Der herrschende Planet der grauen Segel ist der Mars, ein Symbol für Kampf, Disziplin und Handeln. Der Mars steht für die notwendige Kraft, um Herausforderungen zu begegnen und das Wichtige zu verteidigen. Im Fall grauer Kerzen wird diese Energie kontrolliert und strategisch ausgedrückt, nicht impulsiv. Ihr Einfluss hilft ihnen, angesichts konfliktreicher Menschen oder emotional erschöpfender Situationen klug, intelligent und bestimmt zu handeln.

Was die Gesundheit betrifft, stehen graue Kerzen hauptsächlich im Zusammenhang mit dem Gehirn und dem logischen Denken. Symbolisch sind sie mentaler Schutz, Klarheit der Gedanken und emotionale Stabilität. Viele Traditionen glauben, dass sie helfen, psychische Erschöpfung zu verringern, die Konzentration zu verbessern und die rationale Fähigkeit in Zeiten intensiven Stresses oder Angstzuständen zu stärken. Sie symbolisieren auch das Gleichgewicht zwischen Logik und Intuition und helfen dabei, bewusstere und ausgewogenere Entscheidungen zu treffen.

Astrologisch gesehen ist das Zeichen, das am engsten mit grauen Kerzen verwandt ist, die Jungfrau. Die Jungfrau symbolisiert Organisation, Analyse, Disziplin und die Fähigkeit, inmitten des Chaos Ordnung zu schaffen. Menschen, die unter diesem Zeichen geboren wurden, suchen meist

Gleichgewicht, Stabilität und praktische Lösungen für Probleme, Eigenschaften, die perfekt mit der schützenden und rationalen Energie grauer Kerzen harmonieren.

Über esoterische Überzeugungen hinaus sind graue Kerzen weiterhin Symbole für Ruhe, Gleichgewicht und emotionale Widerstandskraft. Seine sanfte Flamme erinnert uns daran, dass es selbst nach den schwierigsten Phasen immer die Möglichkeit gibt, wieder aufzubauen und neu anzufangen. Vielleicht ist das der Grund, warum Grau, weit davon entfernt, nur Traurigkeit oder Leere zu sein, auch die Weisheit symbolisiert, die nach den Stürmen des Lebens geboren wird.

Braune Kerzen

Braune Kerzen sind Stabilität, Familienschutz, Verbindung zum Land und emotionale Stärke. Innerhalb esoterischer Traditionen gilt Braun als eine Farbe, die tief mit Wurzeln, Sicherheit und der Fähigkeit, angesichts der Schwierigkeiten des Lebens standhaft zu stehen, verbunden ist. Seine Energie vermittelt ein Gefühl von Stabilität, Vorsicht und Widerstand, was sie zu einer der am häufigsten verwendeten Farben für Rituale macht, die darauf abzielen, das Zuhause zu schützen, familiäre Bindungen zu stärken und das emotionale Gleichgewicht nach schwierigen Phasen wiederherzustellen.

Die Farbe Braun symbolisiert fruchtbares Land, uralte Bäume und alles, was trotz des Zeitverlaufs festbleibt. Aus diesem Grund stehen braune Kerzen im Zusammenhang mit Weisheit, die durch Erfahrung, Geduld und das Schaffen stabiler Grundlagen für die Zukunft gewonnen wird. Es ist keine impulsive oder schnelle Energie, sondern eine ruhige und beständige Kraft, die hilft, Schritt für Schritt mit Selbstvertrauen und Entschlossenheit voranzuschreiten.

Innerhalb der spirituellen Symbolik werden braune Kerzen besonders in Ritualen verwendet, deren Zweck es ist, die Familie zu schützen und die Verbundenheit im Haus zu stärken.

Viele Menschen machen sie an, wenn sie sich Sorgen um ihre Angehörigen machen, wenn sie familiäre Stabilität schaffen wollen oder wenn sie Konflikte durchleben, die die häusliche Harmonie bedrohen. Die Energie von Braun hilft, das Gefühl von Zugehörigkeit, Sicherheit und emotionaler Unterstützung bei den ihnen nahestehenden Menschen zu verstärken.

Ein weiterer wichtiger Aspekt von braunen Kerzen ist ihre Fähigkeit, ihre Konzentration, Kraft und geistige Klarheit zu erhöhen. Sie gelten als ideale Werkzeuge für Studierende, Menschen, die intellektuelle Arbeit verrichten oder über lange Zeit auf wichtige Ziele fokussiert bleiben müssen. Seine Energie hilft, geistige Zerstreuung zu verringern und begünstigt praktisches, organisiertes und diszipliniertes Denken.

Braune Kerzen symbolisieren auch innere Stärke und emotionale Widerstandskraft. In esoterischen Praktiken wird angenommen, dass sie Ihnen helfen, schwierige Zeiten mit größerer Ruhe und Stabilität zu überstehen. Viele Traditionen behaupten, dass diese Farbe den Willen stärkt und es ermöglicht, praktische Lösungen für alltägliche Probleme zu finden. Brown lehrt einen, langsam, aber bestimmt voranzukommen, ohne sich von Angst oder Verzweiflung überwältigen zu lassen.

Neben ihrer Beziehung zu Schutz und Stabilität sind braune Kerzen mit der Suche nach Weisheit und spiritueller Reife verbunden. Sie sind die Fähigkeit, aus Lebenserfahrungen zu lernen und ein tieferes Verständnis für sich selbst und die Welt um uns herum zu entwickeln. Aus diesem Grund verwenden manche Menschen sie während Meditation oder Rituale, die darauf abzielen, Orientierung, Klarheit und emotionales Gleichgewicht zu finden.

Donnerstag gilt als der günstigste Tag für die Arbeit mit braunen Kerzen. Dieser Tag wird von Jupiter beherrscht, einem Planeten, der mit Expansion, Weisheit und persönlichem Wachstum verbunden ist. In der esoterischen Astrologie symbolisiert Jupiter Schutz, Wohlstand und die Fähigkeit, durch Wissen und Erfahrung Hindernisse zu überwinden. Braune Kerzen kanalisieren genau diese Energie von Stabilität und solidem Wachstum.

Die angemessenste Zeit, um Rituale mit braunen Kerzen durchzuführen, ist von Mittag bis Sonnenuntergang. Während dieser Stunden werden Energien, die mit der Erde, Stabilität und persönlicher Arbeit zusammenhängen, am stärksten spürbar. Viele Traditionen halten es für besonders vorteilhaft, während der astrologischen Stunde von Jupiter oder Venus zu arbeiten, da beide Planeten emotionales Gleichgewicht, Schutz und familiäre Harmonie bieten.

Die Zahl, die mit braunen Kerzenständern assoziiert ist, beträgt 4, eine Zahl, die tief mit Stabilität, Ordnung und Struktur verbunden ist. Die 4 stehen für die Kardinalpunkte, den Aufbau fester Fundamente und die Fähigkeit, das Gleichgewicht inmitten von Schwierigkeiten zu wahren. In esoterischen Praktiken symbolisiert diese Zahl Disziplin, Durchhaltevermögen und Verbindung zur materiellen Realität.

Das am häufigsten empfohlenes ätherisches Öl zur Begleitung von Ritualen mit braunen Kerzen ist Kamille. Seit der Antike werden Kamillen von verschiedenen Kulturen aufgrund ihrer beruhigenden und heilenden Eigenschaften verwendet. Die Ägypter nutzten es, um Fieber zu lindern und körperliche Energie wiederherzustellen, während es heute noch zur Entspannung von Körper und Geist nach Phasen von Anspannung oder Erschöpfung verwendet wird. Innerhalb der Rituale hilft das Aroma von Kamille, emotionale Ruhe, geistige Klarheit und ein Gefühl von Schutz zu erzeugen.

Der Quarz, der mit braunen Kerzen verwandt ist, ist Onyx. Dieser Stein gilt seit der Antike als mächtiges Amulett zum Schutz gegen negative Energien und emotional belastende

Umgebungen. Onyx symbolisiert Stärke, Ausdauer und die Fähigkeit, spirituelle Spannungen aufzunehmen. Es wird auch verwendet, um die Aura zu reinigen und die emotionale Stabilität der Person zu stärken, die das Ritual durchführt.

Der herrschende Planet der braunen Kerzen ist Jupiter, der in der Astrologie als der vorteilhafteste und weitläufigste Planet gilt. Jupiter symbolisiert Weisheit, Schutz, Fülle und inneres Wachstum. Der Einfluss dieses Planeten hilft, das Selbstvertrauen zu stärken und stabile sowie praktische Lösungen für die Probleme des Alltags zu finden.

Gesundheitlich sind braune Kerzen hauptsächlich mit den Füßen und unteren Gliedmaßen verbunden, Körperteile, die symbolisch mit Stabilität und der Fähigkeit zum Vorwärtsbewegen assoziiert werden. Sie haben auch eine enge Verbindung zu den Fortpflanzungsorganen und der Fruchtbarkeit, da Braun fruchtbaren Boden, Schöpfung und Lebenskontinuität symbolisiert. Innerhalb der populären Vorstellungen hilft diese Farbe, die körperliche Energie und den Widerstand des Körpers zu stärken.

Astrologisch gesehen ist das Zeichen, das am engsten mit braunen Kerzen verwandt ist, Steinbock. Dieses Zeichen steht für Disziplin, Verantwortung, Ausdauer und die Fähigkeit, geduldig wichtige Ziele zu erreichen. Menschen, die unter Steinbock geboren wurden, haben meist eine starke Verbindung zu ständiger Anstrengung, Stabilität und dem Aufbau materieller und emotionaler Sicherheit – Eigenschaften, die perfekt mit der Energie von Braun harmonieren.

Über esoterische Überzeugungen hinaus sind braune Kerzen weiterhin Symbole von Schutz, Festigkeit und Verbindung zu den tiefsten Wurzeln des Menschen. Ihre Flamme vermittelt ein Gefühl von Sicherheit und emotionaler Stabilität und erinnert uns an die Bedeutung, selbst in den schwierigsten Zeiten standhaft zu bleiben. Vielleicht ist das der Grund, warum Braun, die Farbe der Erde und der uralten Bäume, weiterhin die stille Kraft ist, die das Leben erhält und nach jedem Sturm beim Wiederaufbau hilft.

Dunkelbraune Kerzen

Dunkelbraune Kerzen stehen für innere Stärke, Disziplin, emotionale Widerstandskraft und mentale Stabilität. Obwohl sie viele Eigenschaften mit hellbraunen Kerzen teilen, ist ihre Energie intensiver, tiefer und konzentrierter. Innerhalb esoterischer Traditionen symbolisiert Dunkelbraun die Standhaftigkeit festen Bodens, die Fähigkeit, Entbehrungen zu überstehen, und die nötige Kraft, um selbst in den komplexesten Momenten des Lebens die Kontrolle zu behalten. Sie sind Kerzen, die mit Ausdauer, Reife und absoluter Entschlossenheit verbunden sind, wichtige Ziele zu erreichen.

Dunkelbraun ist eine Farbe, die eng mit mentaler und spiritueller Konzentration verbunden ist. Aus diesem Grund werden diese Kerzen in Ritualen verwendet, bei denen Fokus, Disziplin und die Fähigkeit, über längere Zeit auf bestimmte Ziele aufmerksam zu bleiben, erforderlich sind. Viele Menschen wenden sich an sie, wenn sie Momente der Verwirrung, emotionaler Erschöpfung oder fehlender Motivation durchleben, da ihre Energie hilft, innere Klarheit und psychologische Stabilität wiederzugewinnen.

Innerhalb der spirituellen Symbolik stärken dunkelbraune Kerzen den Charakter und helfen, eine festere und widerstandsfähigere Persönlichkeit angesichts von Widrigkeiten zu entwickeln. Man glaubt, dass sie emotionale Sicherheit, Selbstbeherrschung und die Fähigkeit bieten, schwierige Situationen zu meistern, ohne an Stabilität zu verlieren. Sie werden besonders für Menschen empfohlen, die wichtige Entscheidungen treffen, Verantwortung übernehmen oder angesichts äußerer Belastungen standhaft bleiben müssen.

Diese Kerzen sind auch mit der Fähigkeit verbunden, Ziele zu erreichen. Während andere Farben mehr auf Inspiration oder Intuition basieren, symbolisiert Dunkelbraun ständiges Handeln, Geduld und anhaltende Anstrengung. Sie steht für den Willen, langsam das aufzubauen, was man erreichen möchte, ohne sich von Hindernissen oder vorübergehenden Schwierigkeiten überwinden zu lassen. Viele Traditionen sehen sie als Hilfe, um Unentschlossenheit zu bekämpfen und die Disziplin zu stärken, die notwendig ist, um wichtige Projekte abzuschließen.

Dunkelbraun hat außerdem eine starke Verbindung zur spirituellen Reife. Sie symbolisiert Lernen, das durch Erfahrung, inneres Wachstum und die Fähigkeit erworben wird, die tiefgreifenden Lektionen des Lebens zu verstehen. Es ist keine impulsive oder emotional instabile Energie, sondern eine feste, umsichtige und reflektierende Schwingung, die uns dazu antreibt, intelligent und verantwortungsvoll zu handeln.

Donnerstag bleibt aufgrund des Einflusses von Jupiter der günstigste Tag, um mit dunkelbraunen Kerzen zu arbeiten. Dieser Planet steht für Weisheit, Expansion und persönliches Wachstum. Innerhalb der esoterischen Astrologie stärkt Jupiter das Selbstvertrauen, die Ausdauer und die Fähigkeit, mit Optimismus und Disziplin wichtige Ziele zu erreichen. Dunkelbraune Kerzen kanalisieren genau diese Energie der Stabilität und ständigen Verbesserung.

Der Nachmittag, von Nachmittag bis Sonnenuntergang, gilt als ideale Zeit, um Rituale in dieser Farbe durchzuführen. Während dieser Stunden sind die Energien, die mit Reflexion, persönlicher Anstrengung und emotionaler Stabilität verbunden sind, aktiver. Die Dämmerung symbolisiert auch eine Zeit des Übergangs und inneren Gedenkens, perfekt zur Stärkung der Konzentration und zur Verbindung zu tiefen Gedanken.

Die Zahl, die mit dunkelbraunen Kerzen verbunden ist, ist 4, ein universelles Symbol für Ordnung, Struktur und Festigkeit. Die Zahl 4 steht für die Himmelsrichtungen, solide Fundamente und die Fähigkeit, in allen Lebensbereichen Stabilität aufzubauen. In esoterischen Praktiken hilft diese Zahl, Disziplin, Organisation und emotionale Ausdauer zu stärken.

Das ätherische Öl, das für Rituale mit dunkelbraunen Kerzen empfohlen wird, ist Kamille. Obwohl viele Menschen Kamillen ausschließlich mit Entspannung verbinden, steht sie innerhalb der spirituellen Symbolik auch für emotionales Gleichgewicht, geistige Gelassenheit und Widerstandskraft nach schwierigen Zeiten. Sein Aroma hilft, innere Spannungen abzubauen und fördert die Konzentration während der Rituale. Seit der Antike haben verschiedene Kulturen Kamillen verwendet, um körperliche und emotionale Erschöpfung zu lindern, weshalb sie perfekt mit der schützenden und stabilen Energie von Dunkelbraun harmonieren.

Der mit diesen Kerzen verbundene Quarz ist nur X, ein Stein, der als Symbol für Widerstand, Schutz und spirituelle Stärke gilt. Onyx hilft, negative Energien zu absorbieren, den Charakter zu stärken und diejenigen emotional zu schützen, die es anwenden. Viele Traditionen glauben, dass dieser Stein hilft, Selbstkontrolle, geistige Klarheit und Stabilität in Zeiten von Spannung oder Konflikt zu entwickeln. Es wird auch verwendet, um die Aura zu reinigen und innere Sicherheit zu stärken.

Der herrschende Planet bleibt Jupiter, ein Symbol für Weisheit, Expansion und Wachstum. Im Fall von Dunkelbraun manifestiert Jupiters Einfluss emotionale Reife, Ausdauer und die Fähigkeit, aus schwierigen Erfahrungen zu lernen. Diese Kerzen helfen, angesichts alltäglicher Probleme eine breitere und stabilere Sicht zu bewahren und begünstigen bewusstere und verantwortungsvollere Entscheidungen.

Was die Gesundheit betrifft, stehen dunkelbraune Kerzen hauptsächlich im Zusammenhang mit dem Kopf, der geistigen Stabilität und der Stärkung des Charakters. Symbolisch sind sie Klarheit des Denkens, emotionale Widerstandskraft und Schutz vor psychischer Erschöpfung. Viele Traditionen sind der Ansicht, dass sie helfen, Unsicherheit, Angst und geistige Zerstreuung zu bekämpfen und den Willen und die Fähigkeit zu stärken, angesichts von Schwierigkeiten standhaft zu bleiben.

Astrologisch gesehen ist das Zeichen, das am engsten mit dunkelbraunen Kerzen verwandt ist, Steinbock. Dieses Zeichen steht für Disziplin, Verantwortung, Ehrgeiz und Widerstandsfähigkeit angesichts von Herausforderungen. Menschen, die unter Steinbock geboren wurden, zeichnen sich meist durch ihre Fähigkeit aus, ständig an ihren Zielen zu arbeiten, selbst wenn der Weg lang oder kompliziert ist.

Dunkelbraune Kerzen harmonieren perfekt mit dieser beharrlichen und entschlossenen Energie.

Jenseits esoterischer Überzeugungen sind dunkelbraune Kerzen weiterhin Symbole für Stabilität, Reife und innere Stärke. Ihre Flamme vermittelt ein Gefühl von Sicherheit und emotionalem Widerstand, das Menschen in Phasen begleiten kann, in denen es notwendig ist, standhaft zu bleiben und angesichts von Hindernissen nicht aufzugeben. Vielleicht ist das der Grund, warum diese Farbe weiterhin die menschliche Fähigkeit ist, langsam, mit Geduld und Entschlossenheit, die solidesten Grundlagen des Lebens aufzubauen.

Orange Kerzen

Orangefarbene Kerzen sind Energie, Vitalität, Begeisterung und transformative Kraft. Innerhalb esoterischer Traditionen steht diese Farbe im Zusammenhang mit innerer Stärke, der Fähigkeit, Hindernisse zu überwinden, und dem Antrieb, neue Ziele zu verfolgen. Orange verbindet die Intensität von Rot mit der Leuchtkraft von Gelb und erzeugt eine warme und kraftvolle Schwingung, die mit Handlung, Kreativität, Wohlstand und persönlichem Wachstum verbunden ist. Aus diesem Grund werden orangefarbene Kerzen in Ritualen verwendet, die darauf abzielen, den Willen zu stärken, Motivation wiederherzustellen und in schwierigen Situationen Erfolg zu erzielen.

Die Farbe Orange symbolisiert Bewegung, Ausdehnung und Lebensenergie. Viele Menschen greifen zu diesen Kerzen, wenn sie Momente emotionaler Erschöpfung, persönliche Blockaden oder Phasen durchleben, in denen sie das Gefühl haben, die Kraft verloren zu haben, um weiter für ihre Ziele zu kämpfen. Seine Flamme strahlt Dynamik, Begeisterung und ein Gefühl der Erneuerung aus, dass den Willen, voranzuschreiten und wichtige Projekte aufzubauen, wieder entfachen kann.

Innerhalb der spirituellen Symbolik helfen orangefarbene Kerzen, die energetischen Kräfte der Person zu verstärken. Man glaubt, dass sie den persönlichen Magnetismus stärken, das Selbstvertrauen stärken und die Fähigkeit fördern, das eigene Umfeld positiv zu beeinflussen. Sie sind außerdem Mut und die Fähigkeit, komplexen Herausforderungen zu begegnen, ohne von Angst oder Unsicherheit gelähmt zu werden.

Orangefarbene Kerzen stehen in engem Zusammenhang mit dem Überwinden von Hindernissen und der Ausführung schwieriger Aufgaben, die ständige Anstrengung erfordern. Viele Traditionen betrachten sie als ideal für Rituale, die darauf abzielen, Karrierewege zu öffnen, wichtige Projekte zu starten oder nach anstrengenden Erfahrungen emotionale Stärke wiederzugewinnen. Orange symbolisiert genau die Fähigkeit, aktiv und optimistisch zu bleiben, selbst in schwierigen Situationen.

Eine weitere traditionelle Bedeutung der Farbe Orange ist ihre Beziehung zu Fruchtbarkeit und Schöpfung. Innerhalb der alten esoterischen Strömungen steht er für Fruchtbarkeit, Lebenserweiterung und die Fähigkeit, sowohl körperlich als auch spirituell neue Möglichkeiten zu schaffen. Es symbolisiert auch Kreativität, Inspiration und die Entwicklung persönlicher Talente.

Orangefarbene Kerzen werden häufig in Hochmagiepraktiken und Ritualen verwendet, die mit persönlicher Anziehungskraft, Wohlstand und Familienschutz zu tun haben. Viele Menschen glauben, dass sie dazu beitragen, die Energie des Hauses zu stärken, Fülle anzuziehen und wärmere, positivere emotionale Umgebungen zu schaffen. Sie werden auch verwendet, um spirituellen Schutz anzurufen und die Bindung zwischen Familienmitgliedern zu stärken.

Sonntag gilt als der günstigste Tag, um mit orangefarbenen Kerzen zu arbeiten. Dieser Tag wird symbolisch von der Sonne regiert und steht für Ruhe, energetische Erneuerung und Verbindung mit der Lebenskraft. Innerhalb spiritueller Traditionen ist der Sonntag ideal für Rituale, die Wohlstand, Vitalität und persönliches Wachstum betreffen. Solarenergie trägt dazu bei, die Dynamik und Ausdehnungsfähigkeit der Farbe Orange zu steigern.

Der Sonnenaufgang ist die passendste Zeit, um orangefarbene Kerzen anzuzünden, da er Geburt, Erneuerung und den Beginn neuer Phasen symbolisiert. Es gilt jedoch auch als besonders vorteilhaft, mit diesen Kerzen während der Sonnenstunde zu arbeiten, insbesondere an Donnerstagen oder Freitagen, Tagen, die mit Expansion, Harmonie und Wohlstand verbunden sind. Das Licht der Morgendämmerung, kombiniert mit orangefarbener Energie, symbolisiert das innere Erwachen und die Stärkung der Lebensenergie.

Das Metall, das mit orangefarbenen Kerzen assoziiert wird, ist Gold. Seit der Antike steht Gold für Reichtum, Vollkommenheit und spirituelle Kraft. Seine Beziehung zur Sonne und zur Alchemie macht es zum idealen Metall für Rituale, die darauf abzielen, Erfolg, Fülle und persönliche Erfüllung anzuziehen. Gold symbolisiert auch die menschliche Fähigkeit, schwierige Erfahrungen in Wachstum und Weisheit zu verwandeln.

Die mit den orangefarbenen Kerzen verbundene Zahl ist 1, ein universelles Symbol für Anfang, Führung und Schöpfung. Die Zahl 1 steht für Unabhängigkeit, Initiative und Willenskraft. Innerhalb der esoterischen Symbolik gilt sie als das Fundament, auf dem alle anderen Zahlen aufgebaut sind, und symbolisiert den Beginn neuer Chancen und wichtiger Projekte.

Das am häufigsten empfohlenes Räucherwerk für Rituale mit orangefarbenen Kerzen sind Rosen. Neben ihrem angenehmen Aroma haben Rosen eine starke emotionale Schwingung, die mit Harmonie, Liebe und energetischer Reinigung verbunden ist. Rosenräucherwerk hilft, Umgebungen voller Negativität zu reinigen, die Kommunikation zu verbessern und eine ausgewogenere und positivere emotionale Atmosphäre zu schaffen.

Der mit orangefarbenen Kerzen assoziierte Quarz ist Diamant, ein Stein, der als Symbol für Vollkommenheit, Klarheit und spirituelle Kraft gilt. Innerhalb esoterischer Traditionen hilft der Diamant, Energie auszugleichen, den Geist zu stärken und sich richtig auf die Absicht des Rituals zu konzentrieren. Sie symbolisiert auch Widerstand, Reinheit und die Fähigkeit, Energien intensiv und präzise zu kanalisieren.

Der herrschende Planet der orangen Kerzen ist die Sonne. Obwohl sie astronomisch nicht als Planet betrachtet wird, steht die Sonne innerhalb der traditionellen Astrologie als Hauptquelle des Lebens, der Schöpfung und der universellen Energie. Sie symbolisiert Führung, Vitalität, Selbstwertgefühl und innere Stärke. Orangefarbene Kerzen kanalisieren genau die Sonnenenergie von Ausweitung, Begeisterung und der Fähigkeit, neue Wege zu erleuchten.

Gesundheitlich sind orangefarbene Kerzen mit der allgemeinen Stärkung des Körpers und der Steigerung der Lebensenergie verbunden. Symbolisch unterstützen sie besonders Herz, Wirbelsäule und Kopf, Körperteile, die mit Kraft, Stabilität und Vitalität verbunden sind. Viele Traditionen gehen davon aus, dass sie helfen, körperliche und emotionale Erschöpfung zu bekämpfen, indem sie die Stimmung und Widerstandskraft stärken.

Astrologisch gesehen ist das Zeichen, das am engsten mit orangefarbenen Kerzenständern verwandt ist, der Löwe. Löwe steht für Führung, Kreativität, Willenskraft und den Wunsch, zu glänzen. Menschen, die unter diesem Zeichen geboren wurden, verfügen meist über eine große persönliche Ausstrahlung, Selbstvertrauen und die Fähigkeit, wichtige Aufgaben zu übernehmen. Die orangefarbenen Kerzen harmonieren perfekt mit Leos charakteristischer intensiver, warmer und ausladender Energie.

Über esoterische Überzeugungen hinaus sind orangefarbene Kerzen weiterhin Symbole für Begeisterung, Energie und Selbstverbesserung. Seine warme Flamme vermittelt Optimismus und Bewegung und erinnert uns daran, wie wichtig es ist, die Leidenschaft fürs Leben auch in den schwierigsten Zeiten lebendig zu halten. Vielleicht ist das der Grund, warum die Farbe Orange weiterhin die menschliche Fähigkeit ist, aufzusteigen, neu aufzubauen und stark auf neue Anfänge zuzugehen.

Schwarze Kerzen

Schwarze Kerzen sind wahrscheinlich am stärksten von Geheimnissen, Aberglauben und Symbolik in der esoterischen Welt umgeben. Seit der Antike werden Schwarze mit dem Unbekannten, Nacht, Trauer, Stille und unsichtbaren Kräften assoziiert, die Menschen nicht vollständig verstehen können. Aus diesem Grund verbinden viele Menschen schwarze Kerzen gleichzeitig mit dunkler Magie, Zaubersprüchen oder gefährlichen Ritualen. In vielen spirituellen Traditionen werden schwarze Kerzen jedoch nicht nur als negative Symbole betrachtet. Im Gegenteil, sie haben eine tief schützende und reinigende Funktion, da man annimmt, dass sie schädliche Energien aus der Umwelt absorbieren, aufnehmen und entfernen können.

Schwarze Kerzen werden in Ritualen des Schutzes, der energetischen Reinigung und der Beseitigung angesammelter Negativität verwendet. Seine Energie wirkt als eine Art spirituelle Barriere, die toxische Einflüsse, Neid, emotionale Spannungen und konfliktreiche Umgebungen blockieren kann. In vielen esoterischen Strömungen symbolisiert Schwarz nicht das Böse, sondern Absorption und Transformation. So wie die Nacht alles in ihrer Dunkelheit umhüllt und verbirgt, symbolisiert die schwarze Kerze die Fähigkeit, negative Energien zu sammeln und zu neutralisieren.

Die Farbe Schwarz hat eine symbolische Beziehung zu Leere, Geheimnis und dem Unbekannten. Es ist eine Farbe, die zur Selbstreflexion, Stille und zur Konfrontation mit den eigenen inneren Ängsten einlädt. Aus diesem Grund werden schwarze Kerzen oft in Phasen emotionaler Transformation, in Abschlusszyklen oder in Momenten verwendet, in denen es notwendig ist, negative Verbindungen zu kappen und sich von schweren spirituellen Lasten zu befreien. Sie sind der symbolische Tod dessen, was schadet, um später einen Neuanfang zu ermöglichen.

Innerhalb der Kerzenmagie hat Schwarz auch eine positive und kraftvolle Bedeutung, weil es symbolisch alle Farben umfasst. Während Weiß für die Summe des Lichts steht, steht Schwarz für die Gesamtaufnahme von Energie und Schwingungen. Dies macht schwarze Kerzen zu idealen Werkzeugen für Rituale, die darauf abzielen, Umgebungen zu reinigen, Blockaden zu beseitigen und angesammelte emotionale oder spirituelle Spannungen zu absorbieren.

Schwarz ergänzt Weiß energetisch. Aus diesem Grund werden in vielen spirituellen Zeremonien beide Kerzen zusammen verwendet. Die weiße Kerze bringt Licht, Schutz und Harmonie, während die schwarze Negativität aufnimmt und die spirituelle Arbeit stärkt. Im Rahmen der Rituale der Beschwörung oder des Schutzes dienen schwarze Kerzen oft als Stützkerzen, die helfen, die energetische Kraft der Hauptkerzen zu verstärken und es den Absichten zu erleichtern, ihr Ziel ohne äußere Einmischung zu erreichen.

Der Montag gilt als einer der besten Tage, um mit schwarzen Kerzen zu arbeiten, besonders wenn das Ritual darin besteht, die Umgebung zu reinigen oder negative Energien abzubauen. Montag, der vom Mond beherrscht wird, steht für emotionale Erneuerung und innere Reinigung. Viele Traditionen betrachten diesen Tag als Förderung der Selbstreflexion und helfen, positive Energien nach dem Entfernen dichter oder widersprüchlicher Einflüsse klarer einzufangen.

Es gilt jedoch auch als besonders wirkungsvoll, am Samstagnachmittag oder während der sogenannten "Saturnstunde" mit schwarzen Kerzen zu arbeiten. Saturn ist der Planet, der mit Disziplin, Grenzen, Schutz und tiefer Transformation verbunden ist. Seine Energie bevorzugt Rituale, die darauf abzielen, negative Kreisläufe zu durchbrechen, den Charakter zu stärken und schwierige Situationen mit Reife und emotionaler Widerstandskraft zu begegnen.

Der frühe Morgen gilt ebenfalls als günstig für die Verwendung schwarzer Kerzen, da er den Moment symbolisiert, in dem die Dunkelheit angesichts des Eintreffens des Lichts zu schwinden beginnt. Dies steht symbolisch für den Triumph über negative Energien und den Beginn eines Prozesses spiritueller Erneuerung.

Die Zahl, die mit schwarzen Kerzenhaltern verbunden ist, ist 8, eine Zahl, die tief mit Macht, Gleichgewicht und dem Sieg über die Dunkelheit verbunden ist. Die 8 symbolisiert Transformation, Widerstand und die Fähigkeit, wichtige Hindernisse zu überwinden. Es steht außerdem für Kontinuität, innere Stärke und Kontrolle über schwierige Situationen. In esoterischen Praktiken hilft 8, Rituale zu stärken, die auf Schutz, Reinigung und Wiederherstellung des emotionalen Gleichgewichts abzielen.

Das am häufigsten empfohlenes ätherisches Öl zur Begleitung von Ritualen mit schwarzen Kerzen ist Patschuli. Dieses intensive und erdige Aroma wird seit Jahrhunderten wegen seiner Eigenschaften in Bezug auf Schutz, emotionale Sicherheit und persönliche Stärkung verwendet. Patschuli hilft, Unsicherheiten zu beseitigen, Ängste zu reduzieren und das Selbstwertgefühl zu stärken. Sie fördert außerdem die

Verbindung zur Erde und bietet emotionale Stabilität in Zeiten von Spannung oder Unsicherheit.

Der Quarz, der mit schwarzen Kerzen assoziiert wird, ist schwarzer Turmalin, der als einer der mächtigsten Energieschutzsteine innerhalb der Esoterik gilt. Schwarzer Turmalin symbolisiert spirituelle Verteidigung, die Aufnahme von Negativität und die Fähigkeit, schädliche Einflüsse aus der Umwelt abzuwehren. Viele Menschen nutzen es als Schutzamulett gegen schwere Umgebungen, emotionale Konflikte oder toxische Menschen.

Der herrschende Planet der schwarzen Kerzen ist Saturn, ein Symbol für Disziplin, Struktur und tiefgreifende Verwandlung. Saturn steht für die schwierigen Lektionen des Lebens, die Notwendigkeit, Verantwortung zu übernehmen, und die Fähigkeit, durch schmerzhafte Erfahrungen stärker zu werden. Die schwarzen Kerzen wirken genau auf jener Energie des Schutzes, der Reife und der Eliminierung dessen, was uns am Weiterkommen hindert.

In Bezug auf die Gesundheit stehen schwarze Kerzen symbolisch in Verbindung mit dem Lymph- und Ausscheidungssystem, da beide Reinigungs- und Ausscheidungsfunktionen im Körper erfüllen. Innerhalb spiritueller Überzeugungen helfen diese Kerzen, angesammelte Spannungen, negative Gedanken und emotionale Lasten abzubauen, die das mentale und körperliche Gleichgewicht beeinträchtigen.

Astrologisch gesehen ist das Zeichen, das am meisten mit schwarzen Kerzen verbunden ist, Steinbock. Dieses Zeichen steht für Disziplin, Ausdauer, Selbstbeherrschung und die Fähigkeit, Schwierigkeiten durch ständige Anstrengung zu überwinden. Steinbock besitzt eine ernste, tiefe und beharrliche Energie, Eigenschaften, die perfekt mit der schützenden und transformativen Symbolik schwarzer Kerzen harmonieren.

Jenseits des Aberglaubens und Ängste, die historisch von der Farbe Schwarz umgeben waren, sind schwarze Kerzen weiterhin Symbole von Schutz, Transformation und spiritueller Stärke. Ihre Flamme erinnert uns daran, dass selbst im Dunkeln die Möglichkeit zur Reinigung, Heilung und Wiederaufbau besteht. Denn oft muss der Mensch, bevor er das Licht findet, zuerst durch seine eigenen Schatten gehen, um seine innere Stärke wirklich zu verstehen.

Silberkerzen

Die silberfarbenen Kerzen sind Intuition, spiritueller Schutz, emotionale Sensibilität und Verbindung zu den tiefsten Energien des Universums. Innerhalb esoterischer Traditionen gilt Silber als geheimnisvolle und hochspirituelle Farbe, die mit dem Mond, Träumen, dem Unterbewusstsein und intuitiven Gefühlen verbunden ist. Sein sanftes Leuchten erinnert an die Spiegelung des Mondes im Wasser und symbolisiert Gelassenheit, innere Entwicklung und die Fähigkeit, das wahrzunehmen, was sonst vor dem gesunden Menschenverstand verborgen bleibt.

Wie schwarze Kerzen haben Silberkerzen eine starke Fähigkeit, negative Energien zu neutralisieren und die Person, die das Ritual durchführt, spirituell zu schützen. Während Schwarz jedoch Negativität aus Dunkelheit und Tiefe absorbiert und verwandelt, wirkt Silber aus weichem Licht und spiritueller Erhebung. Seine Energie reinigt, harmonisiert und stärkt die Verbindung zu schützenden Kräften, insbesondere mit solchen, die mit Geistführern, Intuition und innerer Weisheit zusammenhängen.

Silberkerzen werden häufig in Ritualen verwendet, die darauf abzielen, Spiritualität zu stärken und emotionale sowie mentale

Entwicklungsprozesse zu fördern. Viele Traditionen glauben, dass sie helfen, das Bewusstsein zu öffnen, psychische Sensibilität zu entwickeln und die Fähigkeit zu stärken, intuitive Signale wahrzunehmen. Es sind Kerzen, die besonders für Menschen empfohlen werden, die Meditation, Traumdeutung, spirituelle Entwicklung oder Arbeit im Zusammenhang mit dem Energiegefühl praktizieren.

Innerhalb der spirituellen Symbolik steht die Farbe Silber auch im Zusammenhang mit visionären Träumen und der Fähigkeit, intuitive Botschaften durch das Unterbewusstsein zu empfangen. Sie gilt als eine Farbe, die tief mit Vorstellungskraft, außersinnlichen Empfindungen und Verbindung zu höheren spirituellen Ebenen verbunden ist. Viele Menschen verwenden Silberkerzen vor dem Schlafengehen oder während der abendlichen Meditation, um offenbarende Träume, emotionale Klarheit oder spirituelle Inspiration zu fördern.

Ein weiterer wichtiger Aspekt von Silberkerzen ist ihre Beziehung zu persönlicher Anziehungskraft und energetischer Anziehung. Seine Schwingung hilft, die Aura zu stärken, das Gefühl zu verbessern und eine harmonischere und umfassendere Präsenz zu schaffen. Es ist kein aggressiver oder dominanter Magnetismus, sondern eine sanfte und

geheimnisvolle Energie, die Sensibilität und tiefe emotionale
Verbindung weckt.

Der Dienstag gilt als der günstigste Tag, um mit Silberkerzen
zu arbeiten. Obwohl viele Traditionen diese Farbe mit dem
Mond verbinden, bringt der Dienstag die nötige Kraft und
Entschlossenheit, um spirituelle Energie vor negativen
Einflüssen zu schützen. Diese Kombination aus Sensibilität und
Intensität ermöglicht es der Silberkerze, sowohl als Werkzeug
des Schutzes als auch der inneren Evolution zu wirken.

Der Morgen ist die beste Zeit, um Silberkerzen anzuzünden,
besonders während der ruhigen Stunden, in denen die
Umgebung ruhig und emotional stabil bleibt. Es gilt auch als
besonders vorteilhaft, während der "Stunde des Mondes" zu
arbeiten, einer Zeit, die mit Intuition, Sensibilität und
spiritueller Offenheit verbunden ist. Diese Stunden fördern die
Konzentration und schaffen eine Umgebung, die Meditation
und Selbstreflexion fördert.

Das Metall, das mit Silberkerzen assoziiert wird, ist von Natur
aus Silber. Seit der Antike gilt Silber als lunares Metall, das mit
Schutz, Intuition und spiritueller Sensibilität verbunden ist. Ihr
sanftes Leuchten symbolisiert emotionale Reinheit und die
Fähigkeit, negative Energien zu reflektieren, ohne sie

vollständig zu absorbieren. Darüber hinaus steht Silber für emotionale Flexibilität und das Gleichgewicht zwischen der rationalen und der intuitiven Welt.

Die Zahl, die mit Silberkerzen zusammenhängt, ist 9, eine Zahl, die mit Spiritualität, Evolution und innerer Weisheit verbunden ist. Die 9 symbolisiert den Höhepunkt von Zyklen, tiefes Verständnis und emotionales Wachstum. Innerhalb esoterischer Praktiken steht es auch für menschliche Sensibilität, Mitgefühl und Verbindung mit höheren Bewusstseinsdimensionen.

Die am häufigsten empfohlener Weihrauch und ätherischen Öle zu Ritualen mit Silberkerzen sind Orange und Vanille. Beide Düfte haben eine warme, ätherische Schwingung, die dazu beiträgt, spirituell harmonische Umgebungen zu schaffen. Orange bringt emotionale Klarheit, Optimismus und positive Energie, während Vanille Ruhe, Süße und ein Gefühl emotionalen Schutzes vermittelt. Gemeinsam helfen sie, emotionale Sensibilität auszugleichen und die spirituelle Verbindung zu stärken.

Der herrschende Planet der silbernen Kerzen ist Uranus. Innerhalb der esoterischen Astrologie steht Uranus für Intuition, tiefgreifende Veränderungen, spirituelles Erwachen und Verbindung mit höheren Energien. Er gilt als ein Planet, der mit der Entwicklung des Bewusstseins und der Fähigkeit assoziiert wird, mentale Grenzen zu durchbrechen, um Zugang zu neuen Formen spirituellen Verständnisses zu erhalten. Silberkerzen kanalisieren genau diese innovative, intuitive und transformative Energie.

Gesundheitlich sind Silberkerzen hauptsächlich mit dem Nervensystem und dem emotionalen Gleichgewicht verbunden. Symbolisch helfen sie, mentale Anspannungen zu reduzieren, Angst zu beruhigen und die psychische Stabilität zu stärken. Viele Traditionen glauben, dass sie Zustände der Gelassenheit und emotionalen Klarheit bevorzugen, die notwendig sind, um das innere Gleichgewicht angesichts von Stress und täglichen Sorgen zu bewahren.

Astrologisch gesehen sind die Zeichen, die am meisten mit Silberkerzen verbunden sind, Schütze und Fische. Schütze steht für spirituelle Suche, Weisheit sowie philosophische oder religiöse Berufung. Fische hingegen symbolisieren Sensibilität, Intuition und eine tiefe emotionale Verbindung zur geistigen Welt. Beide Zeichen teilen ein starkes Bedürfnis, das zu verstehen, was jenseits des Materiellen existiert, weshalb sie perfekt mit der intuitiven und erhöhten Energie der Silberkerzen harmonieren.

Über esoterische Glaubensvorstellungen hinaus sind Silberkerzen weiterhin Symbole für Ruhe, Intuition und spirituellen Schutz. Sein sanftes Licht vermittelt ein Gefühl von ruhigem Geheimnis und tiefer emotionaler Verbundenheit und erinnert uns an die Bedeutung, auf die innere Stimme zu hören und der Intuition zu vertrauen. Vielleicht ist das der Grund, warum Silber immer noch mit dem Mond und Träumen assoziiert wird: weil es für jenen stillen Teil des Menschen steht, der Antworten jenseits des Sichtbaren sucht und im schwachen Licht einer Kerze eine Brücke zum Geistigen und Unbekannten findet.

Rote Kerzen

Rote Kerzen stehen für Stärke, Leidenschaft, Tapferkeit, Lebensenergie und Kampffähigkeit. Innerhalb esoterischer Traditionen ist Rot eine der intensivsten und kraftvollsten Farben auf der gesamten chromatischen Skala, da es das Feuer des Lebens, den Impuls nach vorne und den Willen, wichtige Ziele zu erreichen, symbolisiert. Seine Energie ist eng mit Handeln, Verlangen, Überleben und der menschlichen Fähigkeit verbunden, selbst in den schwierigsten Umständen durchzuhalten.

Rote Kerzen stehen im Zusammenhang mit all jenen Aspekten, die die materiellen und emotionalen Eigenschaften der Menschen stärken. Sie dienen dazu, Motivation wiederzugewinnen, die persönliche Sicherheit zu erhöhen und die Kraft zu stärken, die nötig ist, um neue Projekte zu starten oder komplexe Herausforderungen zu meistern. Viele Traditionen gehen davon aus, dass diese Kerzen helfen, innere Energie zu wecken, wenn emotionale Müdigkeit, Angst oder mangelndes Selbstvertrauen herrscht.

Rot ist die Farbe des Blutes und steht symbolisch für das Leben, das intensiv im Menschen zirkuliert. Es wird auch mit Mut, Leidenschaft, Gewalt und intensiven Emotionen assoziiert. In spirituellen Praktiken werden diese Kräfte nicht unbedingt negativ gesehen, sondern als mächtige Energien, die, wenn sie richtig kanalisiert werden, in Entschlossenheit, Ausdauer und Überwindung umgewandelt werden können.

Rote Kerzen symbolisieren Kampf, Schutz und den Wunsch zu leben. Aus diesem Grund verwenden viele Menschen sie in Ritualen, die darauf abzielen, den Charakter zu stärken, körperliche und emotionale Energie zurückzugewinnen oder sich vor Unfällen und gefährlichen Situationen zu schützen. Ihre Flamme vermittelt ein Gefühl von Bewegung, Intensität und sofortiger Aktion. Es ist eine Farbe, die dich dazu ermutigt, zu handeln, deine Träume zu verteidigen und dem Leben mit Mut entgegenzutreten.

Innerhalb esoterischer Traditionen werden rote Kerzen besonders für unentschlossene oder emotional geschwächte Menschen empfohlen. Man glaubt, dass sie helfen, Selbstvertrauen, Entschlossenheit und die Fähigkeit, wichtige Entscheidungen zu treffen, wiederzugewinnen. Sie stärken auch das Selbstwertgefühl und die Motivation, wenn jemand das Gefühl hat, die Begeisterung oder Richtung im Leben verloren zu haben.

Die Farbe Rot steht in engem Zusammenhang mit Leidenschaft und Verlangen. Aus diesem Grund ist sie neben ihrer Verwendung in Ritualen des Schutzes und der persönlichen Stärke auch eine der am häufigsten verwendeten Farben in Werken zuliebe, körperlicher Anziehung und emotionaler Ausstrahlung. Im Gegensatz zu Rosa, das Zärtlichkeit und Harmonie symbolisiert, steht Rot jedoch für emotionale Intensität, brennendes Verlangen und Emotionen, die schwer zu ignorieren sind.

Dienstag gilt als der günstigste Tag für die Arbeit mit roten Kerzen. Dieser Tag wird vom Mars beherrscht, einem Planeten, der mit Krieg, Tat, körperlicher Stärke und Mut verbunden ist. Die Energie des Mars begünstigt Rituale, die mit Tapferkeit, Führung, dem Überwinden von Hindernissen und der Rückgewinnung persönlicher Kraft zu tun haben. Aus diesem Grund behaupten viele Traditionen, dass Rituale an Dienstagen eine besonders starke energetische Intensität haben, wenn rote Kerzen verwendet werden.

Die am besten geeignete Zeit, diese Kerzen anzuzünden, ist während der sogenannten "Marsstunde", einem astrologischen Moment, der mit Handlung, Schwung und Entschlossenheit verbunden ist. Mit dieser Energie zu arbeiten bedeutet,

Herausforderungen direkt anzugehen und entschlossen angesichts von Schwierigkeiten zu handeln.

Das Metall, das mit roten Kerzen assoziiert wird, ist Eisen. Seit der Antike wird Eisen zur Herstellung von Waffen, Werkzeugen und robusten Bauwerken verwendet. Sie symbolisiert Stärke, Ausdauer und Aufbaufähigkeit. Im spirituellen Symbolismus steht Eisen für Schutz, Standhaftigkeit und die Bereitschaft, die Realität durch Anstrengung und ständiges Handeln zu transformieren.

Die Zahl der roten Kerzenhalter ist 3. Diese Zahl symbolisiert Expansion, kreative Energie und ständige Bewegung. Innerhalb esoterischer Praktiken stehen 3 für Aktion, Wachstum und die Fähigkeit, Projekte zu verwirklichen. Es symbolisiert auch den vitalen Impuls und die Stärke, neue Ziele zu verfolgen.

Das am meisten empfohlene ätherische Öl zur Begleitung von Ritualen mit roten Kerzen ist Eukalyptus. Das Aroma von Eukalyptus hat reinigende und belebende Eigenschaften. Es wird verwendet, um Umgebungen zu reinigen, negative Energien zu beseitigen und das Gefühl körperlicher und geistiger Vitalität zu stärken. Viele Traditionen empfehlen, vor dem Ritual einige Tropfen Eukalyptusöl auf die Hände zu geben, um die Konzentration zu fördern und die persönliche Energie zu stärken.

Der mit roten Kerzen verbundene Quarz ist Granat, ein Stein, der tief mit Leidenschaft, Stärke und emotionaler Widerstandskraft verbunden ist. Granat symbolisiert Vitalität, Mut und die Fähigkeit, wichtige Herausforderungen zu meistern, ohne die Motivation zu verlieren. Seit der Antike wurde es als schützendes Amulett für Krieger und Menschen verwendet, die körperliche und emotionale Kraft benötigten.

Der herrschende Planet der roten Segel ist der Mars, der in der Astrologie als roter Planet bekannt ist. Mars steht für Handlung, Verlangen, Kampf und Überleben. Ihre Energie treibt sie an, mutig zu handeln und für das einzustehen, was sie erreichen wollen. Rote Kerzen kanalisieren genau jene intensive und dynamische Kraft, die Menschen antreibt, voranzuschreiten, selbst wenn der Weg kompliziert erscheint.

In Bezug auf die Gesundheit symbolisieren rote Kerzen Schutz und allgemeine Stärkung des Körpers. Viele Traditionen betrachten sie als Hilfe, um den Körper zu revitalisieren, die körperliche Energie zu steigern und innere Stärke zu stimulieren. Sie sind auch emotionale Resilienz und

Widerstandsfähigkeit im Angesicht von Burnout oder Schwierigkeiten.

Astrologisch gesehen sind die Zeichen, die am meisten mit roten Kerzen verbunden sind, Widder und Skorpion. Widder symbolisiert Antrieb, Führung und Mut, während der Skorpion für emotionale Intensität, Verwandlung und innere Stärke steht. Beide Zeichen haben eine intensive und kraftvolle Energie, die perfekt mit der enthusiastischen und kämpferischen Symbolik der roten Kerzen harmoniert.

Über esoterische Überzeugungen hinaus sind rote Kerzen weiterhin universelle Symbole für Leidenschaft, Mut und Lebensenergie. Ihre intensive Flamme vermittelt Stärke, Bewegung und den Wunsch, voll zu leben. Vielleicht ist das der Grund, warum Rot weiterhin eine der auffälligsten Farben in der menschlichen Symbolik ist: Weil es das innere Feuer ist, das Menschen antreibt zu lieben, zu kämpfen, zu schaffen und selbst angesichts der größten Schwierigkeiten voranzuschreiten.

Rosa Kerzen

Rosafarbene Kerzen stehen für Liebe, Zärtlichkeit, emotionale Harmonie und gefühlvolle Sensibilität. Innerhalb esoterischer Traditionen gilt die Farbe Rosa als jene Farbe, die am stärksten mit aufrichtiger Liebe, emotionaler Wärme und Beziehungen verbunden ist, die auf echter Zuneigung und gegenseitigem Verständnis beruhen. Im Gegensatz zu Rot, das intensive Leidenschaft und impulsives Verlangen symbolisiert, wirkt die Farbe Rosa auf sanftere, ausgeglichenere und tiefere Emotionen. Aus diesem Grund werden rosafarbene Kerzen häufig in Ritualen verwendet, die darauf abzielen, emotionale Bindungen zu stärken, Beziehungen zu heilen, wahre Liebe anzuziehen und Versöhnung zu fördern.

Die Farbe Rosa symbolisiert die menschliche Fähigkeit, mit Sensibilität, Respekt und emotionaler Offenheit zu lieben. Ihre Energie vermittelt Ruhe, Zärtlichkeit und das Bedürfnis, Gefühle auf ehrliche Weise zu teilen. Viele Menschen greifen zu diesen Kerzen, wenn sie romantische Beziehungen verbessern, wichtige Freundschaften stärken oder nach emotionalen Konflikten wieder Harmonie herstellen möchten. Ihre Flamme steht für Verständnis, Mitgefühl und die Suche nach emotionalem Gleichgewicht in zwischenmenschlichen Beziehungen.

Innerhalb der spirituellen Symbolik gelten rosa Kerzen als ideal für Rituale rund um Fruchtbarkeit, Liebe und Versöhnung. Seit der Antike wird Rosa mit kreativer Energie, emotionaler Verbundenheit und der Fähigkeit assoziiert, Beziehungen auf gegenseitiger Unterstützung und emotionaler Stabilität aufzubauen. Viele Traditionen glauben, dass diese Kerzen helfen, emotionale Wunden zu heilen, Spannungen zu lösen und das Herz nach schmerzhaften Erfahrungen wieder zu öffnen.

In stabilen Beziehungen stärken rosa Kerzen nicht nur Zuneigung und emotionale Kommunikation, sondern helfen auch dabei, Leidenschaft durch eine tiefere und sensiblere Verbindung neu zu beleben. Sie symbolisieren das Gleichgewicht zwischen Romantik und Verlangen und fördern Beziehungen, in denen sowohl emotionale Nähe als auch körperliche Anziehung vorhanden sind. Deshalb verwenden viele Paare rosa Kerzen in Ritualen, die darauf abzielen, Harmonie zu erneuern und die emotionale Bindung zu vertiefen.

Die Farbe Rosa steht außerdem in Verbindung mit emotionaler Freiheit und dem authentischen Ausdruck von Gefühlen. In einigen esoterischen Strömungen symbolisieren diese Kerzen Offenheit, Sensibilität und emotionale Akzeptanz. Man glaubt, dass sie dabei helfen, unterdrückte Gefühle loszulassen und den ehrlichen Ausdruck von Liebe und emotionaler Identität zu fördern. Ihre Energie mildert aggressive Emotionen, reduziert Konflikte und verwandelt emotionale Anspannung in Verständnis und Empathie.

Rosa Kerzen stehen auch für Selbstliebe und inneres Gleichgewicht. Viele Traditionen vertreten die Ansicht, dass gesunde Beziehungen zu anderen erst möglich sind, wenn Selbstachtung und Selbstakzeptanz vorhanden sind. Deshalb werden diese Kerzen auch in Ritualen verwendet, die darauf abzielen, das Selbstwertgefühl zu stärken, Unsicherheiten zu heilen und emotionales Vertrauen nach Enttäuschungen zurückzugewinnen.

Der Freitag gilt als der günstigste Tag für die Arbeit mit rosa Kerzen. Dieser Tag wird von Venus beherrscht, dem Planeten der Liebe, Schönheit, Harmonie und emotionalen Beziehungen. In der esoterischen Astrologie symbolisiert Venus Vergnügen, Sensibilität und die Fähigkeit, tiefe emotionale Bindungen zu schaffen. Rituale, die freitags durchgeführt werden, besitzen daher eine besonders günstige Energie für Themen rund um Liebe, Versöhnung und emotionales Wohlbefinden.

Der Nachmittag und insbesondere die sogenannte „Stunde der Venus" gelten als ideale Zeiten, um rosa Kerzen anzuzünden. Während dieser Stunden fließen die Energien von Sensibilität, Schönheit und emotionaler Harmonie besonders intensiv. Viele Traditionen glauben, dass Liebesrituale zu dieser Zeit die Chancen auf Versöhnung, emotionale Nähe und sentimentale Stabilität verstärken.

Das Metall, das mit rosa Kerzen assoziiert wird, ist Kupfer. Dieses Metall symbolisiert Energiefluss, emotionale Sensibilität und die Fähigkeit, Menschen miteinander zu verbinden. Kupfer gilt als edles und hoch leitfähiges Metall, Eigenschaften, die für die Leichtigkeit der Gefühlsübertragung und die Stärkung emotionaler Bindungen stehen. Innerhalb von Ritualen hilft Kupfer dabei, Emotionen auszugleichen und Harmonie zu fördern.

Die Zahl, die mit rosa Kerzen verbunden wird, ist die 7. Diese Zahl steht tief in Verbindung mit Spiritualität, Liebe und innerer Sensibilität. Innerhalb der esoterischen Symbolik repräsentiert die 7 emotionale Vollkommenheit, spirituelle Verbindung und die Suche nach Gleichgewicht zwischen

Körper, Geist und Gefühlen. Sie symbolisiert außerdem Intuition und die Fähigkeit, Liebe aus einer bewussteren und tieferen Ebene zu verstehen.

Die am häufigsten empfohlenen Räucherstoffe und ätherischen Öle für Rituale mit rosa Kerzen sind Rose und Zimt. Die Rose symbolisiert Schönheit, Romantik und emotionale Zärtlichkeit, während Zimt Leidenschaft, Wärme und lebendige Energie vermittelt. Die Kombination beider Düfte hilft dabei, eine Atmosphäre voller emotionaler Harmonie und Anziehungskraft zu schaffen. Viele Traditionen betrachten diese Düfte als Verstärker emotionaler Nähe und sentimentaler Versöhnung.

Der Quarz, der mit rosa Kerzen assoziiert wird, ist der Rosenquarz, einer der Steine, die am stärksten mit Liebe, innerem Frieden und emotionaler Heilung verbunden sind. Rosenquarz symbolisiert Zärtlichkeit, Reinheit und die Fähigkeit, das Herz für aufrichtige Gefühle zu öffnen. Man glaubt, dass er hilft, Traurigkeit zu lindern, emotionalen Schmerz zu reduzieren und gesündere, ausgeglichenere Beziehungen anzuziehen. Außerdem steht er für Selbstliebe und emotionale Akzeptanz.

Der herrschende Planet der rosa Kerzen ist Venus, ein universelles Symbol für Liebe, Schönheit und Harmonie. Venus regiert emotionale Beziehungen, Vergnügen, Kunst und die Fähigkeit, das Leben mit Freude zu genießen. Rosa Kerzen kanalisieren genau diese venusischen Energie von Sanftheit, Sensibilität und emotionalem Gleichgewicht.

In Bezug auf die Gesundheit stehen rosa Kerzen symbolisch mit den Geschlechtsorganen, dem hormonellen Gleichgewicht und dem emotionalen Wohlbefinden in Verbindung. Innerhalb volkstümlicher Überzeugungen sollen sie helfen, den Körper vor emotionalem Stress zu schützen und psychische Stabilität sowie innere Harmonie zu fördern. Sie symbolisieren außerdem Fruchtbarkeit, emotionale Fürsorge und Heilung.

Astrologisch gesehen sind die Sternzeichen, die am engsten mit rosa Kerzen verbunden sind, Waage und Stier, die beide von Venus regiert werden. Waage symbolisiert Harmonie, Romantik und das Bedürfnis nach Gleichgewicht in Beziehungen, während Stier für Stabilität, Sinnlichkeit und emotionale Sicherheit steht. Die Energien rosa Kerzen harmonieren perfekt mit den sensiblen und liebevollen Eigenschaften dieser beiden Zeichen.

Über esoterische Glaubensvorstellungen hinaus bleiben rosafarbene Kerzen universelle Symbole für Liebe, Zärtlichkeit und emotionalen Frieden. Ihr sanftes Licht vermittelt Ruhe,

Schutz und aufrichtige Zuneigung und erinnert an die Bedeutung von Sensibilität und emotionalen Bindungen im menschlichen Leben. Vielleicht ist dies der Grund, warum die Farbe Rosa weiterhin zu den Farben gehört, die am stärksten mit dem Herzen und dem tiefen menschlichen Bedürfnis verbunden sind, zu lieben und geliebt zu werden.

Grüne Kerzen

Grüne Kerzen stehen für Wohlstand, Fülle, Wachstum, Hoffnung und spirituelle Erneuerung. Innerhalb esoterischer Traditionen ist Grün eine der Farben, die am meisten mit Geld, Glück und materiellem Erfolg verbunden sind, aber es symbolisiert auch emotionales Gleichgewicht, innere Entwicklung und Verbindung zur Natur. Seine Energie erinnert an Wälder, Frühling und die ständige Fähigkeit des Lebens, selbst nach den schwierigsten Phasen wiedergeboren zu werden. Aus diesem Grund werden grüne Kerzen in Ritualen verwendet, die darauf abzielen, wirtschaftlichen Wohlstand zu fördern, Arbeitsplätze zu eröffnen, materielle Stabilität zu stärken und Hoffnung zurückzugewinnen, wenn die Umstände stagnieren.

Grün symbolisiert kontinuierliches Wachstum und die Fähigkeit, wichtige Ziele zu erreichen. Viele Menschen nutzen diese Kerzen, um ihre finanzielle Situation zu verbessern, neue Jobmöglichkeiten zu finden oder persönliche Projekte mit höheren Erfolgschancen zu entwickeln. Ihre Energie vermittelt Optimismus, Stabilität und Zuversicht in die Zukunft und trägt dazu bei, eine fröhliche Haltung auch angesichts von Hindernissen zu unterstützen.

Innerhalb der spirituellen Symbolik stehen grüne Kerzen auch für Intelligenz, Kommunikation und Wissen. Man glaubt, dass sie helfen, geistige Klarheit und die Fähigkeit zu praktischen und vorteilhaften Entscheidungen zu entwickeln. Viele Traditionen betrachten grün, um die Verantwortung, Treue und Disziplin zu stärken, die für beruflichen Erfolg und dauerhafte Stabilität notwendig sind. Es geht nicht nur darum, schnell Geld anzuziehen, sondern auch um den Aufbau soliden und nachhaltigen Wohlstands über die Zeit hinweg.

Die Farbe Grün symbolisiert auch menschliche Bestrebungen nach Selbstverbesserung und Wachstum. Sie steht für den Wunsch, wichtige Ziele zu erreichen, sich persönlich weiterzuentwickeln und ein stabileres und ausgewogeneres Leben aufzubauen. Aus diesem Grund werden grüne Kerzen nicht nur für wirtschaftliche Rituale verwendet, sondern auch, um das Selbstwertgefühl zu stärken, Hoffnung zurückzugewinnen und neue Möglichkeiten für persönliche Entwicklung zu öffnen.

Grüne Kerzen haben eine tiefe Verbindung zur Natur. Seine Energie überträgt Erneuerung, Fruchtbarkeit und Anpassungsfähigkeit. So wie die Natur nach dem Winter wiedergeboren wird, symbolisiert Grün die Möglichkeit, neu anzufangen, emotionale Wunden zu heilen und nach schwierigen Zeiten wieder Motivation zu finden. Viele Menschen verwenden sie in Zeiten wichtiger Veränderungen oder wenn sie das Bedürfnis verspüren, das innere Gleichgewicht wiederherzustellen.

Der Samstag gilt als der günstigste Tag, um mit grünen Kerzen zu arbeiten. Dieser Tag steht im Zusammenhang mit Saturn und Ritualen, die auf materielle Angelegenheiten, wirtschaftliche Stabilität und die Schaffung solider Ziele abzielen. Obwohl Saturn meist als strenger Planet wahrgenommen wird, steht er in der esoterischen Astrologie auch für Disziplin, Ausdauer und die Fähigkeit, durch ständige Anstrengung wichtige Errungenschaften zu erreichen. Grüne Kerzen kanalisieren genau diese Energie stabilen und verantwortungsvollen Wachstums.

Die geeignetste Zeit, um grüne Kerzen anzuzünden, ist ab sechs Uhr abends und nachts. Es gilt auch als besonders vorteilhaft, während der "Saturnstunde" zu arbeiten, einer Zeit, die mit Konzentration, Reflexion und Stärkung materieller Ziele verbunden ist. Die Dämmerung symbolisiert auch eine Phase innerer Erinnerung, in der der Geist empfänglicher ist, sich auf tiefe Ziele und Wünsche zu konzentrieren.

Das Metall, das mit grünen Kerzen verwandt ist, ist Blei. Innerhalb der esoterischen Symbolik steht Blei für Schutz, Widerstand und die Fähigkeit, äußere negative Einflüsse abzuwehren. Durch seine solide und schwere Struktur symbolisiert er Stabilität und Stärke angesichts von Schwierigkeiten. Viele Traditionen betrachten, dass es dazu beiträgt, emotionale Festigkeit und geistige Klarheit zu fördern, während die Person ihre Ziele erreicht.

Die Zahl, die mit grünen Kerzen assoziiert ist, ist 7, eine Zahl, die tief mit Spiritualität, Transformation und großen Veränderungen im menschlichen Leben verbunden ist. In esoterischen Praktiken symbolisiert 7 Evolution, Lernen und die Fähigkeit, Neuland zu betreten. Sie gilt als eine Zahl mit einer mächtigen Schwingung, die plötzliche Veränderungen hervorrufen und unerwartete Chancen begünstigen kann.

Das am häufigsten empfohlenes ätherisches Öl zur Begleitung von Ritualen mit grünen Kerzen ist Kakao. Kakao hat eine warme und tröstliche Energie, die Fülle, Freude und emotionale Offenheit symbolisiert. Innerhalb spiritueller Traditionen gilt es als hilfreich, Hindernisse zu beseitigen und Wege zu Wohlstand und Erfolg zu öffnen. Sein Duft schafft eine Atmosphäre von Stabilität und Selbstvertrauen und fördert die Konzentration auf materielle und persönliche Ziele.

Der Quarz, der mit grünen Kerzen assoziiert wird, ist Smaragd, ein Stein, der als Symbol für Weisheit, Wohlstand und spirituelle Stärke gilt. Seit der Antike werden Smaragde mit Reichtum, Wissen und emotionalem Schutz in Verbindung gebracht. In esoterischen Praktiken wird angenommen, dass sie den Willen stärkt, bei korrekten Entscheidungen hilft und sowohl emotionale als auch wirtschaftliche Stabilität fördert.

Der herrschende Planet der grünen Kerzen ist Saturn, ein Symbol für Struktur, Verantwortung und Entwicklung durch Erfahrung. Saturn steht für Lebenslektionen, Disziplin und die Fähigkeit, durch ständige Anstrengung etwas Dauerhaftes aufzubauen. Grüne Kerzen wirken genau auf dieser menschlichen Dualität zwischen materiellen Wünschen und spirituellem Wachstum und helfen, Ehrgeiz mit Verantwortung in Einklang zu bringen.

In Bezug auf die Gesundheit stehen grüne Kerzen hauptsächlich im Zusammenhang mit dem Skelett- und Blutsystem. Symbolisch stehen sie für körperliche Stärke, Stabilität und Widerstandskraft. Viele Traditionen betrachten sie, dass sie helfen, die empfindlichsten Körperteile zu stärken und Langlebigkeit, Widerstandsfähigkeit und energetische Erneuerung symbolisieren.

Astrologisch gesehen sind die Zeichen, die am meisten mit grünen Kerzen verbunden sind, Wassermann und Steinbock. Steinbock symbolisiert Disziplin, Ausdauer und materiellen Ehrgeiz, während Wassermann für Innovation, Intelligenz und Zukunftsvision steht. Beide Zeichen weisen Eigenschaften im Zusammenhang mit Projektbau, der Suche nach Stabilität und der Fähigkeit, wichtige Ziele zu erreichen, auf, Eigenschaften, die perfekt mit der wohlhabenden und erneuernden Energie des Grüns harmonieren.

Über esoterische Überzeugungen hinaus sind grüne Kerzen weiterhin universelle Symbole für Hoffnung, Fülle und Wachstum. Seine Flamme vermittelt ein Gefühl von Erneuerung und Optimismus und erinnert uns daran, dass es immer die Möglichkeit gibt, das Leben wieder aufzubauen und neue Wege zu Wohlstand und Wohlbefinden zu eröffnen. Vielleicht ist das der Grund, warum Grün weiterhin die Farbe der Natur und des Lebens selbst ist: weil es die unendliche Fähigkeit symbolisiert, nach jeder Schwierigkeit wieder zu wachsen, zu heilen und zu gedeihen.

Violette Kerzen

Violette Kerzen stehen für Spiritualität, innere Transformation, Intuition und Verbindung zu den höheren Bewusstseinsebenen. Innerhalb esoterischer Traditionen gilt Veilchen als eine der mystischen und erhabensten Farben der gesamten chromatischen Skala, da es die Verbindung zwischen materieller und spiritueller Welt symbolisiert. Seine Energie steht im Zusammenhang mit Weisheit, Meditation, psychischem Erwachen und der Fähigkeit, tiefere Dimensionen menschlicher Existenz zu verstehen.

Rituale, die mit violetten Kerzen durchgeführt werden, dienen hauptsächlich dazu, Heilungsprozesse zu fördern, den spirituellen Schutz zu stärken und intuitive oder psychische Fähigkeiten zu entwickeln. Viele Traditionen gehen davon aus, dass diese Farbe dazu beiträgt, die energetische Schwingung der Menschen zu erhöhen und den Kontakt zu höheren Bewusstseinszuständen zu fördern. Aus diesem Grund werden violette Kerzen häufig in Meditationen, spirituellen Zeremonien und Ritualen verwendet, die auf inneres Wachstum abzielen.

Violett symbolisiert außerdem Opfer, Verwandlung und spirituelle Entwicklung. Es steht für die Fähigkeit, schwierige Prüfungen zu durchstehen, um größere Weisheit und emotionales Verständnis zu erreichen. Innerhalb esoterischer Strömungen steht diese Farbe im Zusammenhang mit der Reinigung der Seele und dem Prozess, alte mentale Grenzen loszulassen, um Zugang zu einem höheren Bewusstsein zu erhalten. Viele Menschen nutzen diese Kerzen in Zeiten tiefgreifender Veränderungen oder wenn sie das Bedürfnis verspüren, wichtige spirituelle Antworten zu finden.

Seit der Antike waren Violett und Violett Farben, die mit Königen, Priestern und hohen spirituellen Hierarchien assoziiert wurden. Aufgrund der Schwierigkeiten, violette Pigmente in der Antike zu erhalten, wurde diese Farbe schließlich zu einem Symbol für Autorität, spirituelle Kraft und Wissen, die für Menschen reserviert waren, die als besonders oder dem Göttlichen nahestanden. Deshalb pflegen violette Kerzen bis heute eine starke Beziehung zu spiritueller Autorität, Weisheit und innerer Führung.

Violette Kerzen helfen außerdem, psychische Manifestationen und intuitive Fähigkeiten zu verstärken. Man glaubt, dass sie spirituelle Gefühle stärken, offenbarende Träume fördern und helfen, energetische Sensibilität zu entwickeln. Viele Menschen nutzen sie während Meditation oder Introspektion, weil ihre Energie Zustände tiefer Ruhe und emotionaler Verbindung zu sich selbst begünstigt.

Ein weiterer wichtiger Aspekt der violetten Kerzen ist ihre Beziehung zum spirituellen Schutz und zum Triumph über schwierige Situationen. Innerhalb esoterischer Traditionen symbolisiert diese Farbe die Fähigkeit, Hindernisse durch Weisheit und innere Klarheit, statt durch körperliche Stärke zu überwinden. Es ist spiritueller Sieg, emotionale Stärke und persönliche Entwicklung.

Donnerstag gilt als der günstigste Tag, um mit violetten Kerzen zu arbeiten. Dieser Tag wird von Jupiter beherrscht, einem Planeten, der mit spiritueller Erweiterung, Weisheit und innerem Wachstum verbunden ist. In der esoterischen Astrologie symbolisiert Jupiter Großzügigkeit, Wissen und die Fähigkeit, die tiefgreifenden Lektionen des Lebens zu verstehen. Die violetten Kerzen kanalisieren genau diese gesteigerte Energie spiritueller Entwicklung und Verständnis.

Der frühe Nachmittag gilt als die beste Zeit, um Rituale mit violetten Kerzen durchzuführen, besonders während der "Jupiterstunde". In dieser Tageszeit werden die Energien, die mit Reflexion, Lernen und Spiritualität verbunden sind, mit größerer Stabilität wahrgenommen. Viele Traditionen glauben, dass das Arbeiten mit violetten Kerzen während dieser Stunden die Verbindung zur Intuition stärkt und Zustände tiefer Meditation begünstigt.

Das Metall, das mit lila Kerzen assoziiert wird, ist Zinn. Innerhalb der esoterischen Symbolik steht Zinn für Flexibilität, Widerstand und Bindung. Es handelt sich um ein duktiles Metall, das leicht mit anderen Metallen kombiniert werden kann, ohne an Stabilität zu verlieren, eine Eigenschaft, die emotionale Anpassung und die Fähigkeit symbolisiert, verschiedene Aspekte des spirituellen und materiellen Lebens zu integrieren.

Die Zahl, die mit den violetten Kerzen zusammenhängt, beträgt 5, die in vielen Traditionen als magische Zahl für Inspiration, Verwandlung und verborgene Kraft gilt. Er symbolisiert auch den fünfzackigen Stern, eine Figur, die historisch in spirituellen und esoterischen Praktiken verwendet wurde. Die 5 steht für Bewegung, Evolution und Offenheit für neue Bewusstseinsformen.

Das am häufigsten empfohlenes ätherisches Öl und Weihrauch zu Ritualen mit Violett Kerzen sind Jasmin. Jasmin hat ein intensives und tief spirituelles Aroma, das hilft, den Geist zu entspannen und die emotionale Sensibilität zu steigern. Viele Traditionen empfehlen, vor Beginn des Rituals einige Tropfen Jasmin öl auf die Hände zu geben und während der Zeremonie Räucherwerk desselben Aromas zu verbrennen, um eine

Atmosphäre von Frieden, Selbstreflexion und spiritueller Verbindung zu schaffen.

Der Quarz, der mit violetten Kerzen assoziiert wird, ist türkis, ein Stein, der als Symbol für Schutz, Intuition und spirituelles Gleichgewicht gilt. Obwohl es blaugrüne Farbtöne hat, wird Türkis seit Jahrhunderten als Amulett des Schutzes und als Werkzeug zur Stärkung spiritueller Gefühle verwendet. Innerhalb esoterischer Praktiken hilft es, Emotionen auszugleichen, die Aura zu schützen und mentale Klarheit während innerer Transformation zu fördern.

Der herrschende Planet der violetten Kerzen ist Jupiter, der als Planet der Weisheit, Expansion und höheren Erkenntnis gilt. Jupiter symbolisiert spirituelles Wachstum, Optimismus und die Fähigkeit, das Leben aus einer breiteren Perspektive zu verstehen. Der Kanal der violetten Kerzen hebt die Energie des inneren Lernens und der Entwicklung.

Gesundheitlich sind violette Kerzen hauptsächlich mit Leber, Bauchspeicheldrüse und Haut verbunden. Symbolisch sind sie Prozesse der Reinigung und inneren Gleichgewichts. Viele Traditionen glauben, dass sie Menschen emotional stärken, die sich in sensiblen Situationen befinden, und dass sie Genesungsprozesse im Zusammenhang mit emotionalen

Abhängigkeiten oder Süchten bevorzugen. Sie symbolisieren auch Schutz vor emotional toxischen Umgebungen oder schwierigen Situationen.

Astrologisch gesehen sind die Zeichen, die am meisten mit violetten Kerzen verwandt sind, Schütze und Fische. Schütze steht für spirituelle Suche, Mut und den Wunsch, höhere Wahrheiten zu verstehen, während Fische Sensibilität, Intuition und eine tiefe emotionale Verbindung zur unsichtbaren Welt symbolisieren. Beide Zeichen haben eine starke Neigung zu Spiritualität und Empathie, Eigenschaften, die perfekt mit der erhöhten und transformierenden Energie von Violett harmonieren.

Über esoterische Glaubensvorstellungen hinaus sind violette Kerzen weiterhin universelle Symbole für Spiritualität, Transformation und innere Suche. Seine Flamme vermittelt Gelassenheit, Geheimnis und ein Gefühl der Verbindung zu etwas, das größer ist als die Alltagsrealität. Vielleicht ist das der Grund, warum Violett die Farbe der Meditation und großer spiritueller Veränderungen bleibt: weil es für die menschliche Fähigkeit steht, sich zu entwickeln, zu heilen und selbst in den tiefsten Momenten der Seele Licht zu finden.

Kerzen und Wochentage

Die Wochentage besitzen innerhalb esoterischer und astrologischer Traditionen eine bestimmte energetische Schwingung, die mit bestimmten Farben, Planeten und Ritualarten verbunden ist. Seit der Antike glaubten verschiedene Kulturen, dass jeder Tag einen besonderen Einfluss auf Emotionen, Charakter und Ereignisse des Alltags ausübt. Deshalb gilt es in der Kerzenmagie als wichtig, den Tag zu berücksichtigen, an dem ein Ritual durchgeführt wird, da die Energie der verwendeten Farbe verstärkt werden kann, wenn sie mit der Schwingung des jeweiligen Tages harmoniert.

Die Verbindung zwischen Farben, Tagen und Planeten gehört zu einer spirituellen Sichtweise, nach der das gesamte Universum durch Energien und Symbole miteinander verbunden ist. Nach diesen Überzeugungen hilft die Durchführung eines Rituals am passenden Tag dabei, dass die Absichten stärker fließen und Ergebnisse mit weniger Hindernissen sichtbar werden. Das bedeutet nicht, dass ein Ritual nicht auch an einem anderen Tag durchgeführt werden kann, doch bestimmte energetische Kombinationen gelten als besonders förderlich für den spirituellen und emotionalen Erfolg einer Zeremonie.

Der Montag steht in Verbindung mit der Farbe Weiß. Dieser Tag wird vom Mond beherrscht, einem Symbol für Intuition, Sensibilität, Mutterschaft und tiefe Emotionen. Weiße Kerzen, die montags verwendet werden, fördern Rituale des spirituellen Schutzes, der energetischen Reinigung, des inneren Friedens und der emotionalen Erneuerung. Sie eignen sich außerdem ideal, um neue Phasen zu beginnen, die Intuition zu stärken und das häusliche Umfeld zu harmonisieren. Der Montag symbolisiert emotionale Erneuerung und Neuordnung und ist daher besonders günstig für Arbeiten, die mit Gleichgewicht und Ruhe verbunden sind.

Der Dienstag ist mit der Farbe Rot verbunden. Dieser Tag wird vom Mars beherrscht, dem Planeten des Handelns, der Stärke, des Mutes und des Kampfes. Rote Kerzen, die dienstags angezündet werden, fördern Rituale rund um Mut, Schutz, Leidenschaft, körperliche Energie und das Überwinden von Hindernissen. Sie sind ideal, um Motivation zurückzugewinnen, den Charakter zu stärken und schwierige Situationen entschlossen zu meistern. Die Energie des Dienstags steht für Bewegung, Entschlossenheit und die Fähigkeit, Herausforderungen furchtlos entgegenzutreten.

Der Mittwoch entspricht der Farbe Violett. Dieser Tag steht unter dem Einfluss von Merkur, einem Planeten, der mit Geist, Wissen und Kommunikation verbunden ist. Innerhalb einiger esoterischer Traditionen symbolisiert Violett spirituelle Inspiration, psychische Entwicklung und die Erweiterung des Bewusstseins. Violette Kerzen fördern Meditation, Intuition und inneres Wachstum. Sie helfen außerdem dabei, in Zeiten der Verwirrung oder Unsicherheit emotionale Klarheit und spirituelles Verständnis zu finden.

Der Donnerstag steht in Verbindung mit der Farbe Blau. Dieser Tag wird von Jupiter beherrscht, einem Planeten, der mit Expansion, Weisheit und Schutz assoziiert wird. Blaue Kerzen, die donnerstags verwendet werden, stärken Rituale, die auf Harmonie, emotionalen Frieden, spirituellen Schutz und innere Entwicklung ausgerichtet sind. Blau symbolisiert Gelassenheit, Loyalität und emotionale Stabilität, weshalb dieser Tag günstig für Versöhnung, die Stärkung von Beziehungen und die Suche nach mentalem und spirituellem Gleichgewicht ist.

Der Freitag entspricht der Farbe Grün. Traditionell steht der Freitag in Verbindung mit Venus und den Energien von Liebe, Wohlstand und materiellem Wohlbefinden. Grüne Kerzen, die an diesem Tag verwendet werden, fördern Rituale rund um Geld, Glück, Fülle und persönliches Wachstum. Sie stärken außerdem Hoffnung, emotionale Stabilität und die Möglichkeit, neue berufliche oder wirtschaftliche Wege zu eröffnen. Grün symbolisiert Erneuerung und Wachstum, Eigenschaften, die perfekt mit der venusischen Energie des Freitags harmonieren.

Der Samstag ist mit der Farbe Schwarz verbunden. Dieser Tag wird von Saturn beherrscht, einem Planeten, der mit Disziplin, Schutz, Grenzen und tiefer Transformation verbunden ist. Schwarze Kerzen, die samstags verwendet werden, eignen sich ideal für Rituale der energetischen Reinigung, des spirituellen Schutzes und der Beseitigung negativer Energien. Sie helfen außerdem dabei, Zyklen zu beenden, schädliche Einflüsse loszulassen und den Charakter in schwierigen Situationen zu stärken. Der Samstag symbolisiert Reflexion, Widerstandskraft und die Fähigkeit, sich den eigenen Schatten zu stellen, um innerlich zu wachsen.

Der Sonntag entspricht der Farbe Gelb. Dieser Tag wird von der Sonne beherrscht, der Quelle von Leben, Energie und Vitalität. Gelbe Kerzen, die sonntags verwendet werden, fördern Rituale rund um Erfolg, geistige Klarheit, Optimismus und persönliches Wachstum. Sie stärken außerdem Kommunikation, Intelligenz und Selbstvertrauen. Gelb symbolisiert Licht, Kreativität und Begeisterung und macht den Sonntag zu einem idealen Tag, um Motivation zurückzugewinnen und Projekte mit positiver Energie zu beginnen.

Die Verbindung zwischen Farben und Wochentagen spiegelt das uralte menschliche Bedürfnis wider, Harmonie zwischen den Kräften des Universums und dem Alltag zu finden. Durch Kerzen versuchen Menschen, ihre Wünsche, Emotionen und Rituale mit den symbolischen Energien des jeweiligen Tages in Einklang zu bringen, um mehr Gleichgewicht und spirituelle Verbundenheit zu erreichen. Über esoterische Überzeugungen hinaus bleibt diese Praxis lebendig, weil sie hilft, Momente der Reflexion, der Absicht und der Hoffnung inmitten der täglichen Verpflichtungen zu schaffen.

Vielleicht ist das der Grund, warum Kerzen weiterhin einen besonderen Platz in so vielen spirituellen Traditionen einnehmen. Denn ihr Licht erhellt nicht nur einen physischen Raum, sondern auch die innere Welt derjenigen, die Schutz, Klarheit, Liebe, Stärke oder einfach einen Moment des Friedens angesichts des ständigen Lärms des modernen Lebens suchen.

Die Beziehung der Kerzen zu den Mondphasen

Seit der Antike gilt der Mond als eines der wichtigsten spirituellen und energetischen Symbole in esoterischen Praktiken, magischen Ritualen und Zeremonien im Zusammenhang mit Kerzen. Sein Einfluss auf Emotionen, Gezeiten, natürliche Zyklen und menschliches Verhalten hat in praktisch allen Kulturen der Welt Faszination geweckt. Aus diesem Grund spielen innerhalb der Magie der Kerzen die Mondphasen eine grundlegende Rolle, da angenommen wird, dass jede Mondstufe eine andere Schwingung ausstrahlt, die bestimmte Arten von Ritualen verstärken oder schwächen kann.

Spirituelle Traditionen lehren, dass jedes Ritual, das mit Kerzen durchgeführt wird, im Einklang mit der richtigen Mondphase sein muss. Das liegt daran, dass der Mond Bewegung, Transformation und ständige Zyklen von energetischem Wachstum und Niedergang symbolisiert. So wie die Gezeiten auf die Mondanziehung reagieren, wird auch angenommen, dass menschliche Emotionen und spirituelle Energien von ihren Phasenwechseln beeinflusst werden.

Jede Mondphase hat besondere Merkmale und begünstigt verschiedene Arten spiritueller Arbeit. Einige Phasen sind ideal, um Wohlstand, Liebe oder persönliches Wachstum anzuziehen, während andere eher dazu dienen, negative Energien zu beseitigen, Zyklen zu schließen oder Hindernisse zu beseitigen. Aus diesem Grund sehen diejenigen, die Kerzenlichtrituale praktizieren, den Mondkalender meist sorgfältig an, bevor sie wichtige Zeremonien durchführen.

Erstes Viertel

Das erste Viertel ist die Zeit, in der der Mond nach dem Neumond allmählich an Größe zunimmt, bis er sich dem Vollmond nähert. Innerhalb der spirituellen Symbolik steht diese Phase für Wachstum, Expansion, Entwicklung und die Geburt neuer Chancen. Es gilt als eine Phase positiver Bewegung, in der die Energie langsam zu stärken beginnt.

Die im ersten Quartal durchgeführten Rituale konzentrieren sich meist darauf, das anzuziehen, was man im Leben erweitern oder entwickeln möchte. Aus diesem Grund ist es die am besten geeignete Phase für Berufe, die mit Liebe, Wohlstand, Glück, beruflichem Erfolg, Fruchtbarkeit, wirtschaftlichem Wachstum und emotionaler Stärkung zu tun haben. Viele Menschen sind der Meinung, dass jede positive Absicht, die in dieser Phase gezeigt wird, mit jedem Tag größer wachsen und sich manifestieren kann.

Die in dieser Phase angezündeten Kerzen symbolisieren Hoffnung und Entwicklung. Seine Flamme steht für die Erweiterung von Wünschen und die Möglichkeit, neue Wege zu eröffnen. Es ist auch eine sehr günstige Zeit, um wichtige Projekte, sentimentale Versöhnungen und Rituale zu beginnen, die darauf abzielen, Motivation wiederzugewinnen oder emotionale Beziehungen zu stärken.

Innerhalb esoterischer Traditionen wird der Halbmond auch mit Energie, Optimismus und Zuversicht in die Zukunft assoziiert. Viele Menschen verspüren in dieser Phase ein größeres Bedürfnis, zu handeln, voranzukommen und neue Ziele zu setzen. Daher konzentrieren sich die in dieser Zeit durchgeführten Zeremonien meist auf Wachstum und positive Manifestation.

Vollmond

Der Vollmond gilt als die mächtigste und energiereichste Phase des gesamten Mondzyklus. Während dieser Zeit erreicht der Mond seine maximale Leuchtkraft und symbolisiert Erfüllung, emotionale Intensität, Fruchtbarkeit und spirituelle Erweiterung. Seit der Antike assoziierten Zivilisationen den Vollmond mit Magie, Intuition und gesteigerten psychischen Fähigkeiten.

Innerhalb der Kerzenmagie ist der Vollmond besonders günstig für Rituale in Bezug auf Fruchtbarkeit, Liebe, Wahrsagung, Intuition und spirituelle Entwicklung. Viele Menschen glauben, dass in dieser Phase der außersinnliche Glaube aktiver ist und menschliche Emotionen erheblich verstärkt werden. Aus diesem Grund ist es üblich, weiße, violette, silberne oder blaue Kerzen bei Meditationszeremonien, Vorahnungsträumen und der Suche nach spirituellen Antworten zu verwenden.

Die Energie des Vollmonds begünstigt auch Rituale von Fülle und Wohlstand, da sie für Höhepunkt und maximale Ausdehnung steht. Alles, woran im ersten Quartal gearbeitet wurde, erreicht unter dem Einfluss dieser Mondphase seinen stärksten Punkt.

Aufgrund der emotionalen Intensität des Vollmonds empfehlen viele Traditionen jedoch, an diesen Tagen mit Ausgewogenheit und Vorsicht zu handeln. Emotionen sind meist sensibler und Menschen reagieren impulsiver oder leidenschaftlicher. Gerade aus diesem Grund gilt der Vollmond als ideale Zeit, um Emotionen durch Rituale, Meditationen und spirituelle Praktiken zu kanalisieren.

Letztes Viertel

Das Letzte Quartal beginnt, wenn der Vollmond allmählich an Größe abnimmt, bis er sich wieder der Neumondphase nähert. Innerhalb der spirituellen Symbolik steht diese Stufe für Abschlusszyklen, Eliminierung, Reinigung und Befreiung. So wie das Mondlicht langsam abnimmt, wird auch angenommen, dass in dieser Phase die Energien helfen, das loszulassen, was nicht mehr nützlich oder nützlich ist.

Rituale, die während des letzten Viertelmonds durchgeführt werden, konzentrieren sich meist darauf, Negativität zu beseitigen, energetische Blockaden zu brechen, schädliche Beziehungen zu beenden und toxische Einflüsse freizusetzen. Sie gilt als eine der geeignetsten Mondphasen für spirituelle Reinigung, energetischen Schutz und die Neutralisierung negativer Schwingungen. Viele spirituelle Traditionen glauben ebenfalls, dass diese Phase günstig ist, um den Auswirkungen von Neid, Konflikten und dunklen Magieritualen entgegenzuwirken.

Schwarze, graue und weiße Kerzen werden in dieser Phase häufig verwendet, wegen ihrer schützenden und reinigenden Symbolik. Die Energie des letzten Viertelmonds hilft, emotionale Zyklen zu schließen, Hindernisse zu beseitigen und angesammelte Lasten sowohl auf emotionaler als auch auf spiritueller Ebene zu lösen.

Über die Verbindung zur energetischen Reinigung hinaus steht diese Mondphase auch für Introspektion und Reflexion. In dieser Zeit verspüren viele Menschen das Bedürfnis, sich emotional zu erholen, ihre Gedanken zu ordnen und Situationen loszulassen, die Erschöpfung, Stress oder emotionalen Schmerz verursachen. Aus diesem Grund gilt dies als ideale Zeit für Meditation, emotionale Heilung und innere Transformation.

Neumond oder Schwarzer Mond

Der Neumond, auch Schwarzer Mond genannt, ist die Phase, in der der Mond von der Erde aus völlig unsichtbar ist. Innerhalb esoterischer Traditionen symbolisiert diese Periode Leere, Stille, Dunkelheit und energetische Pause. Aufgrund des fehlenden sichtbaren Mondlichts halten viele spirituelle Strömungen es für unbequem, wichtige Rituale in dieser Phase durchzuführen.

Der Neumond steht für eine Zeit der Stille und des Übergangs zwischen den Zyklen. Es wird als eine Zeit gesehen, in der die Energien noch instabil oder zu schwach sind, um Rituale richtig zu verstärken. Aus diesem Grund empfehlen viele Traditionen, diese Tage nur zur Ruhe, Meditation oder spirituellen

Vorbereitung auf den neuen Zyklus zu nutzen, der mit dem ersten Quartal beginnen wird.

Einige esoterische Strömungen befürchten, dass sich während des Schwarzen Mondes die Gefühle verwirrter oder introspektiver anfühlen können, da das Fehlen von Licht eine Phase innerer Erinnerung symbolisiert. Obwohl wichtige Rituale im Allgemeinen gemieden werden, nutzen viele Menschen diese Zeit, um über ihre Wünsche nachzudenken, ihre Gefühle zu analysieren und negative Gedanken loszuwerden, bevor sie einen neuen Mondzyklus beginnen.

Die Beziehung zwischen Kerzen und der Mondphase spiegelt das uralte menschliche Bedürfnis wider, das spirituelle Leben mit den Rhythmen der Natur zu synchronisieren. Seit der Antike haben die Menschen gesehen, wie der Mond das menschliche Verhalten, Ernten, Gezeiten und emotionale Zustände zu beeinflussen schien. Durch Kerzen versuchten sie, diese lunare Energie zu kanalisieren, um Schutz, Liebe, Wohlstand und inneres Gleichgewicht anzuziehen.

Über esoterische Überzeugungen hinaus wecken die Mondphasen weiterhin Faszination, weil sie für etwas zutiefst Menschliches stehen: die Vorstellung, dass alles im Leben Zyklen von Wachstum, Erfüllung, Transformation und

Wiedergeburt durchläuft. So wie sich der Mond am Himmel ständig verändert, so entwickeln sich auch menschliche Emotionen, Träume und Erfahrungen im Laufe der Zeit. Vielleicht ist das der Grund, warum die Verbindung von Kerzen und Mond immer noch eines der ältesten und geheimnisvollsten Symbole der Spiritualität ist.

Kerzen und ihre Beziehung zu Quarz

Quarz hat neben seiner ornamentalen Schönheit und seiner Verwendung im Schmuck seit der Antike einen wichtigen Platz in spirituellen Zeremonien, magischen Ritualen und esoterischen Praktiken eingenommen. Antike Zivilisationen wie die Ägypter, Griechen, Römer, Mayas und Orientale schrieben Steinen besondere energetische Eigenschaften zu, die in der Lage waren, die Emotionen, Gesundheit, spirituellen Schutz und das Glück der Menschen zu beeinflussen. Innerhalb esoterischer Traditionen gilt Quarz als Elemente, die in der Lage sind, Energie zu kanalisieren, zu speichern und zu übertragen, um die Kraft von Ritualen zu steigern und das Gleichgewicht zwischen Körper, Geist und Seele herzustellen.

Viele spirituelle Strömungen glauben, dass jeder Quarz eine bestimmte Schwingung besitzt, die mit bestimmten emotionalen Zuständen, Planeten, Farben und spirituellen

Zielen zusammenhängt. Aus diesem Grund wird Quarz je nach Ziel oft mit Kerzen, Weihrauch und Ritualen kombiniert.

Einige Steine symbolisieren Schutz, andere Wohlstand, Liebe, Intuition oder emotionale Stärke. Im Laufe der Jahrhunderte wurden diese Überzeugungen von Generation zu Generation weitergegeben, bis sie zu einem wichtigen Bestandteil der modernen spirituellen Symbolik wurden.

Agat gilt als Quarz, der mit Glück und persönlichem Schutz verbunden ist. Traditionell wird es als Amulett verwendet, um vor Konflikten, Bedrohungen und negativen Energien zu schützen. In spirituellen Praktiken symbolisiert es emotionale Stabilität und inneres Gleichgewicht. Es werden auch Eigenschaften zugeschrieben, die mit mentaler Stärke und der Fähigkeit, schwierigen Situationen gelassen zu begegnen, verbunden sind. Im populären therapeutischen Bereich wurde es früher zur Linderung von Kopfschmerzen, Migräne, Magenbeschwerden und anderen körperlichen Beschwerden eingesetzt.

Aquamarin, mit seiner charakteristischen transparenten blauen Farbe, wurde historisch mit dem Meer, Ruhe und Schutz während der Reise assoziiert. Viele Kulturen glaubten, dass es Bootsfahrer schützt und wasserbedingte Gefahren abwehrt. Spirituell symbolisiert sie emotionale Ruhe, geistige Klarheit und inneren Frieden. Es steht auch im Zusammenhang mit aufrichtiger Kommunikation und dem Ausdruck unterdrückter Emotionen. Innerhalb traditioneller Vorstellungen wurde es zur Linderung von Depressionen, Schlaflosigkeit und Nervenstörungen eingesetzt.

Bernstein ist zwar technisch ein versteinertes Harz und kein reines Mineral, wird aber seit Jahrhunderten als Glücksbringer und Schutz verwendet. Seine goldene und warme Farbe symbolisiert Vitalität, Wohlstand und Solarenergie. Viele Traditionen gehen davon aus, dass Bernstein hilft, den Körper zu stabilisieren und negative Energien aufzunehmen. Es wurde auch häufig bei Behandlungen von Atemwegserkrankungen und Lungenerkrankungen eingesetzt.

Jet, von intensiver schwarzer Farbe und fossilem Ursprung, ist eines der bekanntesten schützenden Amulette innerhalb der Esoterik. Seit der Antike wird es verwendet, um böse Geister abzuwehren, vor Neid zu schützen und negative Energien zu neutralisieren. Seine Energie symbolisiert spirituelle Aufnahme und Verteidigung. Viele Kulturen betrachten sie als besonders wirkungsvoll zum Schutz von Kindern und Reisenden.

Koralle, geschätzt wegen ihrer roten und rosa Farbtöne, wurde sowohl als Schmuck als auch als Schutztalisman verwendet. In alten Traditionen symbolisierte er Vitalität, Fruchtbarkeit und emotionalen Schutz. Man glaubte, dass sie die körperliche Energie stärkt und intensive Emotionen ausgleicht. Es wurde auch mit beliebten Behandlungen für Allergien, Atemprobleme und körperliche Schwäche in Verbindung gebracht.

Der Diamant steht für Reinheit, Stärke und spirituelle Vollkommenheit. Aufgrund seiner außergewöhnlichen Härte und seines intensiven Glanzes gilt er seit Jahrhunderten als einer der wertvollsten Edelsteine der Welt. Innerhalb der spirituellen Symbolik repräsentiert der Diamant mentale Klarheit, Weisheit und die Fähigkeit, Energie gezielt zu lenken. Als Amulett soll er den Willen stärken und vor negativen Einflüssen schützen.

Der Smaragd mit seiner intensiven grünen Farbe symbolisiert Weisheit, Spiritualität und emotionale Erneuerung. Bereits in der Antike galt er als mystischer Stein, der mit verborgenem Wissen und spirituellem Schutz verbunden wurde. Viele Traditionen glaubten, dass er dabei hilft, Traurigkeit zu lindern und das emotionale Gleichgewicht zu stärken. Außerdem steht er für persönliches Wachstum, Wohlstand und innere Entwicklung.

Der Granat, besonders in seiner roten Variante, symbolisiert
Stärke, Vitalität und emotionale Widerstandskraft. Seit der
Antike wurde er als schützendes Amulett gegen Albträume und
negative Energien verwendet. Seine Energie steht in
Verbindung mit Leidenschaft, Mut und innerer Kraft. Innerhalb
der spirituellen Symbolik hilft der Granat dabei, Motivation
und Entschlossenheit zu wecken.

Jade gehört zu den wertvollsten Steinen der östlichen Kulturen.
Sie symbolisiert Ausdauer, Gleichgewicht und emotionale
Gelassenheit. Ihre Energie vermittelt Stabilität und innere
Harmonie und hilft dabei, Ängste und emotionale Spannungen
zu lindern. Seit Jahrhunderten gilt Jade als Symbol für
Weisheit, Langlebigkeit und Glück.

Lapislazuli mit seiner intensiven blauen Farbe ist als Stein der
Kommunikation und inneren Weisheit bekannt. Bereits in
antiken Zivilisationen wurde er mit spirituellem Wissen,
Intuition und der Fähigkeit verbunden, Gedanken klar
auszudrücken. Viele Traditionen glauben, dass er den Geist
stärkt und spirituelle Sensibilität sowie emotionales
Gleichgewicht fördert.

Malachit symbolisiert mit seinen tiefgrünen Farbtönen
Reinigung und emotionale Transformation. In der Antike

wurde er verwendet, um negative Energien zu absorbieren und emotionale Belastungen zu lösen. Seine Energie steht in Verbindung mit Heilung, Veränderung und dem Loslassen innerer Spannungen. Außerdem gilt er als Schutzstein gegen belastende Umgebungen und negative Einflüsse.

Onyx gilt als einer der stärksten Schutzsteine. Seine Energie symbolisiert Stärke, Selbstbeherrschung und emotionale Stabilität. Viele Menschen verwenden ihn als Amulett, um sich vor Unglück, Angst oder negativen Energien zu schützen. Er steht außerdem für mentale Klarheit und die Fähigkeit, auch in schwierigen Zeiten standhaft zu bleiben.

Der Opal ist ein Stein voller Geheimnisse und Widersprüche. Manche Kulturen betrachteten ihn als Symbol für Glück und spirituellen Schutz, während andere ihn mit Unglück verbanden. Sein schimmerndes und wechselndes Erscheinungsbild symbolisiert tiefe Emotionen, Sensibilität und ständige Veränderung. Innerhalb esoterischer Traditionen steht er für Intuition und intensive emotionale Verbindungen.

Der Rubin symbolisiert mit seiner intensiven roten Farbe Leidenschaft, Vitalität und körperliche Energie. Seit der Antike galt er als Amulett zur Stärkung des Herzens und der inneren Kraft. Seine Energie steht für Mut, Lebenswillen und die

Fähigkeit, Herausforderungen mit Entschlossenheit und emotionaler Intensität zu meistern.

Topas wurde traditionell als Schutzstein gegen spirituelle Angriffe und negative Energien verwendet. Seine Energie vermittelt Ruhe, geistige Klarheit und emotionales Gleichgewicht. Viele Menschen verbinden ihn mit innerem Frieden und der Fähigkeit, nervöse Spannungen oder emotionalen Stress zu reduzieren.

Türkis symbolisiert Glück, Schutz und spirituelles Gleichgewicht. Bereits in alten Kulturen wurde er als schützender Talisman für Reisende und Menschen in gefährlichen Situationen verwendet. Seine Energie vermittelt Gelassenheit, emotionale Klarheit und innere Stabilität. Außerdem steht er in Verbindung mit Intuition und spiritueller Kommunikation.

Der Saphir, besonders in seiner blauen Variante, steht für Weisheit, Wohlstand und spirituellen Schutz. Seit Jahrhunderten gilt er als Symbol für Glück, Adel und innere Entwicklung. Seine Energie wird mit mentaler Klarheit, Gelassenheit und der Fähigkeit verbunden, selbst in schwierigen Situationen emotionales Gleichgewicht zu bewahren.

Über spirituelle oder esoterische Glaubensvorstellungen hinaus faszinieren Edelsteine und Quarze die Menschen bis heute, weil sie den uralten Wunsch symbolisieren, Schutz, Gleichgewicht und Bedeutung in der Natur zu finden. Ihre Farben, Formen und Symboliken begleiten seit Jahrtausenden Rituale, Zeremonien und Traditionen und wurden zu Symbolen für Hoffnung, Stärke und die Verbindung zu etwas Tieferem als der materiellen Welt.

Die Beziehung der Tierkreiszeichen zu den Farben der Kerzen

Innerhalb esoterischer und astrologischer Traditionen ist jedes Tierkreiszeichen mit bestimmten Farben verbunden, die mit ihrer Energie, Persönlichkeit und spirituellen Schwingung harmonieren. Diese Entsprechungen zwischen Zeichen und Farben entstanden aus antiken symbolischen Beobachtungen, in denen Astrologie, Magie und Spiritualität zusammenkamen, um den Einfluss der Planeten auf das menschliche Leben zu interpretieren. Aus diesem Grund gilt es bei der Durchführung von Kerzenlichtritualen als wichtig, Farben zu verwenden, die mit dem betreffenden Tierkreiszeichen übereinstimmen, sei es die der Person, die das Ritual durchführt, oder das Zeichen, unter dessen Energie Sie arbeiten möchten.

Nach diesen Überzeugungen kauft das Ritual, wenn eine Kerze die Farbe des entsprechenden Tierkreiszeichens hat, größere Stärke und energetische Harmonie. Dies geschieht, weil Farbe als Schwingungskanal fungiert, der die natürlichen Eigenschaften des Zeichens verstärken und die Verbindung zu seinen dominanten Energien erleichtern kann. Jedes Zeichen besitzt besondere emotionale, mentale und spirituelle Eigenschaften, und Farben helfen, diese Eigenschaften während Zeremonien und spiritueller Arbeit zu verstärken.

Widder – Rot

Widder wird durch die Farbe Rot repräsentiert, ein Symbol für Stärke, Leidenschaft, Mut und Tat. Vom Mars beherrscht, ist Widder ein impulsives, temperamentvolles Zeichen voller Lebensenergie. Rote Kerzen stärken Mut, Entschlossenheit und den Wunsch, trotz Hindernissen furchtlos voranzuschreiten. Sie sind genau die emotionale Intensität und der kämpferische Geist, der dieses Zeichen kennzeichnet.

Stier – Grün

Stier steht in Verbindung mit der Farbe Grün, einem Symbol für Stabilität, Wohlstand, Wachstum und Verbindung zur Natur. Dieses Zeichen, regiert von Venus, sucht emotionale und materielle Sicherheit. Grüne Kerzen harmonieren mit Ihrem Bedürfnis nach Gleichgewicht, wirtschaftlichem Wohlbefinden und Ruhe. Sie stehen auch für Fruchtbarkeit, Fülle und die Fähigkeit, starke, dauerhafte Beziehungen aufzubauen.

Zwillinge – Gelb / Silber

Zwillinge werden mit Gelb und Silber assoziiert. Gelb steht für Intelligenz, Kommunikation und geistige Schnelligkeit, grundlegende Eigenschaften dieses von Merkur beherrschten Zeichens. Silber hingegen symbolisiert Intuition, Vielseitigkeit und geistige Sensibilität. Kerzen in diesen Farben fördern Lernen, Kreativität und die Fähigkeit des Zwillings, sich ständig an neue Situationen anzupassen.

Krebs – Weiß

Krebs ist mit der Farbe Weiß verbunden, einem Symbol für Reinheit, Sensibilität und emotionalen Schutz. Vom Mond beherrscht, hat dieses Zeichen eine tiefe Verbindung zu zuhause, Familie und Emotionen. Weiße Kerzen stärken die Intuition, den inneren Frieden und das Krebs-Bedürfnis, diejenigen zu beschützen, die man liebt. Sie symbolisieren auch Mutterleib, Spiritualität und emotionale Sicherheit.

Löwe – Gelb / Gold

Löwe ist mit den Farben Gelb und Gold verwandt, die beide mit der Sonne, dem herrschenden Planeten dieses Zeichens, verbunden sind. Gelb steht für Kreativität, Begeisterung und Vitalität, während Gold Macht, Führung und Großartigkeit symbolisiert. Kerzen in diesen Farben stärken das

Selbstwertgefühl, die Ausstrahlung und die Fähigkeit, auf natürliche Weise aufzufallen, die Löwe auszeichnen.

Jungfrau – Grau

Die Jungfrau wird durch die Farbe Grau repräsentiert, ein Symbol für Analyse, Ordnung und mentales Gleichgewicht. Dieses Zeichen, das von Merkur regiert wird, hat eine praktische und perfektionistische Natur. Graue Kerzen helfen, Konzentration, Klarheit im Denken und organisatorische Fähigkeiten zu stärken. Sie stehen auch für Vorsicht, emotionale Stabilität und rationale Kontrolle angesichts von Schwierigkeiten.

Waage – Blau / Violett

Waage steht in Verbindung mit Blau und Violett, Farben, die mit Harmonie, Gleichgewicht und spiritueller Sensibilität verbunden sind. Blau symbolisiert emotionalen Frieden und die Notwendigkeit ausgeglichener Beziehungen, während Violett für innere Schönheit, Intuition und spirituelle Entwicklung steht. Kerzen dieser Farben harmonieren mit der diplomatischen und künstlerischen Natur von Waage, einem Zeichen, das von der Venus beherrscht wird.

Skorpion – Schwarz / Rot

Der Skorpion wird mit Schwarz und Rot assoziiert, intensiven Farben, die perfekt die emotionale Tiefe und transformative Kraft dieses Zeichens widerspiegeln. Schwarz symbolisiert Geheimnis, Verwandlung und spirituellen Schutz, während Rot für Leidenschaft, Stärke und Verlangen steht. Schwarze und rote Kerzen stärken den Magnetismus, die emotionale Intensität und die Fähigkeit, nach Krisen wiedergeboren zu werden, typische Merkmale des Skorpions.

Schütze – Dunkelblau / Violett

Schütze steht in Verbindung mit Dunkelblau und Violett, Farben, die mit Weisheit, spiritueller Erweiterung und dem Streben nach Wissen verbunden sind. Dunkelblau symbolisiert mentale Tiefe und innere Entwicklung, während Violett für Spiritualität und Verbindung zu höheren Ebenen steht. Kerzen dieser Farben stärken Intuition, Optimismus und den Schützen den Wunsch, neue Wahrheiten und Erfahrungen zu entdecken.

Steinbock – Dunkelbraun

Steinbock wird durch dunkelbraun repräsentiert, ein Symbol für Disziplin, Stabilität und innere Stärke. Dieses Zeichen, das von Saturn regiert wird, zeichnet sich durch seine Ausdauer, Verantwortung und die Fähigkeit aus, langsam solide Ziele zu

entwickeln. Dunkelbraune Kerzen stärken den Charakter, die
Konzentration und die emotionale Widerstandskraft, die
notwendig sind, um wichtige Ziele zu erreichen.

Wassermann – Hellblau

Wassermann steht in Verbindung mit Hellblau, einer Farbe, die
mit geistiger Freiheit, Kreativität und Zukunftsdenken
verbunden ist. Dieses Zeichen symbolisiert Innovation,
Originalität und ständige Suche nach neuen Ideen. Hellblaue
Kerzen stärken die Intuition, emotionale Sensibilität und die
Fähigkeit, verschiedene Perspektiven zu verstehen. Sie stehen
auch für Hoffnung und spirituelle Erneuerung.

Fische – Blau-Grün

Fische sind mit Blau-Grün verbunden, einer Farbe, die tief mit
Sensibilität, Spiritualität und emotionaler Verbindung
verbunden ist. Dieser Farbton symbolisiert die tiefen Gewässer
der Intuition und der emotionalen Welt. Blaugrüne Kerzen
stärken Empathie, Vorstellungskraft und spirituellen Glauben.
Sie stehen für die verträumte, mitfühlende und mystische
Natur, die für Fische charakteristisch ist.

Die Beziehung zwischen Sternzeichen und Farben spiegelt die
alte Vorstellung wider, dass jeder Mensch eine einzigartige
Energie besitzt, die mit bestimmten Schwingungen des

Universums verbunden ist. Durch Kerzen zielen Rituale darauf ab, diese Energien zu harmonisieren und die natürlichen Eigenschaften jedes Zeichens zu verstärken. Über esoterische Glaubensvorstellungen hinaus faszinieren diese Symbole weiterhin, weil sie es Menschen ermöglichen, Sinn, Identität und spirituelle Verbindung innerhalb der Lebenszyklen und des Kosmos zu finden.

Kerzen als Schutzwerkzeuge

Seit der Antike wurden Kerzen nicht nur als Beleuchtungsinstrumente verwendet, sondern auch als spirituelle Symbole und Schutzmittel gegen negative Kräfte, unsichtbare Gefahren und als schädlich angesehene Energien. Praktisch alle Zivilisationen entwickelten irgendeinen Glauben an die schützende Kraft von Feuer und Licht. Die Flamme einer Kerze stand für Hoffnung inmitten der Dunkelheit, Zuflucht vor Angst und eine spirituelle Verbindung zwischen der Menschenwelt und den unsichtbaren Kräften des Universums.

In vielen alten Kulturen symbolisierte Dunkelheit Unsicherheit, Gefahr und die Anwesenheit böser Energien. Aus diesem Grund wurde das Anzünden einer Kerze zu einem Akt mit spiritueller Bedeutung. Licht wurde als Kraft gesehen, die in der Lage war, negative Geister abzuwehren, Häuser zu schützen und Umgebungen zu reinigen, die von emotionalen Spannungen oder schlechten Schwingungen belastet waren. Im Laufe der Zeit nahmen Kerzen einen wesentlichen Platz in religiösen Ritualen, spirituellen Zeremonien und esoterischen Praktiken im Zusammenhang mit Schutz und Reinigung ein.

Kerzen behalten bis heute eine starke symbolische Bedeutung, dank der Konzentrationskraft und der Absicht derer, die sie verwenden. In modernen spirituellen Praktiken glauben viele Menschen, dass die während eines Rituals projizierte mentale und emotionale Energie direkt die symbolische Kraft der Kerze beeinflusst. Daher ist über die Kerze als physisches Objekt hinaus wichtig die spirituelle Absicht, der Glaube und die Konzentration der Person, die die Zeremonie durchführt.

In schwarzen Magie-Ritualen und dunklen Praktiken wurden Kerzen historisch zusammen mit anderen symbolischen Elementen verwendet, um Zauber, Zaubereien, Flüche, Zauber und Arbeiten zur Manipulation negativer Energie auszuführen. Innerhalb dieser Überzeugungen wurden bestimmte Farben und Symbole verwendet, um Kräfte zu beschwören, die als gefährlich oder zerstörerisch galten. Das Kerzenfeuer fungierte als symbolischer Kanal, der in der Lage war, die emotionale und spirituelle Absicht des Rituals zu lenken.

Kerzen werden jedoch seit Jahrhunderten auch als Abwehrwerkzeug gegen dieselben negativen Energien verwendet. Viele Volkstraditionen lehren, dass das Anzünden bestimmter Kerzen im Haus Menschen vor Neid, Konflikten, schlechten Absichten und emotional aufgeladenen Umgebungen schützt. Aus diesem Grund nehmen weiße, schwarze, graue und violette Kerzen in der Regel einen wichtigen Platz in Reinigungs- und spirituellen Schutzritualen ein.

Innerhalb der weißen Magie sind Kerzen Licht, Hoffnung und Harmonie. Sie werden verwendet, um positive Anrufungen, Rituale der Liebe, Familienschutz, Wohlstand, Fruchtbarkeit, Gesundheit und spirituelle Stärkung durchzuführen. Viele Menschen glauben, dass die Flamme einer Kerze als symbolische Brücke zwischen der physischen Welt und spirituellen Energien dienen kann, indem sie Wünsche, Gebete und Bitten kanalisiert.

Weiße Kerzen gelten als besonders kraftvoll für spirituellen Schutz. Ihr Licht symbolisiert Reinheit, Frieden und die Präsenz positiver Energien. Viele Traditionen empfehlen, weiße Kerzen in schwierigen Zeiten, Krankheiten oder familiären Konflikten anzuzünden, um die Umgebung zu harmonisieren und die Beteiligten emotional zu stärken. Sie werden auch verwendet, um Räume voller emotionaler Spannung oder Traurigkeit zu reinigen.

Schwarze Kerzen, obwohl oft missverstanden, werden häufig als Schutzmittel verwendet. In vielen esoterischen Strömungen symbolisiert Schwarz die Aufnahme von Negativität und die

Fähigkeit, schädliche Energien zu neutralisieren. Daher symbolisiert das Anzünden einer schwarzen Kerze während Reinigungsrituale das Sammeln und Entfernen negativer Einflüsse aus der Umwelt.

Violette und silberne Kerzen hingegen stehen im Zusammenhang mit spirituellem Schutz, Intuition und Verbindung zu höheren Bewusstseinsebenen. Viele Menschen verwenden sie während Meditationen oder Rituale, die darauf abzielen, spirituelle Gefühle zu stärken, emotionale Führung zu erhalten oder inneren Frieden in schwierigen Situationen zu suchen.

Im Laufe der Geschichte gibt es auch viele populäre Glaubensvorstellungen zum Schutz des Hauses durch Kerzen. In manchen Kulturen war es üblich, eine weiße Kerze in der Nähe von Türen oder Fenstern anzuzünden, um das Eindringen schlechter Energien zu verhindern. Andere Traditionen empfahlen, Kerzen während Stürmen, Beerdigungen oder Krankheitszeiten als Symbol für spirituellen Schutz und emotionale Begleitung aufzustellen.

Religiöse Zeremonien in vielen Kulturen integrierten auch Kerzen als Symbol für Glauben und göttlichen Schutz. In Tempeln, Kirchen und Altären symbolisieren Kerzen spirituelle

Präsenz, Führung und Hoffnung. Die kleine Flamme einer Kerze steht für den Widerstand des Lichts angesichts der Dunkelheit, eine Idee, die seit Tausenden von Jahren tief in der menschlichen Spiritualität verwurzelt ist.

Vorahnungsträume und die Entwicklung psychischer Fähigkeiten wurden historisch auch mit dem rituellen Gebrauch von Kerzen in Verbindung gebracht. Viele Traditionen glauben, dass bestimmte Kombinationen von Farben, Düften und Absichten helfen, Intuition, spirituelle Sensibilität und emotionale Empfindung zu stärken. Aus diesem Grund werden blaue, violette und silberne Kerzen häufig bei Meditationen und Zeremonien verwendet, die darauf abzielen, spirituelles Bewusstsein zu wecken.

Über esoterische Glaubensvorstellungen hinaus sind Kerzen weiterhin universelle Symbole von Schutz, Hoffnung und emotionalem Frieden. Eine Kerze anzuzünden, bleibt für viele Menschen eine tief intime und bedeutungsvolle Handlung. Das schwache Licht der Flamme erzeugt Ruhe, hilft bei der Konzentration der Gedanken und vermittelt ein Gefühl emotionaler Zuflucht vor den Sorgen des Alltags.

Vielleicht ist das der Grund, warum Kerzen nie wirklich aus der menschlichen Erfahrung verschwunden sind. Trotz technologischer Fortschritte und moderner Beleuchtung zünden Menschen sie weiterhin während wichtiger Momente, Feiern, Gebeten, Meditation oder schwierigen Situationen an. Denn tief im Inneren steht die Flamme einer Kerze immer noch für etwas zutiefst Menschliches: das Bedürfnis, Licht, Schutz und Hoffnung selbst inmitten der Dunkelheit zu finden.

Spirituelle Vorbereitung und korrekter Einsatz von Kerzen in Ritualen

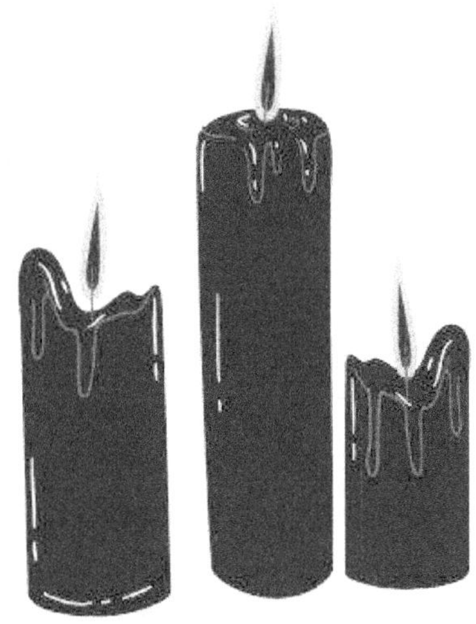

Beim Durchführen eines magischen Rituals mit Kerzen ist es wichtig zu verstehen, dass es nicht nur darum geht, eine Flamme zu entzünden und improvisierte Wünsche zu formulieren. Innerhalb esoterischer Traditionen gilt das Kerzenlichtritual als spiritueller und energetischer Akt, der Vorbereitung, Konzentration und Respekt erfordert. Kerzen werden als Werkzeuge gesehen, die Absichten, Emotionen und symbolische Kräfte kanalisieren können, daher müssen sie ernsthaft und verantwortungsvoll verwendet werden.

Viele Menschen glauben fälschlicherweise, dass es ausreicht, eine Kerze in der gewünschten Farbe auszuwählen, sie schnell anzuzünden und alles ohne vorherige Vorbereitung zu bestellen. Innerhalb traditioneller spiritueller Praktiken hängt die wahre Kraft des Rituals jedoch weitgehend vom mentalen, emotionalen und energetischen Zustand des Ausführenden ab. Das Ritual funktioniert nicht nur wegen der Kerze selbst, sondern wegen der Absicht, Konzentration und spirituellen Verbindung der Person, die an der Zeremonie teilnimmt.

Das Anzünden einer Kerze für ein Ritual steht symbolisch für den Beginn eines spirituellen Werks. Die Flamme fungiert als Brücke zwischen menschlichem Denken und den unsichtbaren Kräften, die viele Traditionen als im Universum vorhanden betrachten. Aus diesem Grund muss die Person, die das Ritual durchführt, emotional vorbereitet, ruhig und fokussiert auf das Ziel sein, das sie erreichen möchte.

Vorherige Vorbereitung ist unerlässlich, um die größtmöglichen spirituellen und emotionalen Vorteile des Rituals zu erzielen. Es wird nicht empfohlen, Zeremonien in Zuständen extremer Verzweiflung, Wut, Angst oder geistiger Erschöpfung durchzuführen, da diese Emotionen die Konzentration beeinträchtigen und die spirituelle Absicht schwächen. Gelassenheit und emotionale Klarheit ermöglichen es, dass die Energie des Rituals harmonischer fließt.

Einer der ersten wichtigen Schritte, bevor man mit einem Kerzenlichtritual beginnt, ist die Salbung. Salbung bedeutet, die Kerze vor dem Anzünden mit bestimmten ätherischen Ölen zu befruchten. Innerhalb der esoterischen Symbolik zielt diese Praxis darauf ab, die Energie der Kerze zu verstärken und die spirituelle Absicht des Rituals zu verstärken. Die Öle fungieren symbolisch als Energieträger, die die Kerze mit bestimmten Schwingungen befruchten, die mit Liebe, Wohlstand, Schutz, Harmonie oder spiritueller Reinigung verbunden sind.

Die Salbung muss sorgfältig über die gesamte Oberfläche der Kerze erfolgen. Viele Traditionen betrachten diesen Prozess als Stärker der Verbindung zwischen der Absicht der Person und der Energie des Rituals. Es wird auch geglaubt, dass die Salbung während des Vollmonds, einer Mondphase, die mit Energieausweitung, Intuition und gesteigertem spirituellen Glauben verbunden ist, eine größere Kraft erwirbt. Aus diesem Grund empfehlen viele esoterische Strömungen, während dieser Mondphase Kerzen vorzubereiten, um ihre symbolische Wirkung zu verstärken.

Es gibt kein einziges ideales Öl, um eine Kerze zu salben. Die Wahl hängt von der Farbe der Kerze, dem Zweck des Rituals und dem Zeitpunkt ab, zu dem es durchgeführt wird. Zum Beispiel werden einige Öle mit Liebe und Harmonie assoziiert, während andere Reinigung, Schutz, Wohlstand oder emotionale Stärke symbolisieren. Neben der energetischen Symbolik beeinflusst das Aroma des Öls auch die emotionale Atmosphäre des Rituals, denn beim Anzünden der Kerze breitet sich der Duft im ganzen Raum aus und schafft eine bestimmte Atmosphäre.

Ein weiteres spirituelles Werk, das traditionell vor dem Anzünden der Kerze durchgeführt wird, ist das sogenannte "Anziehen der Kerze". Diese Praxis besteht darin, auf der Kerze oder auf ein Blatt Papier den Wunsch, Namen oder Wunsch im Zusammenhang mit dem Ritual zu schreiben. Nach esoterischen Überzeugungen hilft diese Handlung, die Absicht zu verstärken und die spirituelle Energie genauer auf das gewünschte Ziel zu lenken.

Es gibt verschiedene Möglichkeiten, dieses Verfahren durchzuführen. Manche schreiben lieber direkt auf die Kerze mit einer feinen Nadel oder einem Vogelstift, während andere die Petition auf ein Blatt Papier schreiben, das sie dann neben die Kerze legen. Beide Formen gelten innerhalb spiritueller Traditionen als gültig.

Beim Schreiben direkt auf die Kerze wird empfohlen, sie zunächst sanft mit den Händen zu erwärmen. Diese Geste symbolisiert, persönliche Energie an das Ritual zu übertragen und eine Verbindung zwischen der Person und der Kerze zu beweisen. Schreiben Sie dann mit der Spitze einer Nadel oder eines Stifts sorgfältig den Namen, das Wort oder den Ausdruck auf, der mit der Absicht der spirituellen Arbeit zusammenhängt.

Auch das Anzünden der Kerze hat eine tiefe symbolische Bedeutung. Innerhalb esoterischer Praktiken werden Kerzenständer angezündet, um spirituelle Kräfte zu mobilisieren und Energien zu aktivieren, die mit dem Zweck des Rituals verbunden sind. Die Flamme symbolisiert Transformation, Erleuchtung und Verbindung zwischen menschlichem Denken und den unsichtbaren Kräften des Universums.

Aufgrund dieser Symbolik empfehlen viele Traditionen, künstliche oder übermäßig technologische Elemente zu vermeiden, um rituelle Kerzen anzuzünden. Es gilt als angemessener, Streichhölzer oder Holzstreichhölzer zu verwenden, da sie natürliche Elemente sind und eine reinere Verbindung zum Feuer bieten. Es ist auch üblich, eine Kerze mit der Flamme einer anderen Kerze anzuzünden, eine Geste, die die Übertragung spiritueller Energie und die Kontinuität des Lichts symbolisiert.

Das Löschen der Kerze gilt ebenfalls als wichtiger Moment im Ritual. Nach diesen Überzeugungen symbolisiert das Löschen der Flamme den Abschluss eines energetischen Prozesses und das Ende der während der Zeremonie hergestellten spirituellen Verbindung. Aus diesem Grund sollte dies sorgfältig und respektvoll geschehen.

Viele Traditionen raten davon ab, die Kerze mit nassen Fingern oder plötzlichen Bewegungen auszublasen. Sanftes Blasen und dabei die Flamme mit der Hand zu schützen, hilft, dass flüssiges Wachs unordentlich herausläuft. Es wird angenommen, dass ein übermäßiges oder unbeabsichtigtes Auslaufen von Wachs symbolisch die Harmonie des Rituals verändern und dessen energetisches Ergebnis beeinflussen kann.

Der körperliche, emotionale und geistige Zustand der Person, die das Ritual durchführt, ist ein weiterer Aspekt, der als grundlegend gilt. Rituale erfordern Konzentration, Aufmerksamkeit und emotionale Stabilität. Aus diesem Grund empfehlen viele Traditionen, dass die Person vor Beginn einer spirituellen Zeremonie ausgeruht, ruhig und emotional ausgeglichen ist.

Es gilt auch als wichtig, dass die Person, die das Ritual durchführt, Verantwortung für ihr Handeln und Vertrauen in das, was sie tut, hat. Innerhalb esoterischer Symbolik schwächen ständiger Zweifel, Mangel an Glauben oder emotionale Erschöpfung die Stärke des Rituals. Die mentale und emotionale Energie der Person ist ein wesentlicher Teil des symbolischen und spirituellen Prozesses.

Entspannung und Konzentration helfen, eine innere Umgebung zu schaffen, die geeignet ist, Absichten richtig zu kanalisieren. Viele Menschen führen vor Beginn des Rituals Meditationen, tiefe Atemzüge oder Momente der Stille durch, genau um einen Zustand der Ruhe und emotionalen Klarheit zu erreichen.

Über spirituelle oder magische Überzeugungen hinaus spiegeln all diese Verfahren etwas zutiefst Menschliches wider: das Bedürfnis, Momente der Absicht, Reflexion und emotionaler Verbindung mit den eigenen Wünschen und Gedanken zu schaffen. Kerzenlichtrituale zwingen dich dazu, innezuhalten, dich zu konzentrieren und symbolische Bedeutung dem zu geben, was du wirklich im Leben verändern oder anziehen möchtest.

Vielleicht ist das der Grund, warum Kerzen seit Tausenden von Jahren in spirituellen, religiösen und persönlichen Zeremonien verwendet werden. Denn die Flamme einer Kerze erleuchtet nicht nur einen physischen Raum, sondern auch die innere Welt derjenigen, die Hoffnung, Schutz, Stärke oder Klarheit angesichts der Geheimnisse des Lebens suchen.

Verantwortung und Vorbereitung bei Kerzenlichtritualen

Kerzenlichtrituale sollten niemals als Spiel oder als magische Lösung verstanden werden, die alle Probleme des Lebens automatisch lösen kann. Innerhalb esoterischer Traditionen gelten Kerzen als spirituelle Werkzeuge, die helfen, die Intention zu fokussieren, die Konzentration zu stärken und eine symbolische Umgebung zu schaffen, die Reflexion und innere Arbeit fördert. Doch keine einzelne Kerze kann die Realität verändern, wenn die Person nicht auch bewusst handelt, um ihre Schwierigkeiten zu lösen und ihre Ziele zu erreichen.

Viele Menschen machen den Fehler, ständig zu Ritualen zurückzugreifen, wenn ein Problem auftritt, und erwarten, dass Magie die ganze Arbeit erledigt, während sie regungslos bleiben. Diese emotionale Abhängigkeit von Ritualen kann den persönlichen Willen schwächen und der Person die Fähigkeit nehmen, zu handeln und verantwortungsvolle Entscheidungen zu treffen. In den ernsthaftesten spirituellen Strömungen ersetzt

Magie nicht menschliche Anstrengung, sondern geht mit ihr zusammen und stärkt sie.

Die Energie eines Rituals fungiert symbolisch als spiritueller und emotionaler Schub für diejenigen, die wirklich danach streben, ihre Ziele zu erreichen. Segeln steht für Unterstützung, Fokus und eine Richtung der Absicht, aber echte Veränderung erfordert auch konkrete Handlungen, Disziplin und persönliche Verantwortung. Deshalb lehren viele Traditionen, dass Magie vor allem denen hilft, die aktiv daran arbeiten, ihr Leben zu verändern, und nicht nur denen, die Ergebnisse ohne Anstrengung erwarten.

Bevor Sie ein Ritual durchführen, ist es wichtig, tief über das wahre Motiv nachzudenken, das Sie dazu antreibt. Es wird nicht empfohlen, impulsiv oder aus bloßer emotionaler Neugier Kerzen anzuzünden. Das Ritual muss aus einem echten Bedürfnis entstehen und nicht aus vorübergehenden Launen, Obsessionen oder egoistischen Wünschen. Emotionale und geistige Klarheit ist unerlässlich, damit die Zeremonie symbolische und spirituelle Kohärenz besitzt.

Aus diesem Grund sollte die Person sich vor Beginn eines Rituals fragen, was sie wirklich will, warum sie es erreichen möchte und was der spirituelle oder emotionale Zweck ihrer

Bitte ist. Es muss auch klar definiert werden, wer Empfänger oder Begünstigter der spirituellen Arbeit sein wird. Innerhalb esoterischer Traditionen schwächen Verwirrung oder widersprüchliche Absichten die Stärke des Rituals und können Ergebnisse erzielen, die entgegen den erwarteten Ergebnissen liegen.

Viele spirituelle Strömungen halten die Zustimmung der am Ritual Beteiligten für besonders wichtig. Wenn spirituelle Arbeit dazu bestimmt ist, jemand anderem direkt zu helfen, gilt das Ideal, deren Akzeptanz zu erhalten oder zumindest aus aufrichtig positiven und respektvollen Absichten zu handeln. Der Versuch, den Willen anderer Menschen durch Rituale emotional zu manipulieren, wird von vielen Traditionen als unausgewogene Praxis angesehen, die negative Konsequenzen für diejenigen haben kann, die sie ausführen.

Daher wird gelehrt, dass Rituale nicht dazu verwendet werden sollten, andere zu kontrollieren, zu besessen oder anderen zu schaden. Wenn die Absicht aus Egoismus, Manipulation oder dem Wunsch, jemanden emotional zu beherrschen, geboren wird, verliert spirituelle Arbeit die Harmonie und entfernt sich von den Prinzipien von Gleichgewicht und Verantwortung, die viele esoterische Praktiken als grundlegend ansehen.

Neben der Definition von Zielen und Absichten ist es wichtig, den Ort, an dem das Ritual stattfinden soll, sorgfältig auszuwählen. Der physische Raum hat einen erheblichen Einfluss auf den emotionalen und geistigen Zustand einer Person. Eine ruhige, private und geordnete Umgebung erleichtert die Konzentration und ermöglicht es, dass die Zeremonie mit größerer Ruhe und spiritueller Konzentration ablaufen kann.

Esoterische Traditionen empfehlen, einen Ort zu nutzen, an dem Privatsphäre herrscht und Unterbrechungen minimal sind. Stille und Ruhe helfen der Person, emotionale Stabilität zu bewahren und sich auf den Zweck des Rituals zu konzentrieren. Viele Menschen bevorzugen es, ihre Zeremonien in bestimmten Räumen oder Ecken durchzuführen, die ausschließlich spirituellen und meditativen Aktivitäten gewidmet sind.

Im Rahmen dieser Praktiken ist es auch üblich, einen kleinen Altar vorzubereiten. Obwohl er nicht als verpflichtendes Element gilt, symbolisiert der Altar die Weihe und den Respekt vor dem Ritual. Sie dient als heiliger Raum, in dem die während der Zeremonie verwendeten Elemente konzentriert werden und an dem die Person ihre Gedanken und Gefühle visuell fokussieren kann.

Der Altar kann einfach sein. Traditionell wird ein Tisch verwendet, der mit einem weißen Tuch bedeckt ist und nur für spirituelle Arbeit reserviert ist. Weiß symbolisiert Reinheit, Schutz und emotionale Klarheit. Kerzen, Quarz, ätherische Öle, Pflanzen, Weihrauch und alle anderen Elemente, die mit dem Zweck des Rituals zu tun haben, werden üblicherweise auf diesem Platz platziert.

Die Vorbereitung des Altars hilft auch psychologisch, eine Atmosphäre zu schaffen, die sich von der täglichen Routine unterscheidet. Die einfache Handlung, Gegenstände sorgfältig zu ordnen und Räume vorzubereiten, fördert Konzentration, geistige Ruhe und emotionale Bereitschaft für spirituelle Arbeit.

Ein weiterer wichtiger Aspekt der Rituale ist es, den passendsten Tag und die passende Zeit entsprechend dem Ziel der Zeremonie zu achten. Viele Traditionen betrachten bestimmte Wochentage und bestimmte Zeiten als energetische Schwingungen, die günstiger für Liebe, Schutz, Wohlstand oder spirituelle Reinigung sind. Die richtige Kombination aus Kerzenfarbe, Mondphase, Tag und Elementen trägt symbolisch dazu bei, das Ritual zu stärken.

Es wird außerdem empfohlen, für jede spirituelle Arbeit eine andere Kerze zu verwenden. Eine Kerze, die für ein bestimmtes Ritual bestimmt ist, sollte später nicht für einen anderen Zweck wiederverwendet werden. Das liegt daran, dass innerhalb esoterischer Symbolik jede Kerze die besondere Energie, Absicht und das Ziel des Rituals, an dem sie teilnimmt, aufnimmt und konzentriert. Die Wiederverwendung für einen anderen Zweck könnte zu energetischer Verwirrung führen oder die symbolische Bedeutung spiritueller Arbeit schwächen.

Respekt vor den Kerzen und vor dem Ritual im Allgemeinen ist ein wesentlicher Bestandteil dieser Praktiken. Über magische Überzeugungen hinaus fungieren Rituale auch als psychologische Akte der Konzentration, Reflexion und emotionalen Verbindung zu den eigenen Wünschen und Gedanken. Die sorgfältige Vorbereitung des Raumes, das Definieren klarer Ziele und verantwortungsvolles Handeln helfen der Person, sich bewusst zu werden, was sie wirklich in ihrem Leben verändern möchte.

Die Magie der Kerzen, verstanden aus spiritueller und symbolischer Perspektive, bedeutet nicht nur, auf Wunder zu warten, sondern auch den Willen zu stärken, den Geist zu fokussieren und Momente tiefer innerer Verbindung zu schaffen. Die Kerze erhellt den physischen Raum, symbolisiert aber auch das menschliche Bedürfnis, angesichts von Schwierigkeiten Klarheit, Hoffnung und Richtung zu finden.

Vielleicht ist das der Grund, warum Kerzenlichtrituale so viele Jahrhunderte überlebt haben. Denn jenseits aller übernatürlichen Überzeugungen sind sie die ewige Suche des Menschen, Sinn, Schutz und Gleichgewicht inmitten der Unsicherheiten des Lebens zu finden.

Zuhause als erstes Heiligtum für Rituale und Kerzen

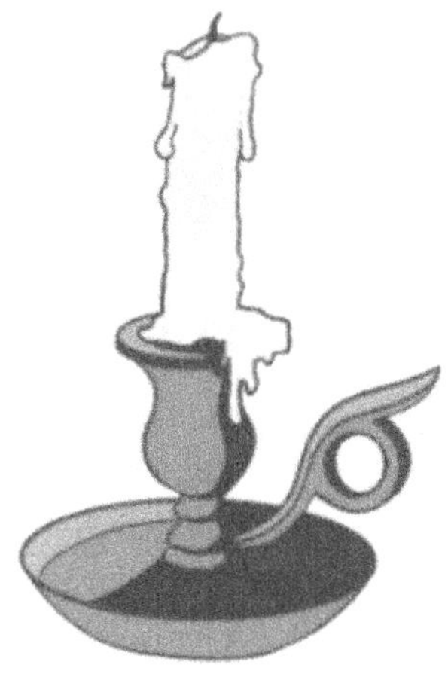

Von frühesten Zeiten an war das Haus der erste Ort, an dem Menschen Zuflucht, Schutz und spirituelle Verbindung suchten. Lange bevor monumentale Tempel, Kirchen, öffentliche Altäre oder zeremonielle Zentren existierten, führten Menschen ihre Rituale in ihren eigenen Häusern durch, in intimen Räumen, wo sie Schutz vor der Außenwelt finden und ihren Glauben fernab des Blicks anderer ausüben konnten. Das Haus diente nicht nur als physischer Zufluchtsort vor Kälte oder Naturgefahren, sondern auch als energetischer und spiritueller Raum, in dem Familien versuchten, sich vor den unsichtbaren Kräften zu schützen, vor denen sie Angst hatten oder die sie nicht verstehen konnten.

Die Bezeichnungen Hexerei, Zauberei, Wahrsagung, Spiritualismus, Okkultismus und Magie entstanden historisch für verschiedene spirituelle Praktiken, Rituale und Zeremonien, die mit der Suche nach Schutz, Wissen, Heilung oder Macht verbunden sind. Obwohl im Laufe der Jahrhunderte viele dieser Wörter negative oder geheimnisvolle Konnotationen erhielten, waren diese Rituale in vielen alten Kulturen ein natürlicher Teil des Alltags und wurden genau in Familienhäusern durchgeführt.

In Zeiten, in denen die offizielle Religion alles verfolgte, was Magie oder okkulte Praktiken betraf, wurde das Haus zum vertraulichsten und sichersten Ort für spirituelle Zeremonien. In kleinen Räumen, die nur von Kerzen und Öllampen erleuchtet wurden, hielten Alchemisten, Heiler, Hellseher, Wahrsager und Zauberer Anrufungen, bereiteten natürliche Heilmittel zu und suchten spirituelle Antworten fernab von Verfolgung und sozialer Ablehnung.

Kerzen nahmen einen grundlegenden Platz in diesen geheimen Ritualen ein. Ihre Flamme spendete Beleuchtung, schuf aber auch eine Atmosphäre, die von Symbolik und spiritueller Erinnerung erfüllt war. Das schwache Licht half, den Geist zu konzentrieren, förderte Meditation und erzeugte das Gefühl, mit unsichtbaren und geheimnisvollen Kräften in Kontakt zu kommen. Viele Überlieferungen glaubten, dass die Flamme als

Brücke zwischen der physischen und der spirituellen Welt fungiert.

Das Haus galt jahrhundertelang als kleines Familienheiligtum. Für viele antike Zivilisationen war das Haus nicht nur ein Ort zum Schlafen oder Essen, sondern auch ein heiliger Ort, an dem die schützenden Geister der Familie wohnten und wo das Gleichgewicht zwischen sichtbaren und unsichtbaren Energien gesichert werden musste. Aus diesem Grund zielte ein großer Teil der häuslichen Rituale darauf ab, die häusliche Umwelt zu schützen und die Harmonie unter den Bewohnern zu bewahren.

Unglücke, Krankheiten, Verluste und familiäre Konflikte führten dazu, dass viele Kulturen Praktiken entwickelten, die darauf abzielten, ihre Häuser zu reinigen und vor negativen Einflüssen zu schützen. Das Anzünden von Kerzen, das Verbrennen aromatischer Kräuter oder das Platzieren von Amuletten in der Nähe von Türen und Fenstern gehörten zu den häufigsten Methoden, um Energien fernzuhalten, die als schädlich oder böse galten.

Im Rahmen dieser Überzeugungen sollte das Haus spirituell sauber bleiben, um nicht nur die körperliche Gesundheit seiner Bewohner, sondern auch deren emotionales und geistiges Wohlbefinden zu schützen. Man glaubte, dass eine Umgebung voller Spannung, Traurigkeit oder schlechter Energien die Ruhe der ganzen Familie beeinträchtigen könnte. Daher zielten häusliche spirituelle Praktiken darauf ab, Harmonie zu schaffen und diejenigen emotional zu stärken, die diesen Raum teilten.

Viele antike Kulturen betrachteten Feuer als reinigendes Element, das Negativität zerstören und vor dunklen Mächten schützen kann. Aus diesem Grund wurden Kerzen in nahezu allen Zeremonien verwendet, die mit spiritueller Reinigung und Hausschutz zu tun hatten. Die Flamme symbolisierte ständige Wachsamkeit angesichts unsichtbarer Gefahren und diente als Symbol für Hoffnung und Widerstand angesichts der Dunkelheit.

Alchemisten und Heiler der Antike führten auch viele spirituelle Werke in ihren eigenen Häusern aus. Dort bereiteten sie Öle, Salben, Infusionen und Rituale mit Kerzen, Pflanzen, Mineralien und esoterischen Symbolen her. Oft vermischten diese Praktiken medizinisches Wissen, natürliche Beobachtungen und spirituelle Überzeugungen, die mündlich von Generation zu Generation weitergegeben wurden.

Die Privatsphäre des Hauses ermöglichte auch zutiefst persönliche Zeremonien in Bezug auf Liebe, Fruchtbarkeit, Familienschutz oder die Suche nach spirituellen Antworten.

Menschen konnten Gebete, Meditationen oder Rituale durchführen, ohne sich öffentlichem Urteil oder religiöser oder sozialer Verfolgung auszusetzen.

In vielen Kulturen galten die Küche und das zentrale Feuer des Hauses als heilige Räume. Feuer symbolisierte Leben, Schutz und familiäre Zusammengehörigkeit. Die Flamme am Brennen zu lassen bedeutete Kontinuität, Sicherheit und Wohlstand für die Bewohner des Hauses. Im Laufe der Zeit übernahmen Kerzen einen Großteil dieser schützenden Symbolik im Zusammenhang mit dem häuslichen Feuer.

Es gab auch den Glauben, dass bestimmte negative Wesen oder Geister leicht in Häuser eindringen könnten, wenn sie nicht spirituell geschützt waren. Aus diesem Grund wurden spezielle Rituale entwickelt, die darauf abzielten, Häuser energetisch durch Kerzen, religiöse Symbole, Amulette und Gebete zu "versiegeln". Viele dieser Traditionen überleben noch in verschiedenen modernen Kulturen, obwohl sie an neue Glaubensvorstellungen und Bräuche angepasst sind.

Die Beziehung zwischen zuhause und Spiritualität ist bis heute tief präsent. Obwohl sich die Wege verändert haben, verspüren viele Menschen immer noch das Bedürfnis, bestimmte Räume in ihrem Zuhause in Orte der Ruhe, Reflexion und emotionalen

Verbindung zu verwandeln. Eine Kerze in schwierigen Zeiten anzuzünden, Meditationen durchzuführen oder kleine persönliche Altäre zu erschaffen, sind Praktiken, die die alte Vorstellung vom zuhause als spirituellen Zufluchtsort bewahren.

Abgesehen von magischen oder religiösen Überzeugungen mussten Menschen immer das Gefühl haben, dass ihr Zuhause ein sicherer Ort ist, an dem sie sich emotional vor dem Chaos draußen schützen können. Deshalb symbolisieren Kerzen von den frühesten Zivilisationen bis heute weiterhin Schutz, Ruhe und Hoffnung im intimsten Raum des menschlichen Lebens: dem Haus selbst.

Vielleicht ist das der Grund, warum das Bild einer im Haus angezündeten Kerze weiterhin ein besonderes Gefühl von Frieden und Schutz weckt. Denn tief im Inneren steht das Licht einer Kerze für etwas zutiefst Altes und Universelles: den menschlichen Wunsch, die Hoffnung lebendig zu halten und das zu schützen, was er am meisten liebt, angesichts der Unsicherheiten und Schatten der Außenwelt.

Der spirituelle Schutz des Hauses und die Rituale des Hauses

Das Haus war schon immer eines der wichtigsten und wertvollsten Guthaben für Menschen. Das Haus ist nicht nur ein physisches Bauwerk, sondern symbolisiert Zuflucht, Sicherheit, Intimität und emotionalen Schutz. Es ist der Ort, an dem Familien ruhen, ihre Freuden teilen, sich ihren Schwierigkeiten stellen und einen großen Teil ihrer Erinnerungen aufbauen. Aus diesem Grund hatten die Menschen seit uralten Zeiten das Bedürfnis, ihre Häuser spirituell zu schützen und negative Energien, Unglücke und alles, was den Frieden der Familie stören könnte, fernzuhalten.

Im Laufe der Jahrhunderte entwickelten nahezu alle Zivilisationen Rituale zur Reinigung und zum Schutz von Häusern. Einige Kulturen nutzten Feuer und Kerzen, andere griffen auf aromatische Pflanzen, Amulette, heilige Symbole, Gebete oder spezielle Zeremonien zurück, um die Harmonie im

Haus zu bewahren. Diese Praktiken entstanden aus dem Glauben, dass Orte Energien bewahren, die mit den Menschen und Ereignissen in ihnen verbunden sind.

Viele Menschen glauben, dass bestimmte Häuser nach schwierigen Situationen wie familiären Konflikten, Krankheit, Gewalt, Verlust oder intensivem Leid emotional oder spirituell belastet sein können. Daher erhalten alte Häuser innerhalb esoterischer Traditionen meist besondere Aufmerksamkeit bei Ritualen der energetischen Reinigung und spirituellen Schutzes.

Heute sind viele Häuser Neubauten oder gebrauchte Immobilien, in denen es wahrscheinlich keine ernsthaften Situationen oder negativen Ereignisse gab. Innerhalb der spirituellen Symbolik gilt es jedoch weiterhin als ratsam, Harmonisierungs- und Schutzzeremonien durchzuführen, wenn man ein neues Haus bezieht, insbesondere wenn es sich um alte Orte oder ein Land handelt, auf dem schmerzhafte oder traumatische Ereignisse stattgefunden haben.

Alte Traditionen besagten, dass physische Räume Emotionen, Gedanken und Energien von den Bewohnern aufnehmen. Nach diesen Überzeugungen könnten ständige Streitigkeiten, langanhaltendes Leiden oder gewalttätige Situationen einen emotionalen Abdruck in der Umgebung hinterlassen. Daher führen viele Menschen vor Beginn einer neuen Phase in einem Zuhause Rituale durch, die darauf abzielen, die Energie des Ortes zu erneuern und eine harmonischere und ruhigere Atmosphäre zu schaffen.

Die spirituelle Reinigung eines Hauses sollte nicht unbedingt nur durchgeführt werden, wenn ernsthafte Probleme oder seltsame Phänomene auftreten. Viele spirituelle Strömungen sind der Ansicht, dass diese Tätigkeiten auch dazu beitragen, das emotionale Gleichgewicht zu bewahren, das Gefühl des Friedens im zuhause zu stärken und ein positiveres Umfeld für die Bewohner zu schaffen.

Einige Zeremonien sind speziell dazu gedacht, Unglück zu bringen, negative Energien zu neutralisieren oder das Zuhause vor schädlichen Einflüssen wie Neid, Konflikten und emotionalen Spannungen zu schützen. Andere suchen nach Wohlstand, familiärer Harmonie und spiritueller Stabilität im Haus.

Innerhalb der Volkstradition gibt es auch Rituale zum Schutz vor dem bösen Blick und Neid. Viele Kulturen glauben, dass negative Gedanken, emotionale Feindseligkeit oder schlechte Absichten anderer Menschen die Atmosphäre eines Zuhauses beeinflussen können. Aus diesem Grund wurde das Anzünden von Kerzen, das Verbrennen von Schutzkräutern oder besondere Gebete zu einer symbolischen Möglichkeit, den spirituellen Schutz des Hauses zu stärken.

Eine andere Art von häuslichem Ritual beruht auf "offenen Wegen" im Haus. Diese Zeremonien symbolisieren, energetische Blockaden zu beseitigen und neue Möglichkeiten in Bezug auf Wohlstand, Ruhe und familiäres Wohlbefinden zu ermöglichen. Viele Menschen verrichten diese Art von Arbeit, wenn sie das Gefühl haben, dass das häusliche Umfeld schwer, stagnierend oder emotional belastend geworden ist.

Es gibt auch spezielle Rituale, die darauf abzielen, bestimmte Räume im Haus zu harmonisieren. Manche Menschen glauben, dass bestimmte Räume emotionale Spannungen, schmerzhafte Erinnerungen oder unangenehme Empfindungen ansammeln können. Aus diesem Grund führen sie eine spirituelle Reinigung mit Kerzen, Weihrauch, aromatischen Pflanzen und Gebeten durch, mit der Absicht, Frieden und Gleichgewicht in den Ort zurückzubringen.

Zeremonien im Zusammenhang mit Exorzismen oder der Ausweisung von Geistern sind Teil einiger alter und moderner spiritueller Traditionen. Historisch glaubten viele Kulturen, dass bestimmte unsichtbare Wesen mit bestimmten Orten verbunden bleiben könnten. Obwohl diese Glaubensvorstellungen je nach Religion und kultureller Tradition stark variieren, war der Hauptzweck dieser Rituale stets die Wiederherstellung von Ruhe, Schutz und Harmonie im Haus.

Über übernatürliche Interpretationen hinaus haben die meisten häuslichen Rituale jedoch auch eine wichtige emotionale und psychologische Dimension. Ein Haus zu reinigen, Kerzen anzuzünden, den Raum zu organisieren und ruhige Umgebungen zu schaffen, hilft vielen Menschen, sich in ihrem eigenen Zuhause ruhiger, sicherer und emotionaler Wohlbefinden zu fühlen.

Kerzen stehen in diesen Ritualen im Mittelpunkt, weil sie Licht, Schutz und Hoffnung symbolisieren. Das Anzünden einer Kerze in einem Haus steht dafür, die Umgebung sowohl körperlich als auch geistig zu erleuchten. Die Flamme vermittelt ein Gefühl von Ruhe und hilft, den Raum in einen wärmeren und harmonischeren Ort zu verwandeln.

Weihrauch, aromatische Pflanzen und Gebete tragen ebenfalls dazu bei, eine emotional ruhigere Atmosphäre zu schaffen. Der einfache Duft bestimmter Kräuter kann die Stimmung positiv beeinflussen und Momente der Selbstreflexion, Ruhe und emotionaler Erneuerung fördern.

Im Laufe der Geschichte galt das Haus stets als Hauptkern des Familienschutzes. Deshalb suchten die Menschen ständig nach Wegen, sie vor Krankheiten, Unglücken, Konflikten und unsichtbaren Gefahren zu schützen. Das Haus war nicht nur ein physischer Ort, sondern auch eine emotionale und spirituelle Erweiterung derjenigen, die es bewohnten.

Vielleicht ist das der Grund, warum viele Menschen immer noch das Bedürfnis verspüren, ein Haus energisch zu reinigen, wenn sie umziehen, nach heftigen Streitigkeiten oder schwierigen Zeiten. Denn tief im Inneren bleibt das Zuhause der Ort, an dem wir Frieden, Zuflucht und Stabilität angesichts des Chaos der Außenwelt suchen.

Über spirituelle oder magische Überzeugungen hinaus spiegeln all diese Rituale ein tiefes menschliches Bedürfnis wider: das zu schützen, was wir am meisten lieben, und unser Zuhause in einen Ort zu verwandeln, an dem Ruhe, Sicherheit und emotionale Harmonie herrschen.

Spirituelle Heimatschutz- und Reinigungsrituale

Das Zuhause, als Hauptzufluchtsort jeder Person oder Familie, hat stets einen tiefgreifend wichtigen Platz im menschlichen Leben eingenommen. Es steht nicht nur für eine Materialkonstruktion aus Wänden und Decken, sondern auch für den Raum, in dem Menschen ruhen, Erinnerungen bilden, Freuden erleben und Schwierigkeiten meistern. Aus diesem Grund gilt das Haus seit der Antike als einer der heiligsten und wertvollsten Orte und zugleich als einer der Orte, die im Laufe der Geschichte die meisten Schutzrituale erhalten haben.

Seit den frühesten Zivilisationen verspürten Menschen das Bedürfnis, ihre Häuser spirituell vor Unglücken, Krankheiten, Konflikten und unsichtbaren Kräften zu schützen, die sie als gefährlich betrachteten. Viele Kulturen glaubten, dass Behausungen die emotionalen und spirituellen Energien der Bewohner aufnahmen. Daher wurde bei intensivem Leiden, ständigen Streitigkeiten, Krankheiten oder Tragödien in einem

Haus angenommen, dass die Umgebung von Negativität und Energieungleichgewichten aufgeladen sein könnte.

Derzeit sind viele der Häuser, in denen wir wohnen, Neubauten oder Gebrauchthäuser, bei denen es wahrscheinlich keine ernsten Ereignisse oder traumatischen Situationen gab. Innerhalb esoterischer Traditionen gilt es jedoch weiterhin als ratsam, Reinigungs- und Schutzrituale durchzuführen, insbesondere in alten Häusern oder auf Land, wo schmerzhafte Ereignisse, kollektive Konflikte oder emotional intensive Situationen stattgefunden haben könnten.

Die Idee, ein Zuhause spirituell zu reinigen, entsteht nicht immer aus der Angst vor übernatürlichen Phänomenen. Oft reagiert es einfach auf das menschliche Bedürfnis, die Umgebung zu erneuern, eine neue Phase mit positiven Energien zu beginnen und das Haus in einen Ort des Friedens und der emotionalen Harmonie zu verwandeln. Der Umzug in ein neues Zuhause, schwierige Zeiten oder das Gefühl, dass die Umgebung zu stark ist, sind einige der Gründe, warum viele Menschen häusliche Schutzrituale durchführen.

Spirituelle Reinigungszeremonien können sowohl in alten als auch in brandneuen Häusern durchgeführt werden. Nach diesen Überzeugungen kann selbst ein Ort, an dem scheinbar nichts

Negatives passiert ist, Hilfe durch ein Ritual erhalten, das dazu dient, die emotionale Ruhe zu stärken und diejenigen zu schützen, die dort leben werden.

Einige Traditionen sprechen von bestimmten Zeremonien gegen Dämonen oder böse Wesen. Historisch glaubten viele Kulturen, dass bestimmte unsichtbare Kräfte die Bewohner eines Hauses emotional oder spirituell beeinflussen könnten. Obwohl diese Überzeugungen stark zwischen Religionen und spirituellen Strömungen variieren, war der Hauptzweck dieser Rituale stets die Wiederherstellung von Sicherheit, Frieden und Schutz im zuhause.

Es gibt auch Rituale, die darauf abzielen, Unglück in einem Haus zu bringen. Viele Menschen glauben, dass bestimmte Räume nach schwierigen Phasen emotional stagnieren, Spannungen, Streitigkeiten oder ein ständiges Gefühl von Versagen und Erschöpfung ansammeln. Reinigungsrituale zielen darauf ab, diese negative Energie symbolisch abzubauen und Raum für neue Möglichkeiten und positive Veränderungen zu schaffen.

Der Schutz vor bösem Blick und Neid ist ein weiterer häufiger Grund, warum häusliche Zeremonien durchgeführt werden. Seit der Antike glaubten viele Kulturen, dass negative Gedanken, emotionale Feindseligkeit und Neid das Wohlbefinden einer Familie beeinträchtigen oder die Harmonie eines Zuhauses stören könnten. Daher wurde das Anzünden von Kerzen, das Verbrennen von Schutzkräutern und das Verrichten besonderer Gebete zu einer symbolischen Möglichkeit, den spirituellen Schutz des Hauses zu stärken.

Einige Rituale zielen auch darauf ab, "Pfade" im Haus zu öffnen. Dieser Ausdruck symbolisiert das Entfernen emotionaler oder energetischer Blockaden, die den Fortschritt, die Ruhe oder den Wohlstand der dort lebenden Menschen zu behindern scheinen. Viele Menschen haben das Gefühl, dass nach bestimmten schwierigen Zeiten die Umgebung schwer oder stagnierend wird, und sie greifen zu spirituellen Zeremonien, um die Energie des Hauses zu erneuern und Neuanfänge zu fördern.

Es gibt auch spezielle Rituale, die darauf abzielen, bestimmte Räume im Haus zu reinigen. Einige Traditionen besagen, dass bestimmte Räume aufgrund von Streitigkeiten, Krankheiten oder schmerzhaften Erfahrungen emotional anspannen können. Schlafzimmer, Wohnzimmer oder bestimmte Ecken des Hauses werden dann durch Kerzen, Weihrauch, Gebete und aromatische Pflanzen gereinigt, um Ruhe und Gleichgewicht in der Umgebung wiederherzustellen.

Rituale des Exorzismus es oder der Ausweisung von Geistern sind Teil einiger alter religiöser und esoterischer Praktiken. Im Laufe der Geschichte glaubten viele Kulturen an die Möglichkeit unsichtbarer Wesen, die mit bestimmten Orten verbunden sind. Doch selbst über übernatürliche Interpretationen hinaus spiegeln diese Zeremonien das tiefe menschliche Bedürfnis wider, Räume von Angst, Leid und emotionalem Leid freizusetzen.

Frieden und Harmonie im Haus waren schon immer grundlegende Ziele dieser Rituale. Über magische Überzeugungen hinaus hilft das Reinigen eines Hauses, das Anzünden von Kerzen und die psychologische Neuordnung von Räumen vielen Menschen, Erneuerung, Ruhe und größere emotionale Kontrolle über ihre Umgebung zu empfinden.

Kerzen stehen bei diesen Zeremonien im Mittelpunkt, weil sie Licht, Schutz und Hoffnung symbolisieren. Das Anzünden einer Kerze in einem Haus steht dafür, nicht nur den physischen Raum, sondern auch die emotionale und spirituelle Umgebung des Hauses zu erleuchten. Die Flamme erzeugt ein Gefühl von Ruhe und Schutz, das den Menschen seit Tausenden von Jahren begleitet.

Auch das Weihrauch und die aromatischen Pflanzen, die in diesen Ritualen verwendet werden, spielen eine wichtige Rolle. Seine Düfte helfen, entspanntere Umgebungen zu schaffen und fördern Zustände der Ruhe und emotionalen Konzentration. Viele Traditionen verwenden Rue, Rosmarin, Lorbeer, Basilikum oder Sandelholz gerade wegen ihrer starken schützenden und reinigenden Symbolik.

Über spirituelle Überzeugungen hinaus spiegeln all diese Rituale ein tiefes menschliches Bedürfnis wider: zu spüren, dass zuhause ein sicherer Ort ist, an dem Körper und Geist ruhen können. Menschen haben immer versucht, ihr Zuhause zu schützen, weil ihre Erinnerungen, ihre Zuneigung und ein großer Teil ihres emotionalen Lebens darin leben.

Vielleicht ist das der Grund, warum die Idee, ein Zuhause zu reinigen und spirituell zu schützen, bis heute gültig ist. Denn auch wenn sich die Zeiten ändern, müssen Menschen ihr Zuhause immer noch in einen Ort verwandeln, in dem Ruhe, Harmonie und ein Gefühl von Zuflucht vor den Schwierigkeiten der Außenwelt herrschen.

Ritual zum Schutz eines neuen Zuhauses

Du musst nach einem passenden Tag, einer Zeit und einer Astralposition suchen. Es ist ratsam, dies an einem Donnerstag oder Freitag zu tun, mit dem Mond im Zeichen Waage oder Krebs und im Mond in der zunehmenden Viertelphase.

Du brauchst:

- 4 weiße Kerzen

- Rue

- Weiße Farbe,

- Kompass

- Hauspläne

Finden Sie die Himmelsrichtungen mit dem Kompass im Haus und markieren Sie sie mit weißer Farbe an den Enden, die den Außenwänden am nächsten sind. Stellen Sie an jedem der vier Punkte eine Kerze auf, zünden Sie sie an und hängen Sie die Grundrisse des Hauses an die Haustür.

Ohne auf die Karten zu treten, stell dich vor sie und zeige nach Norden, du wiederholst: In diesem Familienhaus (nennen Sie die Namen der Menschen, die dort wohnen werden) wird nichts und niemand eintreten, der nicht in gutem Verhältnis zu den Kräften des Guten steht, nichts und niemand, der den Frieden der Familie stören kann (sagen Sie die Namen der

Menschen). Du solltest das wiederholen, indem du dich auf jeden Kardinalpunkt konzentrierst.

Dann nimmst du die Rue-Pflanze, verbrennst sie und lässt Rauch durch die vier Ecken leiten, die die Himmelspunkte markieren, und wiederholst laut: Ich segne die Wände dieses Hauses, damit sie die Kräfte des bösen Blicks lähmen. Ich weihe diesen Ort als Zufluchtsort für (sagen die Namen der Menschen), damit sie hier in Frieden und Harmonie leben können.

Zum Ende lässt du die Kerzen brennen. Stiefel im normalen Müll

Ritual, um Unglück aus einem Zuhause zu vertreiben
Du brauchst:

- Die gleiche Anzahl an violetten Kerzen, wie du Zimmer im Haus hast.
- Knoblauchschale
- Weiße Farbe
- Kompass.

Finden Sie die Himmelspunkte des Hauses mit dem Kompass in allen Räumen Ihres Hauses. Du markierst sie mit weißer Farbe. Du machst einen Kreis in der Mitte jedes Raumes und stellst eine lila Kerze auf. Du stellst dich in die Mitte des

Kreises, zündest die Kerze an und brennst mit der Flamme der Kerze die Knoblauchschalen an und wiederholst:

Durch diesen Rauch bringe ich irgendein Unglück, wenn ich den Raum verlasse. Dieser Vorgang sollte in allen Räumen des Hauses durchgeführt werden, immer beginnend im unteren Stockwerk, bis Sie das Haupttor oder das Wohnzimmer erreichen.

Ritual, um schlechte Einflüsse im Haus zu reinigen.

Du brauchst:

-7 Esslöffel grobes Meersalz

-1 Metallauflauf

-7 Kohletafeln

-1 Esslöffel Zimtpulver

-7 Esslöffel Vollmondwasser

-1 weiße Kerze

Zünden Sie die Kerze in Ihrem Zuhause an einem geräumigen Ort an. Im Metallauflauf musst du die sieben Kohletabletten anzünden und darauf Salz und Zimt streuen. Er geht durchs ganze Haus, während der Rauch aufsteigt, und wiederholt laut: "Aus diesem Haus kommen alle schlechten Einflüsse. Im

Namen der Erzengel Gabriel, Raphael, Michael und Uriel".
Wenn du fertig bist, gieße die sieben Teelöffel Weihwasser
über die Auflaufform. Du solltest diese Reinigung mindestens
zwei Tage hintereinander machen, beginnend an einem
Dienstag.

**Ritual, um negative Schwingungen aus deinem Zuhause zu
entfernen und materielle Fülle anzuziehen.**

Du brauchst:

- 3 Weiße Kerzen

- 9 Basilikumblätter

- 9 Knoblauchköpfe

- 9 Sellerieblätter

- 9 Minzblätter

- 9 Körner Meersalz

- 9 Liter Weihwasser oder Meerwasser

- 1 Auflaufform

Führen Sie dieses Ritual an einem Samstag während der Stunde
des Planeten Saturn oder der Sonne durch. Besonders wirksam
ist es während der Phase des abnehmenden Mondes.

Du musst alle Zutaten 15 Minuten lang im Weihwasser kochen. Dann siebst du es ab und reinigst mit der Infusion dein Haus. Wenn du Reste hast, kannst du damit baden. Du lässt die weißen Kerzen am Eingang des Hauses brennen.

Schütze dein Haus vor Schwarzer Magie.

Du brauchst:

Ein paar Worte von Ajos

- 4 Silbermünzen.

- 1 Stück schwarzes Tuch

- 1 Weiße Glasplatte

- 1 Weiße Kerze

Während eines Mondsicheltages hängen Sie die Knoblauchschnur an die Innenseite der Haustür. In der Ecke Ihres Hauses, die links und hinten liegt, werden Sie den schwarzen Stoff entfalten, auf die vier Ecken legen Sie die Münzen. Dann legst du die Kerze auf den Teller, legst sie auf den Stoff und zündest die Kerze an. Lass es vollständig verzehren. Du solltest niemals Münzen ausgeben, sie in schwarze Stoffe wickeln und in einer Schublade verstecken.

Der Zauber öffnet Wege zum Überfluss im Haus.

Du brauchst:

- Laurel

- Rosmarin

- 3 Goldmünzen

- 1 Goldene Kerze

- Silberkerze

- 1 Weiße Kerze

Man stellt die Kerzen in Form einer Pyramide, legt eine Münze daneben und die Lorbeerblätter und Rosmarin in die Mitte dieses Dreiecks. Zünde die Kerzen in folgender Reihenfolge an: zuerst Silber, Weiß und Gold. Wiederhole diese Anrufung: "Durch die Kraft reinigender Energie und unendlicher Energie rufe ich die Hilfe aller Wesen an, die mich beschützen, um meine Finanzen zu heilen."

Du lässt die Kerzen ganz ausbrennen und behältst die Münzen in deinem Portemonnaie; Diese drei Münzen darfst du nicht ausgeben. Wenn das Lorbeerblatt und der Rosmarin trocknen, verbrennen die Verbrennungen und du den Rauch dieses Weihrauchs durch dein Zuhause oder Geschäft leiten lässt.

Zauber, um dein Haus vor Diebstahl zu schützen.

Du brauchst:

- 1 Kupfergefäß

- 90 Proof Alkohol

- 10 Tropfen Eukalyptusöl

- 10 Tropfen Lavendelöl

- 1 Rue-Zweig

- 1 Amethyst

- 3 Gelbe Kerzen

Du musst alle Zutaten, die während einer vollen Phase von Crescent Moon im Alkohol eingetaucht sind, mazerieren. Jeden Tag, sobald es dunkel wird, schütteln Sie die Mischung. Nach dieser Lunation überträgst du die Flüssigkeit aus dem Behälter mit einem Verdampfer in die Flasche und gibst den Amethyst ein. Damit können Sie alle Ecken der Räume Ihres Hauses oder Büros begasen. Während dieser Begasungen müssen Sie eine gelbe Kerze anzünden.

Zaubere für Fülle in deinem Zuhause.

Du brauchst:

- 2 Grüne Kerzen

- 7 Tonbehälter

- Jungfräulicher Honig

- Minzblätter

Sie mischen Honig- und Minzblätter, teilen diesen Inhalt in die
Tonbehälter und verteilen sie im Haus. Du musst diesen Zauber
am ersten Tag des Monats zur Jupiter-Planetenzeit ausführen.
Um dieses Ritual beim Austeilen der Behälter zu stärken,
wiederhole laut: "Ich versüße mein Leben, mein Zuhause und
mein Büro und rufe die vier Elemente an, um Erfolg und Geld
anzuziehen, hier und jetzt in vollkommener Harmonie und zum
Wohl aller." Wiederhole das zwei Tage lang und zünde jeden
Tag eine grüne Kerze an.

Kubanische Formel für Wohlstand.

Du brauchst:

- 1 große Kerze (sollte 7 Tage halten)

- Goldpulver

- Kaffeepulver

- Grobes Meersalz

- Milchpulver

- Brauner Zucker

- 1 Bleistift

- 1 Nähnadel

Du wirst mit der Nadel oben auf der Kerze einen fünfzackigen Stern zeichnen, mit dem Bleistift machst du an jeder Spitze ein kleines Loch. Zu den fünf Löchern gibst du eine Prise aller Zutaten. Du wirst diese Kerze Oshun, der Göttin der Liebe und des Geldes, widmen. Du zündest die Kerze an und lässt sie brennen. Die Überreste des Segels sollten zum Fluss oder zum Meer gebracht werden.

Zauber zum Schutz des Hauses.

Nimm 1 schwarze Kerze, 7 Rue-Blätter und 7 Basilikumblätter. Lassen Sie sie an einem dunklen, trockenen Ort liegen, damit sie schnell trocknen. Zerdrücken Sie die Kräuter und legen Sie sie in ein kleines Glasgefäß. Du füllst das Glas mit Alkohol oder Gin. Lassen Sie die Mischung zwei Tage lang mazerieren. Verdünnen Sie die Mischung in einem Eimer mit 10 bis 15 Litern Wasser. Mit dieser Mischung führen Sie eine gründliche Reinigung Ihres Hauses durch. Du musst diese Reinigung an einem Freitag zur Mars-Planetenzeit durchführen. Lass die schwarze Kerze brennen.

Zauber, damit die Familie wirtschaftlichen Wohlstand erlangt.

Dieses Ritual sollte an einem Sonntag beginnen.

Du brauchst:

- Mehrere Banknoten (unabhängig davon, ob sie außer Umlauf sind)

- Mehrere Währungen

- 1 Grüne Kerze

- 1 Gelbe Kerze

 -Ein Stück grünes Tuch

Man beginnt damit, die rechteckigen Schnäbel auf den grünen Stoff zu legen. In der Mitte platziert man die Münzen in Form eines Pentakel. Links davon stellst du die grüne Kerze und rechts die gelbe Kerze. Schalten Sie sie eine Stunde lang ein, danach schalten Sie sie mit den Fingerspitzen aus. Du musst diesen Vorgang 3 Tage lang wiederholen. Am vierten Tag wirfst du die Reste der Segel weg. Die Münzen und Scheine sind in das grüne Tuch gewickelt, dass du behalten wirst. In der Küche oder im Esszimmer Ihres Hauses.

Zauber, um Armut zu vertreiben.

Du brauchst:

- 1 große Zitrone

- Weißer Zucker

- 1 Grüne Kerze

- 1 Weitmündiger Glasbehälter

- 1 Neue Nähnadel

Du solltest mit einer Nadel auf die Kerze schreiben: "Ich habe viel Geld" und deinen vollständigen Namen. Dann zündest du die Kerze an. Nimm die Zitrone und schneide sie in zwei Hälften, sie sollte in zwei Hälften geteilt sein, aber durch einen kleinen Teil zusammengehalten bleiben. Geben Sie die Zitrone in eine Schüssel und streuen Sie den Zucker darüber. Während dieses Prozesses wiederholt er laut: "Ich habe reichlich Geld." Die Zitrone sollte in der Schale bleiben, bis die Kerze verzehrt ist. Dann nimmst du das Glas und legst die Zitrone, den Zucker und die Reste der Kerze hinein. Dieses Glas sollte in deiner Küche stehen.

Objekte, die den Wohlstand behindern und die Heimenergie verändern

Seit der Antike glauben verschiedene Kulturen, dass bestimmte Objekte im Haus die Energie der Menschen und das spirituelle Gleichgewicht des Hauses positiv oder negativ beeinflussen können. Viele Traditionen, die mit Feng-Shui, Esoterik und populären Überzeugungen zusammenhängen, behaupten, dass die Umwelt, in der wir leben, Emotionen, Erinnerungen und energetische Schwingungen aufnimmt. Aus diesem Grund gilt es, das Haus sauber, ordentlich und frei von Elementen aus Traurigkeit, Verfall oder stagnierenden Energien zu halten, um Wohlstand, Ruhe und Wohlbefinden anzuziehen.

Obwohl viele dieser Überzeugungen Teil spiritueller Traditionen und populärer Aberglauben sind, sind sie sich alle einig: Physische Räume beeinflussen den emotionalen und mentalen Zustand der Bewohner tiefgreifend. Objekte, die sich angesammelt, beschädigt oder mit negativen Erinnerungen beladen sind, können zu Gefühlen von Schwere, emotionaler Erschöpfung und Schwierigkeiten führen, in neue Lebensphasen überzugehen.

Eines der ersten Elemente, die viele spirituelle Strömungen zu vermeiden empfehlen, sind unerwünschte Ornamente oder

Geschenke. Das Aufbewahren von Gegenständen, die von Menschen gegeben wurden und Traurigkeit, Groll oder schmerzhafte Erinnerungen verursachen, kann eine negative Phase der Vergangenheit emotional lebendig halten. Konfliktreiche Beziehungen hinterlassen emotionale Spuren, und symbolisch bleiben die mit diesen Erfahrungen verbundenen Objekte diese Energie im Haus. Deshalb ziehen es viele Menschen vor, Geschenke aufzugeben, die mit traumatischen Trennungen, schädlichen Freundschaften oder emotional schwierigen Situationen verbunden sind.

Getrocknete Blumen, künstliche Pflanzen und Asche verstorbener Menschen gelten ebenfalls oft als Symbole für zurückgehaltene Energie. Verwelkte Blumen markieren das Ende eines Lebenszyklus und können innerhalb esoterischer Symbolik ein Gefühl von Dekadenz und Traurigkeit vermitteln. Künstliche Pflanzen, denen natürliches Leben fehlt, werden von einigen Traditionen als Elemente angesehen, die keine Energieerneuerung erzeugen können. Menschliche Asche hingegen symbolisiert die emotionale Beständigkeit der Trauer und die ständige Präsenz des Todes im Haus. Viele spirituelle Strömungen glauben, dass diese Elemente den natürlichen Fluss positiver Energien behindern.

Kakteen und dornige Pflanzen haben innerhalb bestimmter östlicher und esoterischer Traditionen eine besondere Symbolik. Obwohl viele Menschen sie als dekorativ und widerstandsfähig betrachten, glaubt man, dass ihre Dornen Spannungen, Konflikte sowie emotionale oder wirtschaftliche Hindernisse sind. Nach einigen Interpretationen von Feng-Shui können diese Pflanzen defensive und disharmonische Umgebungen erzeugen, wenn sie im Haus platziert werden, insbesondere in Bereichen mit Wohlstand oder emotionalen Beziehungen.

Zerbrochene oder fleckige Spiegel sind wahrscheinlich eines der am weitesten verbreitete Symbole für Unglück weltweit. Jahrhundertelang galten Spiegel als Objekte, die nicht nur das physische Bild, sondern auch die spirituelle Energie von Menschen widerspiegeln konnten. Ein zerbrochener Spiegel symbolisiert Fragmentierung, Ungleichgewicht und energetischen Bruch. Schmutzige oder beschädigte Spiegel vermitteln ebenfalls Verlassenheit und emotionale Störungen. Im Feng-Shui gilt es außerdem als wichtig, Spiegel vor das Fußende des Bettes zu vermeiden, da angenommen wird, dass dies den Schlaf verändert und emotionale Instabilität erzeugt.

Die Position des Besens im Haus ist ebenfalls Teil vieler populärer Aberglauben. Das Aufbewahren mit den Borsten nach oben symbolisiert laut dieser Überzeugung die Vertreibung von Wohlstand und das Anziehen wirtschaftlicher Not. Wenn sie mit den nach unten gerichteten Borsten richtig abgestützt ist, steht es für Ordnung, Stabilität und den Erhalt positiver Energie im Haus.

Die Teile toter Tiere, wie Felle, Hörner, Muscheln, Elfenbein oder Stofftiere, werden von vielen Traditionen als Symbole für angehaltene Energie und die ständige Präsenz des Todes angesehen. Obwohl diese Objekte als Dekorationen oder Trophäen verwendet wurden, wird angenommen, dass sie in modernen spirituellen Strömungen starke Schwingungen senden, die der emotionalen Harmonie des Hauses schaden.

Die Ansammlung alter, zerrissener oder reparierter Kleidung gilt ebenfalls als energetisches Hindernis. Verwitterte Kleidungsstücke symbolisieren Verlassenwerden, Bindung an die Vergangenheit und Schwierigkeiten, sich emotional zu erneuern. Viele Traditionen empfehlen, regelmäßig Kleidung abzulegen, die nicht mehr benutzt wird, um neue Energien und Möglichkeiten im Haushalt zu ermöglichen.

Feng-Shui legt besonderen Wert auf die Lage der Aquarien im Haus. Obwohl Wasser Fülle und Bewegung symbolisiert, gilt das Aufstellen eines Aquariums in der Küche oder im

Schlafzimmer als ungünstig, da das Wasserelement das Energiegleichgewicht des in diesen Räumen vorhandenen Feuers stören kann. Die Küche symbolisiert Ernährung, Vitalität und Familienwohlstand, während das Schlafzimmer für Ruhe und Intimität steht. Überschüssige Wasserenergie in diesen Bereichen kann zu einem emotionalen Ungleichgewicht und Energieerschöpfung führen.

Alte oder veraltete Kalender haben ebenfalls eine starke Symbolik im Zusammenhang mit angehaltener Zeit und der Schwierigkeit, voranzukommen. Falsche Daten anzuzeigen, symbolisiert, emotional in der Vergangenheit gefangen zu bleiben und den natürlichen Fluss der Gegenwart nicht zuzulassen. Aus diesem Grund halten viele Traditionen es für wichtig, Uhren und Kalender im Haus aktuell zu halten.

Stehende Uhren gehören zu dem bekanntesten Aberglauben, die mit Pech zusammenhängen. Nach alten chinesischen Glaubensvorstellungen symbolisiert eine gestoppte Uhr die Unterbrechung des Lebensstroms und die Energiestagnation. Es wird auch mit abrupten Enden, Verlust und dem Gefühl eingefrorener Zeit assoziiert. Zerbrochene Uhren im Haus symbolisieren Verlassenheit und Schwierigkeiten, voranzukommen.

Bilder von Naturkatastrophen, Zerstörungen oder Tragödien gelten ebenfalls als ungünstig für das häusliche Umfeld. Fotos von Stürmen, Überschwemmungen, Bränden oder Landschaften, die mit emotionalem Leiden verbunden sind, erzeugen Gefühle von Spannung, Traurigkeit oder ständiger Sorge. Sogar scheinbar ruhige Szenen wie starker Regen oder kalter Schneefall können laut manchen Traditionen Melancholie und emotionale Isolation symbolisieren.

Die Farbe und Ausrichtung der Haustür haben ebenfalls eine wichtige Symbolik im Feng-Shui. Eine schwarze Tür, die in bestimmte Richtungen zeigt, kann als ungünstig angesehen werden, da sie das Energiegleichgewicht der natürlichen Elemente und der Himmelspunkte verändert. Die Tür steht als Haupteingang zur Energie ins Haus, daher legen viele Kulturen großen Wert auf ihren Zustand, ihre Farbe und Ausrichtung.

Das Öffnen von Regenschirmen oder Regenschirmen im Haus ist ein äußerst alter Aberglaube, der in vielen Ländern verbreitet ist. Obwohl rational keine spirituelle Gefahr besteht, wird sie symbolisch als Anziehung von Unglück oder als Unterbrechung des energetischen Schutzes des Hauses interpretiert. Der offene Schirm innerhalb eines geschlossenen Raums steht für Interferenzen und Ungleichgewichte innerhalb der häuslichen Harmonie.

Schließlich wurde die Axt im Haus traditionell mit Gewalt, Tod und Konflikt in Verbindung gebracht. Aufgrund seiner schneidenden und zerstörerischen Natur betrachten viele Kulturen sie als ungeeignetes Symbol für Umgebungen, die für Familienfrieden und emotionale Harmonie gedacht sind.

Jenseits von Aberglauben und esoterischen Überzeugungen spiegeln all diese Traditionen etwas zutiefst Menschliches wider: das Bedürfnis, das Zuhause in einen emotional gesunden, sauberen und harmonischen Raum zu verwandeln. Die Gegenstände, die wir behalten, sprechen auch von unseren Emotionen, Erinnerungen und mentalen Zuständen. Das Haus ordentlich zu halten, frei von verschlechterten Elementen oder negativen Erlebnissen, hilft psychologisch, leichtere, ruhigere und erneuerte Umgebungen zu schaffen.

Vielleicht ist das der Grund, warum so viele Kulturen jahrhundertelang auf die Bedeutung der Pflege der Energie des Hauses bestanden. Denn am Ende ist das Haus nicht nur der Ort, an dem wir leben, sondern auch der Ort, an dem unsere Gefühle, unsere Erinnerungen und ein Großteil unseres inneren Friedens ruhen.

Pflanzen, die Wohlstand in Häusern anziehen

Seit der Antike nehmen Pflanzen einen besonderen Platz in den spirituellen und esoterischen Traditionen ein, die mit Schutz, Fülle und Energiegleichgewicht im Haus zu tun haben. Viele Zivilisationen erkannten, dass die Natur ein Gefühl von Leben, Erneuerung und Harmonie vermittelt, weshalb sie begannen, bestimmten Pflanzenarten symbolische und spirituelle Eigenschaften zuzuschreiben. Im Laufe der Jahrhunderte entstanden viele Glaubensvorstellungen, wonach bestimmte Pflanzen die Fähigkeit haben, Wohlstand anzuziehen, negative Energien abzuwehren und das emotionale sowie wirtschaftliche Wohlbefinden der Bewohner eines Hauses zu fördern.

Über Aberglauben oder magische Praktiken hinaus haben Pflanzen einen offensichtlichen Einfluss auf die physische und emotionale Umgebung von Häusern. Sie bieten Frische, Farbe, angenehme Aromen und ein Gefühl von Ruhe. Die einfache Pflege einer Pflanze schafft eine Verbindung zur Natur und hilft, harmonischere und entspannender Umgebungen zu schaffen. Vielleicht ist das der Grund, warum so viele Kulturen bestimmte Spezies mit Glück, spiritueller Schutz und Fülle verbinden.

Der Farn ist eine der bekanntesten Pflanzen innerhalb der Traditionen von Wohlstand und Hausschutz. Dank seines reichen grünen Laubs und seiner Fähigkeit, sich drinnen leicht anzupassen, wurde er zu einem Symbol für Wachstum, Stabilität und Glück. Viele Menschen glauben, dass der Farn das Haus vor negativen Energien schützt und die Familienharmonie fördert. Sein blättriges Aussehen steht für Fülle und ständige Ausdehnung, Eigenschaften, die eng mit Wohlstand verbunden sind.

Basilikum ist eine der wertvollsten Pflanzen sowohl in der Küche als auch in spirituellen Praktiken. Neben seiner Berühmtheit für sein intensives Aroma und seine Verwendung in Soßen und traditionellen Speisen gilt Basilikum seit Jahrhunderten als schützendes Kraut, das Glück anzieht und Negativität abwehrt. In vielen Kulturen wird er in der Nähe der Eingänge des Hauses als Symbol für Schutz und Wohlstand aufgestellt. Seine Energie ist mit Gleichgewicht, wirtschaftlichem Wohlbefinden und emotionaler Harmonie verbunden.

Lavendel hat einen der bekanntesten und entspannend Sten Düfte in der Welt der aromatischen Pflanzen. Seit der Antike wird er in Ritualen verwendet, die darauf abzielen, Geld, Ruhe und spirituellen Schutz anzuziehen. Sein Aroma hilft,

Anspannungen abzubauen, Angst abzubauen und Umgebungen voller emotionaler Ruhe zu schaffen. Viele Traditionen glauben, dass Lavendel Räume energisch reinigt und den Zugang zu Wohlstand und Wohlbefinden ins zuhause fördert.

Perlmutt, bekannt für das besondere und leuchtende Design ihrer Blätter, ist eine Pflanze, die häufig zur Dekoration tropischer Innenräume verwendet wird. In populären Vorstellungen symbolisiert es Fülle, Wirtschaftswachstum und materielle Expansion. Sein elegantes und leuchtendes Erscheinungsbild steht für Wohlstand und Erfolg, weshalb viele Menschen ihn in Arbeits-, Geschäfts- oder Finanzbereichen platzieren.

Geranium ist eine der ältesten Pflanzen, denen magische und schützende Eigenschaften zugeschrieben werden. Traditionell steht es im Zusammenhang mit Liebe, Fruchtbarkeit, familiärer Harmonie und Schutz vor Zauberei oder schlechten Energien. Neben ihrer ornamentalen Schönheit symbolisiert die Geranie emotionales Wohlbefinden und wirtschaftlichen Wohlstand. Viele Kulturen nutzten ihn in häuslichen Ritualen, die das Zuhause schützen und Stabilität fördern sollten.

Die sogenannte "Geldpflanze", auch bekannt als Guinea-Kastanie, ist wahrscheinlich eine der beliebtesten Arten im

Feng-Shui und in Traditionen rund um den Überfluss. Man glaubt, dass sie sowohl in Haushalten als auch am Arbeitsplatz wirtschaftlichen Wohlstand und finanzielle Stabilität anzieht. Sein starker Stamm und sein leichtes Wachstum symbolisieren ständige Entwicklung und materielles Wachstum. Viele Menschen platzieren es in der Nähe von Eingängen, Büros oder geschäftlichen Bereichen, um Erfolg und Fülle zu fördern.

Eukalyptus ist weithin für seine medizinischen und reinigenden Eigenschaften bekannt. In spirituellen Traditionen hilft das Verbrennen von Eukalyptusblättern oder deren Aroma im Haus, negative Energien abzubauen und die Umwelt zu erneuern. Sein frischer Duft symbolisiert Sauberkeit, Klarheit und das Öffnen von Pfaden. Viele Menschen führen Energiereinigungen durch, indem sie Eukalyptusrauch durch jeden Raum laufen lassen, um Ruhe und Wohlstand zu gewinnen.

Kamille wird seit der Antike sowohl in der Naturheilkunde als auch in spirituellen Ritualen verwendet. Sie symbolisiert Ruhe, Reinigung und emotionalen Schutz. Man glaubt, dass es hilft, negative Energien abzubauen und das Entstehen von Fülle und Wohlbefinden im Haushalt zu fördern. Neben seinen entspannenden Eigenschaften steht er für Gleichgewicht und

Gelassenheit, grundlegende Eigenschaften, um Harmonie im Haus zu bewahren.

Aloe Vera ist eine der bekanntesten Schutzpflanzen in vielen Kulturen. Traditionell wird er in der Nähe von Türen oder Fenstern platziert, weil man glaubt, dass er Negativität absorbiert und vor Neid und dem bösen Blick schützt. Viele Menschen glauben, dass Aloe Vera, wenn sie plötzlich verwelkt, daran liegt, dass sie negative Energien aufgenommen hat, die für das Zuhause bestimmt sind. Es symbolisiert auch Gesundheit, Wohlstand und Glück.

Thymian wurde jahrhundertelang verwendet, um Umwelten zu reinigen und Häuser vor negativen Einflüssen zu schützen. Sein intensives Aroma hilft, die Luft energetisch zu reinigen und ein Gefühl von Frische und Ruhe zu erzeugen. In vielen alten Traditionen wurde Thymian in Häusern vor spirituellen Zeremonien oder nach familiären Konflikten verbrannt, um die emotionale Harmonie in der Umgebung wiederherzustellen.

Pfefferminze ist hauptsächlich für ihre medizinischen und erfrischenden Eigenschaften bekannt, steht aber innerhalb esoterischer Vorstellungen auch für wirtschaftlichen Wohlstand und die Beseitigung schlechter Stimmungen. Minze im Haus steht für positive energetische Bewegung, geistige Klarheit und emotionale Erneuerung. Sein Aroma hilft, Spannungen zu lösen und leichtere sowie angenehmere Umgebungen zu schaffen.

All diese Pflanzen haben eine starke Symbolik im Zusammenhang mit Leben, Wachstum und Erneuerung. Über spirituelle Überzeugungen hinaus hilft die Pflege der Pflanzen im Haus, emotional gesündere Räume zu schaffen, die mit der Natur verbunden sind. Die grüne Farbe, natürliche Aromen und das Vorhandensein von Pflanzen erzeugen ein Gefühl von Ruhe und psychologischem Wohlbefinden.

Vielleicht ist das der Grund, warum so viele Kulturen Rituale und Traditionen im Zusammenhang mit Zimmerpflanzen entwickelten. Denn tief im Inneren haben Menschen immer danach gestrebt, sich mit Elementen zu umgeben, die Hoffnung, Schutz und Fülle symbolisieren. Pflanzen sind genau das: die ständige Fähigkeit zu wachsen, sich zu erneuern und zu gedeihen, selbst nach den schwierigsten Zeiten.

Ritual, um den Verkauf eines Hauses zu beschleunigen.

Du brauchst:

- 1 Hausschlüssel

 -1 orangefarbenes Band

- Saturns Pentakel #3

- 1 Grüne Kerze

- 1 Weiße Vogelfeder

Du solltest dieses Ritual in den Stunden des Planeten Jupiter, Venus oder Saturn durchführen, aber nachts. Es ist wichtig, dass die Immobilie bereits zum Verkauf steht.

Du zündest die grüne Kerze an und stellst sie auf Saturns Pentagramm. Man steckt das Band in das Loch des Schlüssels und bindet es fünf Knoten, am Ende bindet man es mit weißer Feder. Du stellst es vor die Kerze und wiederholst laut: "Ich habe beschlossen, im Wohlstand zu leben, ich bin ein Gewinner, ich wurde geboren, um erfolgreich zu sein und auch zu gewinnen. Ich bin Unternehmer und beanspruche den Teil des Vermögens, der mir entspricht. Dieses Haus ist schon verkauft." Wenn die Kerze erlischt, vergrabe alles in deinem Garten oder in einem Park.

Die Reichszone in Ihrem Zuhause

Innerhalb des Feng-Shui und vieler esoterischer Traditionen, die mit Wohlstand zu tun haben, glaubt man, dass jeder Bereich des Hauses einen spezifischen Einfluss auf verschiedene Lebensbereiche der Menschen hat. Es gibt Bereiche, die mit Liebe, Gesundheit, Spiritualität, Familie sowie Geld und Überfluss zu tun haben. Nach diesen Überzeugungen können die Verteilung der Objekte, die Sauberkeit des Raumes und die im Haus zirkulierende Energie symbolisch das emotionale und wirtschaftliche Wohlbefinden der dort lebenden Menschen beeinflussen.

Die sogenannte "Wohlstandszone" gilt als einer der wichtigsten Punkte im Haus, da sie für Wohlstand, finanzielle Stabilität und materielles Wachstum steht. Um es leicht zu finden, empfehlen viele Traditionen, sich den Grundriss des Hauses anzusehen und sich mental an dem Haupttor zu positionieren. Hat das Haus eine rechteckige oder quadratische Form, befindet sich das Reichtums Gebiet im Hintergrund links im Grundriss, vom Haupteingang aus zu sehen.

Dieser Bereich symbolisiert den Fluss von Fülle und wirtschaftlichen Möglichkeiten innerhalb des Haushalts. Laut Feng-Shui besteht eine starke Verbindung zwischen dem energetischen Zustand dieses Ortes und der finanziellen Lage der Menschen, die das Haus bewohnen. Daher gilt es als unerlässlich, diesen Bereich sauber, geordnet und harmonisch zu halten, um Wohlstand und Stabilität zu fördern.

Eines der wichtigsten Prinzipien in Bezug auf die Wohlstandszone ist es, die Anhäufung unnötiger Gegenstände zu vermeiden. Unordnung symbolisiert aufgehaltene Energie sowie emotionale oder materielle Hindernisse. Dinge kaputt, alt oder nutzlos zu behalten, kann eine Bindung an die Vergangenheit bedeuten und Schwierigkeiten sein, neue Möglichkeiten zu ermöglichen. Aus diesem Grund empfehlen viele Traditionen, dieses Gebiet frei, organisiert und frei von Elementen zu halten, die mit Aufgabe oder Verfall verbunden sind.

Auch die Beleuchtung spielt in diesem Raum eine wichtige Rolle. Licht symbolisiert Bewegung, Klarheit und energetische Expansion. Salzlampen werden besonders empfohlen, weil viele Menschen neben warmem und entspannendem Licht glauben, dass sie die Umwelt reinigen und die Energie im Haus ausgleichen. Sein orangefarbener Ton vermittelt ein Gefühl von Ruhe, Wohlbefinden und emotionaler Stabilität.

Wasserbrunnen sind ein weiteres traditionelles Element im Bereich des Wohlstands. Im Feng-Shui symbolisiert Wasser Bewegung, Flüssigkeit und Zirkulation von Fülle. Ein kleiner Brunnen mit sauberem, fließendem Wasser steht für ständigen Wohlstand und wirtschaftliche Erneuerung. Wasser muss jedoch immer sauber gehalten und funktionsfähig gehalten werden, da stehendes Wasser finanzielle Blockaden symbolisiert und Energie stoppt.

Bilder, die mit Wohlstand und Überfluss verbunden sind, helfen ebenfalls, die Energie dieses Gebiets symbolisch zu verstärken. Harmonische Naturlandschaften, alte Münzen, grüne Bäume, offene Wege, Feldfrüchte, Gold oder jede visuelle Darstellung, die mit Wohlbefinden und Wachstum verbunden ist, können genutzt werden, um das Gefühl von Fülle im Haus emotional zu stärken.

Goldene Kerzen nehmen in dieser Gegend einen besonderen Platz ein, weil sie eine tiefe Symbolik mit Reichtum, Erfolg und spiritueller Kraft haben. Die Farbe Gold steht für Wohlstand, Triumph und materielle Expansion. Das Anzünden goldener Kerzen im Bereich des Reichtums symbolisiert die Aktivierung der Energie des Überflusses und die Anziehung neuer wirtschaftlicher Chancen. Außerdem vermittelt die

Flamme der Kerze ein Gefühl von Bewegung und ständiger Erneuerung.

Einige Traditionen empfehlen auch, diesen Raum mit Quarz zu ergänzen, der mit Wohlstand verbunden ist, wie Citrin, Pyrit, Jade oder Smaragd. Diese Steine symbolisieren Wachstum, Stabilität und das Öffnen wirtschaftlicher Wege. Ihre Platzierung in diesem Bereich des Hauses steht für die Stärkung der Absicht, Wohlbefinden und finanzielle Balance zu fördern.

Auch der Duft der Umgebung gilt als wichtig. Zimt-, Orangen-, Vanille- oder Sandelholz-Weihrauch wird oft verwendet, da es Wohlstand, Erfolg und emotionale Harmonie symbolisiert. Angenehme Düfte tragen ebenfalls dazu bei, eine entspanntere und positivere Atmosphäre zu schaffen und fördern eine bessere emotionale Beziehung zum Raum.

Über spirituelle Überzeugungen hinaus hat die Idee, sich um die Wohlstandszone zu kümmern, auch einen wichtigen psychologischen Effekt. Die Pflege eines sauberen, organisierten und visuell harmonischen Raums schafft ein Gefühl von Kontrolle, mentaler Klarheit und emotionalem Wohlbefinden. Wenn eine Person von Ordnung und Schönheit umgeben lebt, fühlt sie sich in der Regel motivierter, optimistischer und offener für neue Möglichkeiten.

Wohlstand hängt nicht ausschließlich von Ritualen oder materiellen Symbolen ab, sondern diese Elemente helfen, emotional positivere Umgebungen zu schaffen, die auf Wachstum und Stabilität ausgerichtet sind. Kerzen, Pflanzen, Beleuchtung und Dekoration dienen ebenfalls als ständige Erinnerung an die Ziele, Wünsche und Wünsche der Bewohner des Hauses.

Vielleicht ist das der Grund, warum so viele Kulturen Praktiken im Zusammenhang mit Fülle im Haus entwickelt haben. Denn das Zuhause wurde immer als Spiegelbild der inneren Welt der Menschen gesehen. Wenn es Harmonie, Ordnung und Gleichgewicht in dem Raum gibt, in dem wir leben, ist es auch leichter, emotionale Ruhe aufzubauen und ein Gefühl von Wohlstand in die Zukunft zu projizieren.

Ritual, um Armut vom zuhause fernzuhalten.

Du brauchst:

- 1 Glasplatte

- 1 große gelbe Kerze

- Schale eines Knoblauchkopfes

- 11 Währungen im allgemeinen Gebrauch

- 1 Neue Nähnadel

- 1 Neues Scherenpaar

Man schreibt auf die gelbe Kerze, beginnend an der Basis, seinen vollständigen Namen und elfmal das Geldsymbol ($). Schalten Sie es ein und legen Sie es in die Glasschale. Darum herum legt man die Münzen und die Schalen des Knoblauchkopfes. Während du diese Operation durchführst, wiederholst du in deinem Geist: "Danke für all den Reichtum, der bereits auf dem Weg in mein Leben ist, ich glaube an Überfluss und beseitige alle Blockaden der Armut." Wenn die Kerze verbraucht ist, kannst du die Reste wegwerfen und die Münzen können ausgegeben werden.

Ritual zur Neutralisierung schlechter Energien

Du solltest ein Foto von dir und deinem Partner haben, auf dem ihr beide den ganzen Körper betrachtet. Du wirst es unter eine gelbe Pyramide legen. Diese Pyramide und das Foto, das du für immer so behalten wirst, an einem Ort, der nicht nur für dich sichtbar ist. Jeden Monat in der Vollmondphase zündest du zwei Kerzen an, eine rote und eine blaue, vor der Pyramide mit dem Foto darunter.

Ritual zur Aktivierung der Kommunikation

Du brauchst:
- Zimt-Weihrauch
- 1 Rosa Kerze
- 1 Blaue Kerze
- 1 Violette Kerze
- Venusquadrat
- 1 Lapislazuli-Quarz
- 1 Foto von dir selbst
- 1 Foto deines Partners
- Sonnenblumenblätter

22	47	16	41	10	35	4
5	23	48	17	42	11	29
30	6	24	49	18	36	12
13	31	7	25	43	19	37
38	14	32	1	26	44	20
21	39	8	33	2	27	45
46	15	40	9	34	3	28

- Blauer Beutel

Quadrat der Venus.

Du zündest den Weihrauch an und schreibst auf das Venus-Quadrat die Namen der beiden und folgende Beschwörung: "Kia korero koe, he maha nga korero mo o raatau taatau, ko te aroha tetahi ki tetahi, e hiahia ana koe ki te korero ki ahau, ka kitea, ka korerohia". Du legst die Fotos übereinander, das Quadrat der Venus, die Sonnenblumenblätter und der Quarz. Man zündet die Kerzen an und stellt sie in einer dreieckigen Form um die Fotos und die anderen Komponenten herum. Wenn die Kerzen verbrannt sind, legst du alles in den blauen Beutel, wirfst ihn ins Meer und wiederholst den vorherigen Zauber.

Die Kunst der Wahrsagerei mit Kerzen

Kerzenwahrsagerei ist eine der ältesten esoterischen Praktiken, die sich auf die Interpretation von Symbolen, Energien und spirituellen Zeichen beziehen. Seit der Antike erkannten verschiedene Kulturen, dass die Flamme einer Kerze und die Formen, die das Wachs beim Verzehr hinterließ, Botschaften zu vermitteln schienen, die schwer rational zu erklären waren. Aus diesen Beobachtungen ergeben sich viele Interpretationstechniken, die innerhalb der Esoterik als Velomancia bekannt sind, eine Wahrsagekunst, die auf dem Verhalten von Feuer und Wachs während Ritualen basiert.

Dieses System basiert hauptsächlich auf einer doppelten Beobachtung: der Interpretation der Flamme und der Analyse der vom Wachs beim Schmelzen erzeugten Formen. Nach diesen Überzeugungen fungiert die Kerze als symbolischer Kanal, der emotionale, spirituelle Energien und Umstände im Zusammenhang mit der Vergangenheit, Gegenwart oder Zukunft der Person, die die Zeremonie durchführt, widerspiegelt.

Die Flamme steht für Bewegung, Energie und spirituelle Verbindung, während das Wachs Materialisierung, Emotionen und verborgene Botschaften aus dem Unterbewusstsein symbolisiert. Die Kombination beider Elemente ermöglicht es uns, Signale zu interpretieren, die sich auf Entscheidungen, Konflikte, zukünftige Veränderungen, Hindernisse oder spirituelle Reaktionen beziehen.

Einer der ersten wichtigen Schritte vor Beginn einer Kerzen-Wahrsagungszeremonie ist die Wahl der richtigen Hauptkerze. Traditionell wird empfohlen, eine Kerze zu verwenden, deren Farbe dem Tierkreiszeichen der Person entspricht, die das Ritual durchführen wird, oder mit dem spezifischen Zweck der Beratung. Das liegt daran, dass jede Farbe eine andere energetische Schwingung hat und mit bestimmten emotionalen und spirituellen Qualitäten harmoniert.

Es gilt auch als wichtig, das Ritual tagsüber durchzuführen, das für die Farbe der verwendeten Kerze am günstigsten ist. Innerhalb esoterischer Traditionen ist jeder Wochentag mit bestimmten Planeten und spezifischen Energien verbunden, die während der Zeremonie die spirituelle Verbindung und intuitive Fähigkeit fördern.

Vor Beginn der Wahrsagerei muss eine energetische Reinigung des gewählten Ortes durchgeführt werden. Dieser Schritt hat große symbolische Bedeutung, da er hilft, die Umgebung von Spannungen, Ablenkungen oder negativen Energien zu reinigen, die die Konzentration und das intuitive Gefühl beeinträchtigen können.

Um diese spirituelle Reinigung zu erreichen, empfehlen viele Traditionen, Weihrauch anzuzünden und den Rauch langsam durch den Ort zu fließen, in dem die Zeremonie stattfinden soll. Weihrauch hat nicht nur entspannende aromatische Eigenschaften, sondern wurde historisch auch als reinigendes Element und als Förderer meditativer und spiritueller Zustände verwendet. Sein Aroma soll helfen, die psychische Sensibilität zu erhöhen und die Verbindung zu tieferen intuitiven Ebenen zu fördern.

Nach der Reinigung der Umgebung wird der zeremonielle Tisch vorbereitet. Traditionell werden vier besondere Kerzen, sogenannte zeremonielle Kerzen, platziert, die jeweils einen der Kardinalpunkte sind: Norden, Süden, Osten und Westen. Diese Kerzen sind meist golden, weil die goldene Farbe spirituelle Erleuchtung, Weisheit und Verbindung zu höheren Kräften symbolisiert.

Die vier Segel sind so angeordnet, dass sie eine dreieckige oder geometrische Struktur um den Hauptarbeitsbereich bilden. Innerhalb der esoterischen Symbolik hilft diese Anordnung, einen Kreis aus Schutz und energetischer Konzentration zu schaffen. Es steht auch für das Gleichgewicht zwischen Naturkräften und den verschiedenen Aspekten des menschlichen Bewusstseins.

Die goldene Farbe zeremonieller Kerzen hat eine besondere Bedeutung innerhalb der Wahrsagepraktiken. Sie symbolisiert geistige Klarheit, spirituelle Erweiterung und Offenheit für verborgenes Wissen. Viele esoterische Strömungen gehen davon aus, dass goldene Kerzen die psychische Verbindung stärken und helfen, intuitive Botschaften genauer zu empfangen.

Ein weiterer grundlegender Aspekt vor Beginn des Rituals ist es, einen angemessenen Zustand körperlicher und spiritueller Entspannung zu erreichen. Kerzenwahrsagerei erfordert mentale Ruhe, Konzentration und emotionale Sensibilität. Ein Geist, der voller Angst, Furcht oder Ablenkungen ist, wird kaum in der Lage sein, die Symbole und Zeichen, die während der Zeremonie erschienen, klar zu deuten.

Aus diesem Grund führen viele Menschen vor Beginn des Rituals Atemübungen, Meditation oder Momente der Stille durch. Das Ziel ist es, den Geist zu beruhigen und die Intuition freier fließen zu lassen. Entspannung hilft auch, das Gefühl kleiner Details in der Flamme, Rauch oder Wachsform zu verstärken, die in einem veränderten emotionalen Zustand unbemerkt bleiben könnten.

Sobald sie entspannt ist, sollte die Person ihren Geist tief auf den Zweck der Zeremonie konzentrieren. Einige Traditionen empfehlen, spezifische Fragen zu stellen, während andere es bevorzugen, einfach die Aufmerksamkeit auf ein Problem, ein Anliegen oder eine Situation zu richten, die spirituelle Führung benötigt.

Während des Rituals übernimmt die Beobachtung der Flamme eine zentrale Rolle. Eine hohe, helle Flamme wird oft als Symbol für starke Energie, positive Reaktionen und offene Wege interpretiert. Eine schwache, instabile oder wiederholt erloschene Flamme kann Zweifel, Blockaden oder emotionale Konflikte im Zusammenhang mit der durchgeführten Beratung sein.

Die Bewegung des Feuers hat ebenfalls verschiedene Interpretationen. Sanfte Schwingungen können bevorstehende Veränderungen oder das Vorhandensein intensiver emotionaler Energien symbolisieren, während heftige oder plötzliche Bewegungen als Warnungen oder Anzeichen spiritueller Spannung interpretiert werden können.

Wachs hingegen fungiert als visuelle symbolische Sprache. Die Formen, die beim Schmelzen erscheinen, werden sorgfältig betrachtet, um Figuren, Profile, Wege, Tiere, Gesichter oder Symbole zu entdecken, die mit der konsultierten Situation zusammenhängen. Oft sind diese Bilder nicht vollständig definiert und erfordern eine intuitive Interpretation durch die Person, die die Zeremonie durchführt.

Innerhalb esoterischer Traditionen hängt die korrekte Interpretation nicht nur vom technischen Wissen der Symbole ab, sondern auch von der emotionalen Sensibilität und intuitiven Verbindung der Person zum Ritual. Daher gelten Konzentration und innere Ruhe als ebenso wichtig wie die Kerze selbst.

Über übernatürliche Überzeugungen hinaus kann die Kunst der Kerzenwahrsagerei auch als Praxis der Introspektion und emotionalen Beobachtung verstanden werden. Die Flammen- und Wachsformen dienen oft als symbolische Reize, die dem Unterbewusstsein helfen, Gedanken, Emotionen und tiefe Anliegen auszudrücken, die normalerweise verborgen bleiben.

Vielleicht ist das der Grund, warum Velomantie auch nach so vielen Jahrhunderten weiterhin Faszination weckt. Denn das Licht einer Kerze hat etwas zutiefst Hypnotisches und

Geheimnisvolles, das Stille, Reflexion und die Suche nach Antworten jenseits des Sichtbaren einlädt. In der Stille der Flamme finden viele Menschen nicht nur spirituelle Symbole, sondern auch einen Moment der Verbindung mit sich selbst und ihren tiefsten Gefühlen.

Wahrsagezeremonie mit Kerzen

Sobald der Ort vorbereitet, die Umgebung gereinigt und der Zeremonientisch organisiert ist, beginnt die Kerzenschein-Wahrsagungszeremonie richtig. Dieser Moment gilt als einer der wichtigsten innerhalb des Rituals, da er das Öffnen des spirituellen Kanals und die Verbindung zwischen dem bewussten Geist der Person und den intuitiven Kräften oder unsichtbaren Energien symbolisiert, die nach diesen Überzeugungen helfen, Antworten und Zeichen in Bezug auf Vergangenheit, Gegenwart oder Zukunft zu offenbaren.

Die Zeremonie sollte in einer ruhigen, ruhigen und ungestörten Umgebung stattfinden. Die Konzentration und der emotionale Zustand der Person sind grundlegend, da die Interpretation von Flamme und Wachs in hohem Maße von der intuitiven Sensibilität und der Fähigkeit zur spirituellen Beobachtung der Person, die das Ritual durchführt, abhängt.

Der erste Schritt besteht darin, die vier zeremoniellen Kerzen mit einem Holzstreichholz oder einem Streichholz anzuzünden. Innerhalb esoterischer Traditionen symbolisiert Holz die natürliche Verbindung zum Feuerelement und steht für eine reinere und harmonischere Aktivierung der Energie von Kerzen. Aus diesem Grund empfehlen viele spirituelle Strömungen, elektronische Feuerzeuge oder andere künstliche Gegenstände während Wahrsagezeremonien zu vermeiden.

Die Kerzen sollten in einer bestimmten Reihenfolge angezündet werden. Sie beginnt mit der im Norden gefundenen Kerze und setzt sich dann im Uhrzeigersinn fort. Diese kreisförmige Bewegung symbolisiert Kontinuität, Gleichgewicht und natürlichen Fluss universeller Energien. Darüber hinaus steht er für die symbolische Reise der Zyklen der Natur und die ständige Bewegung von Zeit und spirituellen Kräften.

Jede der vier zeremoniellen Kerzen steht für eines der grundlegenden Naturelemente: Feuer, Erde, Wasser und Luft. Innerhalb esoterischer Traditionen symbolisieren diese Elemente die grundlegenden Kräfte, die das Universum bestimmen, sowie verschiedene Aspekte menschlicher Persönlichkeit und spirituellen Lebens.

Feuer steht für Energie, Verwandlung und Willen. Die Erde symbolisiert Stabilität, materielle Realität und emotionale Festigkeit. Wasser steht in Zusammenhang mit Emotionen, Intuition und spiritueller Sensibilität. Luft symbolisiert Gedanken, Kommunikation und geistige Bewegung. Die Vereinigung dieser vier Elemente während der Zeremonie zielt darauf ab, ein energetisches Gleichgewicht zu schaffen und die intuitive Klarheit zu fördern, die für die Wahrsagung notwendig ist.

Sobald die vier Kerzen angezündet sind, muss die Person eine Anrufung aussprechen, die darauf abzielt, spirituelle Hilfe und Klarheit bei der gewünschten Antwort zu erbitten. Traditionell wird folgender Satz rezitiert:

"Möge die Kraft dieser Kerzen, Symbol der Elemente Feuer, Erde, Wasser und Luft, mir helfen, die Antwort auf die Frage zu finden, die ich gestellt habe."

Diese Anrufung hat eine tiefe symbolische Bedeutung. Die Person erkennt das Feuer der Kerzen als die natürlichen und spirituellen Kräfte, die nach diesen Überzeugungen dazu beitragen, das zu erhellen, was verborgen oder unsicher bleibt. Das Verbalisieren der Bitte hilft auch psychologisch, den Geist zu fokussieren und die Absicht auf die vereinbarte Beratung zu konzentrieren.

Nach der Anrufung sollte die Frage viermal gestellt werden, wobei ungefähr zwanzig Sekunden Abstände zwischen jeder Wiederholung bleiben. Die Zahl vier symbolisiert Stabilität, Gleichgewicht und Verbindung zu den vier Himmelspunkten und den vier Elementen der Natur. Die Frage mehrmals zu wiederholen, hilft auch, die mentale Konzentration zu stärken und die volle Aufmerksamkeit auf den Zweck der Zeremonie zu richten.

Während dieser kurzen Pausen der Stille sollte die Person ihren Geist ausschließlich auf die gestellte Frage konzentrieren und Ablenkungen oder Gedanken, die nichts mit dem Ritual zu tun haben, vermeiden. Viele Traditionen sind der Ansicht, dass die Stille zwischen jeder Wiederholung die spirituelle Energie stabilisiert und die intuitive Offenheit begünstigt, die notwendig ist, um Signale oder Antworten zu empfangen.

Nachdem die vier Wiederholungen der Frage abgeschlossen sind, wird die zentrale Kerze angezündet. Diese Kerze sollte die Farbe haben, die dem Tierkreiszeichen der Person oder dem spezifischen Zweck der Beratung entspricht. Die zentrale Kerze steht für die persönliche Verbindung zwischen dem

Ausführenden und den spirituellen oder intuitiven Kräften, die während der Zeremonie ausgestrahlt werden.

Die zentrale Position dieser Kerze symbolisiert auch das energiegeladene Herz des Rituals. Während die vier äußeren Kerzen die Elemente und das universelle Gleichgewicht sind, steht die zentrale Kerze für das Bewusstsein, den Willen und die innere Energie der Person, die Führung oder Antworten sucht.

Von diesem Moment an beginnt die stille Beobachtung der Flamme und das Verhalten des Wachses. Die Intensität des Feuers, die Bewegung der Flamme, der Rauch, die vom Wachs hinterlassenen Formen und alle ungewöhnlichen Details werden als symbolische Signale interpretiert, die mit der gestellten Frage zusammenhängen.

Eine starke und stabile Flamme wird oft als günstiges Zeichen und Symbol spiritueller Klarheit interpretiert. Eine schwache, zögerliche oder instabile Flamme kann Zweifel, Hindernisse oder komplexe emotionale Situationen im Zusammenhang mit der Beratung sein. Funken, plötzliche Bewegungen oder unerwartete Veränderungen in der Verbrennung haben ebenfalls spezifische Interpretationen innerhalb der Kunst der Wahrsagerei.

Auch die Formen des Wachses sind von großer Bedeutung. Gesichter, Pfade, geometrische Figuren, Tiere oder Symbole, die versehentlich durch das geschmolzene Wachs gebildet wurden, werden sorgfältig auf der Suche nach intuitiven Botschaften betrachtet. Oft sind diese Bilder nicht vollständig definiert und erfordern Empfindlichkeit und Konzentration, um korrekt interpretiert zu werden.

Die Kerzen-Wahrsagungszeremonie zielt nicht nur darauf ab, die Zukunft absolut vorherzusagen. In vielen Traditionen besteht ihr wahrer Zweck darin, der Person zu helfen, zu reflektieren, mit ihrer Intuition in Kontakt zu treten und die emotionalen und spirituellen Energien, die mit einer bestimmten Situation verbunden sind, besser zu verstehen.

Über esoterische Überzeugungen hinaus fungiert das Ritual auch als tiefgehende Übung in Introspektion und Konzentration. Kerzenlicht, Stille und aufmerksame Beobachtung erzeugen einen meditationsähnlichen Geisteszustand, in dem das Unterbewusstsein Gedanken, Gefühle und Sorgen ausdrücken kann, die normalerweise unter alltäglichem Lärm verborgen bleiben.

Vielleicht ist das der Grund, warum die Kunst der Wahrsagerei mit Kerzen so viele Jahrhunderte überlebt hat. Denn tief im

Inneren, jenseits von Magie oder Symbolen, haben Menschen immer nach Antworten, Führung und Hoffnung gesucht angesichts der Unsicherheiten des Lebens. Und nur wenige Bilder sind so geheimnisvoll und faszinierend wie das einer stillen Flamme, die sich langsam im Dunkeln bewegt.

Interpretation der Flamme in der Wahrsagerei mit Kerzen

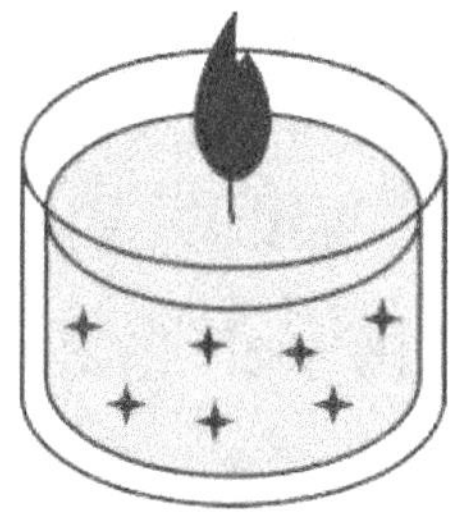

Dieses Wahrsagesystem basiert hauptsächlich auf der Analyse der Kerzenflamme und der Formen, die sie nach dem Entzünden annimmt. Seit der Antike haben viele Kulturen gesehen, dass Feuer je nach emotionaler Umgebung, Konzentration der Person und der Art der Energie um das Ritual unterschiedlich reagiert. Aus diesen Beobachtungen entstanden viele spirituelle Praktiken, bei denen die Flamme als symbolische Sprache interpretiert wird, die Signale, Warnungen oder Antworten zu wichtigen Fragen übertragen kann.

Die Flamme einer Kerze hat eine lebendige, wechselnde und tief hypnotische Bewegung. Gerade aus diesem Grund ist der Geisteszustand der Person, die die Zeremonie durchführt, grundlegend. Wenn die Person zu lange ohne Konzentration oder emotionale Vorbereitung auf die Flamme starrt, kann das Unterbewusstsein beginnen, Bilder, Formen oder Figuren zu projizieren, die mehr von der Vorstellungskraft als von spiritueller Intuition beeinflusst sind.

Die natürliche Bewegung des Feuers kann Gesichter, Silhouetten oder Szenen suggerieren, die oft aus verborgenen Gedanken, Erinnerungen, Ängsten oder inneren Wünschen entstehen. Aus diesem Grund wird in den Kerzenwahrsagungspraktiken die Bedeutung von mentaler Ruhe und emotionalem Gleichgewicht betont, bevor man mit einer Interpretation beginnt.

Das Beobachten der Flamme sollte nicht aus Angst oder der Besessenheit geschehen, sofortige Antworten zu erhalten. Der veränderte Geist neigt dazu, verwirrende und übertriebene Interpretationen zu schaffen. Der wahre Zweck des Rituals ist es, einen Zustand der Ruhe und Konzentration zu erreichen, der es ermöglicht, die Zeichen gelassen und objektiv zu sehen.

Vor Beginn der Zeremonie ist es ratsam, tägliche Sorgen loszulassen und emotionale Spannungen so weit wie möglich zu reduzieren. Viele Traditionen betrachten negative Emotionen, Angst oder Überdenken als störend für die intuitive Sensibilität und erschweren es, die Flamme korrekt zu deuten.

Um diesen Entspannungszustand zu erreichen, werden üblicherweise tiefe und langsame Atemübungen durchgeführt.

Lange Meditationen sind nicht notwendig; Ungefähr drei Minuten bewusstes Atmen reichen aus, um den mentalen Rhythmus zu verlangsamen und Körper sowie Geist auf die Zeremonie vorzubereiten. Während dieser Minuten sollte die Person versuchen, langsam zu atmen, die Muskeln zu entspannen und die Sorgen an Intensität verlieren zu lassen.

Das Ziel ist es nicht, den Geist vollständig zu "leeren", was praktisch unmöglich ist, sondern einen Zustand innerer Gelassenheit zu erreichen, in dem Gedanken nachlassen und die Konzentration vollständig auf das Ritual gerichtet werden kann. Stille, schwaches Licht und eine ruhige Atmosphäre tragen enorm dazu bei, diesen emotionalen Zustand zu fördern.

Sobald eine gewisse Entspannung erreicht ist, wird die Kerze angezündet. Der Akt der Beleuchtung symbolisiert das Öffnen des spirituellen Raums und die Aktivierung der Verbindung zwischen dem Bewusstsein der Person und den Energien, die mit der gewünschten Beratung verbunden sind. Viele Traditionen empfehlen, es langsam und mit voller Aufmerksamkeit zu tun, um plötzliche Bewegungen oder Ablenkungen zu vermeiden.

Nach dem Anzünden der Kerze sollte die Person für einige Momente die Augen schließen. Dieser Moment steht für

Introspektion und tiefe Konzentration auf die Frage oder Situation, die du besprechen möchtest. Bevor Sie die Frage laut stellen, ist es ratsam, sich das Thema bewusst vorzustellen, zu dem Anleitung gesucht wird.

Die Frage sollte viermal wiederholt werden, wobei zwischen jeder Wiederholung etwa zwanzig Sekunden gespannt sind. Die Zahl vier besitzt eine starke esoterische Symbolik, die mit Stabilität, Gleichgewicht und Verbindung zu den vier Naturelementen und den vier Himmelspunkten zusammenhängt. Das mehrmals wiederholen der Frage hilft auch, die mentale Absicht zu stärken und die emotionale Energie vollständig auf den Zweck des Rituals zu konzentrieren.

Während dieser Pausen der Stille sollte die Person die Augen geschlossen halten und sich ausschließlich auf die gestellte Frage konzentrieren. Es ist wichtig, nicht über mögliche Antworten nachzudenken oder zu versuchen, das Ergebnis mental zu kontrollieren. Die Idee ist, Intuition und emotionale Sensibilität offen und empfänglich zu halten.

Nachdem du die Frage ein viertes Mal gestellt hast, öffnest du langsam die Augen und beobachtest die Flamme für ein paar Sekunden. Die Aufmerksamkeit sollte sowohl auf die Form der

Flamme als auch auf ihre Bewegungen, Intensität, Stabilität und Färbung gerichtet werden. Jedes kleine Detail kann innerhalb der Aufführung eine symbolische Bedeutung erhalten.

Eine hohe, helle Flamme wird oft als Zeichen für starke Energie, spirituelle Klarheit und offene Wege interpretiert. Es steht für positive Reaktionen, emotionale Stärke und günstige Möglichkeiten im Zusammenhang mit der gestellten Frage. Sie kann auch das Vorhandensein von Schutzenergien und eine gute spirituelle Einstellung rund um das Ritual symbolisieren.

Wenn die Flamme klein, schwach oder instabil erscheint, interpretieren viele Traditionen sie als Zeichen von Zweifeln, emotionalen Hindernissen oder Schwierigkeiten im Zusammenhang mit der konsultierten Situation. Eine Flamme, die scheinbar ständig erloschen wird, kann Energieerschöpfung oder Unklarheit über das vorgeschlagene Ziel symbolisieren.

Wenn die Flamme sanft schwankt oder sich ohne ersichtlichen Grund bewegt, wird dies meist als Ankündigung bevorstehender Veränderungen oder als Präsenz intensiver emotionaler Energien im Büro interpretiert. In einigen Fällen werden plötzliche oder gewaltsame Bewegungen der Flamme als Warnungen in Bezug auf Konflikte, Spannungen oder noch instabile Situationen betrachtet.

Rauchen kann ebenfalls Teil der Aufführung sein. Ein leichter und sauberer Rauch symbolisiert meist Klarheit und emotionale Entladung, während dunkler oder übermäßiger Rauch Zweifel, Blockaden oder energetische Störungen im Ritual sein kann.

Es ist wichtig zu bedenken, dass die Interpretation der Flamme weder absolut noch wörtlich genommen werden sollte. Kerzenwahrsagung funktioniert hauptsächlich durch intuitive Symbole und Assoziationen. Oft erscheinen die Antworten nicht direkt, sondern als Empfindungen, Bilder oder emotionale Eindrücke, die die Person ruhig und reflektiert analysieren muss.

Über esoterische Überzeugungen hinaus dient diese Art von Zeremonie auch als Übung in tiefer Selbstreflexion. Die Beobachtung von Feuer fördert Zustände, Konzentration und Entspannung, ähnlich wie Meditation. Die Flamme fungiert als Fokuspunkt, der dem Unterbewusstsein hilft, verborgene Gedanken, Emotionen und Sorgen auszudrücken.

Vielleicht ist das der Grund, warum Feuer die Menschen seit Anbeginn der Geschichte fasziniert. Denn in der unvorhersehbaren Bewegung einer Flamme finden Menschen

Geheimnis, Stille und das Gefühl, dass das Universum für einen Moment scheinbar das beantworten will, was wir tief in unserem Geist und Herzen bewahren.

Interpretation der Flamme und ihrer Zeichen in der Wahrsagung mit Kerzen

Die Interpretation der Flamme einer Kerze ist Teil einer der ältesten Methoden der Wahrsagung und symbolischen Beobachtung innerhalb esoterischer Praktiken. Es ist jedoch wichtig zu verstehen, dass es keine einheitliche absolute Bedeutung für jede Feuerbewegung gibt. Die Antworten können je nach emotionalem Zustand der Person, der Umgebung, in der das Ritual durchgeführt wird, der Absicht der Frage und der intuitiven Sensibilität derjenigen variieren, der die Signale interpretiert.

Aus diesem Grund kann kein Leitfaden alle möglichen Antworten geben, da es ebenso viele Interpretationen gibt, wie Fragen gestellt werden können. Die Zeichen, die die Flamme bietet, fungieren eher als symbolische Orientierungen, denn als endgültige Wahrheiten. Das Wichtigste ist, zu lernen, ruhig zu sehen, intuitive Sensibilität zu entwickeln und den emotionalen sowie spirituellen Kontext jeder Zeremonie zu verstehen.

Eines der auffälligsten Phänomene ist die plötzliche Zunahme des Lichts der Flamme. Wenn die Flamme plötzlich intensiver wird und eine starke und unerwartete Helligkeit erscheint, betrachten viele Traditionen dies als Warnung vor einem energetischen Ungleichgewicht oder Situationen, die sich möglicherweise nicht günstig entwickeln. Diese Art von Signal wird üblicherweise als Warnung interpretiert, die sich auf unsolide Projekte, übereilte Entscheidungen oder Wege beziehen, die vor der Weiterentwicklung einer Überprüfung erforderlich sind. Es können auch verborgene Konflikte oder Gefahren sein, die noch nicht vollständig ans Licht gekommen sind.

Das Kreischen der Kerze ohne Funken ist ein weiteres Zeichen, das traditionell bei Ritualen zu sehen ist. Wenn die Kerze kleine trockene Geräusche oder leises Knistern erzeugt, wird dies als Zeichen bevorstehender Schwierigkeiten oder Spannungen im Zusammenhang mit der gestellten Frage interpretiert. Sie symbolisiert meist Hindernisse, Streitigkeiten oder Sorgen, die unterwegs auftreten könnten. In manchen Fällen steht es auch für emotionale Erschöpfung oder Situationen, die psychologischen Druck erzeugen.

Wenn die Kerze zu zünden beginnt, ist die Bedeutung oft mit Verwirrung, Fehlern und unerwarteten Verzögerungen verbunden. Funken symbolisieren verstreute Energie und Unklarheit. Nach diesen Überzeugungen kann dieses Phänomen vor Missverständnissen, falschen Entscheidungen oder dadurch warnen, dass Menschen wichtige Projekte und Verpflichtungen negativ beeinträchtigen. Es kann auch emotionale Ablenkungen signalisieren, die es erschweren, stabil voranzukommen.

Das plötzliche Verschwinden der Flamme gilt als eines der stärksten und empfindlichsten Zeichen innerhalb der Kerzenwahrsagung. Wenn die Flamme plötzlich ohne offensichtlichen Grund erloschen wird, interpretieren viele Traditionen sie als Symbol für ernsthafte Probleme, Gefahren, Unfälle oder große Widrigkeiten. Dieses Zeichen steht für energetische Unterbrechung und Situationen, die das emotionale oder materielle Gleichgewicht der beratenden Person grundlegend verändern können.

Wenn die Flamme ständig von rechts nach links wandert, wird dies meist als Zeichen von Pech oder Schwierigkeiten im Zusammenhang mit Zukunftsplänen interpretiert. Diese Bewegung symbolisiert Rückschläge, Blockaden und emotionale Konflikte, insbesondere bei Themen rund um Liebe, persönliche Beziehungen oder Projekte, die nicht zusammenpassen. Es kann auch interne Zweifel oder Widerstand gegen notwendige Veränderungen sein.

Umgekehrt betrachten viele Traditionen, wenn sich die Flamme sanft von links nach rechts bewegt, als ein günstiges Zeichen. Diese Bewegung symbolisiert Fortschritt, das Öffnen von

Wegen und die Ankunft der guten Nachrichten. Es steht für Harmonie zwischen der Energie des Rituals und den Wünschen der Person und zeigt positive Möglichkeiten in Bezug auf die nahe Zukunft.

Flammen, die sich in einem Zickzackmuster bewegen, haben eine komplexere Auslegung. Diese unregelmäßige Bewegung wird oft mit unterbrochenen Projekten, unerwarteten Veränderungen oder Situationen in Verbindung gebracht, die sich nicht wie erwartet entwickeln. Es kann auch Verrat, Enttäuschungen oder Konflikte symbolisieren, die von Menschen aus Ihrem Umfeld verursacht werden. Innerhalb esoterischer Überzeugungen steht das Zickzack für emotionale Instabilität und Schwierigkeiten, Klarheit über den gewählten Weg zu bewahren.

Wenn ein kleines, helles Licht auf dem Docht der Kerze erscheint, gilt dies im Allgemeinen als sehr positives Symbol. Diese geringe Leuchtkraft steht für Erfolg, Wohlstand und Wirtschaftswachstum. Viele Traditionen interpretieren es als Zeichen von Glück im Geschäft, materieller Stabilität und günstigen Chancen in Bezug auf Geld oder Arbeit.

Das plötzliche Aufsteigen der Flamme ist ein weiteres Zeichen, das als äußerst vorteilhaft gilt. Wenn die Flamme schnell und vertikal wächst, symbolisiert sie energetische Expansion, Erfolg und emotionale Stärkung. Dieses Zeichen steht meist im Zusammenhang mit Wohlstand, Erfolg bei wichtigen Projekten und positiven Fortschritten sowohl in wirtschaftlichen als auch in sentimentalen Angelegenheiten.

Wenn jedoch die Flamme plötzlich aufsteigt und dann steil sinkt, ändert sich die Interpretation erheblich. Diese Bewegung steht für Ungleichgewicht und ist meist mit familiären Problemen, emotionalen Spannungen oder Situationen im Zusammenhang mit Krankheiten und Sorgen im unmittelbaren Umfeld verbunden. Sie symbolisiert Instabilität und das Bedürfnis, auf emotionale Aspekte zu achten, die möglicherweise ignoriert werden.

Das Erscheinen verschiedener Lichtpunkte am Docht hat eine tief spirituelle Symbolik. Viele Traditionen interpretieren dieses Zeichen als Beginn einer neuen Lebensphase. Sie steht für Erneuerung, wichtige Veränderungen und Offenheit für neue Erfahrungen. Sie kann auch emotionales Erwachen, inneres Wachstum und persönliche Transformation symbolisieren.

Es ist wichtig zu bedenken, dass all diese Symbole flexibel und durchdacht interpretiert werden müssen. Die Flamme einer Kerze wird von der Luft, der Temperatur und den physikalischen Bedingungen der Umgebung beeinflusst. Daher wird innerhalb der ernsthaften Wahrsagungspraktiken darauf bestanden, nicht nur die physische Bewegung des Feuers zu sehen, sondern auch die intuitiven und emotionalen Empfindungen, die mit jedem Zeichen einhergehen.

Eine korrekte Interpretation erfordert Ruhe, Konzentration und emotionale Ehrlichkeit. Oft spiegeln die Antworten, die während des Rituals erscheinen, eher den inneren Zustand der Person wider als die unvermeidlichen Ereignisse der Zukunft. Die Kerze fungiert als symbolischer Spiegel, in dem Ängste, Wünsche, Zweifel und Hoffnungen projiziert werden.

Jenseits esoterischer Überzeugungen erzeugt das Sehen einer Flamme in Stille einen Zustand tiefer Introspektion, der es ermöglicht, sich mit Gedanken und Gefühlen zu verbinden, die normalerweise unter alltäglichen Sorgen verborgen sind. Feuer hilft, den Geist zu fokussieren und begünstigt Momente der Reflexion, in denen Intuition klarer ausgedrückt werden kann.

Vielleicht ist das der Grund, warum die Kerzenwahrsagerei weiterhin so viele Menschen fasziniert. Denn in der unvorhersehbaren Bewegung der Flamme findet der Mensch Symbole, Antworten und das Gefühl, dass es eine geheimnisvolle Sprache gibt, die direkt zu den Emotionen und den tiefsten Fragen der Seele sprechen kann.

Interpretation von Wachs in der Wahrsagerei mit Kerzen

Dieses Wahrsagungssystem basiert auf der Interpretation der Formen, die das Wachs annimmt, wenn es nach dem Anzünden der Kerze langsam nach unten zu gleiten beginnt. Innerhalb esoterischer Praktiken gilt Wachs als ein tief symbolisches Element, da es für die Materialisierung der Energien und Emotionen steht, die die während des Rituals gestellte Frage umgeben.

Im Gegensatz zur Flamme, deren Bewegung sich verändert und von kurzer Dauer ist, hat Wachs den Vorteil, seine Form nach dem Verfestigen zu erhalten. So kannst du es ruhig betrachten und die Formen, Bahnen und Spuren, die es nach dem Fall hinterlässt, sorgfältig analysieren. Viele Menschen empfinden dieses System als einfacher und zugänglicher, gerade weil es mehr Zeit bietet, die Symbole zu interpretieren, ohne den ständigen Druck der Feuerbewegung.

Das Beobachten von Wachs erfordert Aufmerksamkeit sowohl auf die Form, die es annimmt, als auch darauf, wo es hinfällt und wie es sich bewegt. Jedes Detail hat innerhalb des Rituals eine andere symbolische Bedeutung. Die Seite, auf der er sinkt, die Geschwindigkeit des Falls, die Pausen, die er macht, und die Formen, die er erzeugt, werden als Botschaften interpretiert, die mit der gestellten Frage zusammenhängen.

Vor Beginn der Aufführung ist es wichtig, einen Zustand der Ruhe und Konzentration zu erreichen. Die Person sollte sich intensiv auf die Frage konzentrieren, die sie stellen möchte, und Ablenkungen oder Gedanken vermeiden, die dem Zweck des Rituals fremd sind. Emotionaler Fokus hilft, Beobachtungen intuitiver und korrekter zu machen.

Einmal mental vorbereitet, öffnet die Person die Augen und stellt die Frage nur einmal laut. Von diesem Moment an muss er das Verhalten des Wachses genau beobachten: wie es fällt, in welche Richtung es geht, ob es sich spaltet, vereint, stoppt oder bestimmte Figuren bildet. Nach diesen Überzeugungen beginnt sich die Antwort sofort in der Bewegung und Form des geschmolzenen Wachses zu manifestieren.

Wenn ein Wachstropfen schnell auf die Basis der Kerze fällt, wird dies oft als Symbol für positive Entwicklungen und bald bevorstehende positive Ereignisse interpretiert. Die Geschwindigkeit des Abstiegs steht für Bewegung, das Öffnen von Wegen und Lösungen, die ohne allzu viele Hindernisse voranschreiten. Es gilt allgemein als ein günstiges Zeichen im Zusammenhang mit schnellen Veränderungen und unerwarteten Möglichkeiten.

Wenn sich während des Falls ein großer Abgrund in zwei Wege teilt oder teilt, ist die Bedeutung meist positiv. Diese Figur symbolisiert Wachstum, Expansion und das Eröffnen neuer Möglichkeiten. Es können auch wichtige Entscheidungen sein, die zu positiven Ergebnissen führen. In einigen Fällen zeigt dieser Fork, dass mehrere günstige Alternativen im Zusammenhang mit der konsultierten Situation auftreten werden.

Wenn ein einzelner Tropfen klar die rechte Seite der Kerze hinunterfällt, wird er als festes und günstiges Abrechnungssignal interpretiert. Die rechte Seite symbolisiert Handeln, Fortschritt und effektive Problemlösung. Dieser Herbst kündigt in der Regel positive Reaktionen, Klarheit bei Entscheidungen und die Fähigkeit an, Schwierigkeiten erfolgreich zu überwinden.

Andererseits ändert sich die Interpretation erheblich, wenn der Drop nur auf der linken Seite fällt. Die linke Seite wird oft mit Verzögerungen, Unsicherheit und emotionalen Hindernissen assoziiert. Dieses Signal zeigt, dass es Zeit brauchen kann, bis Lösungen ankommen, oder dass die Antwort auf die gestellte Frage nicht vollständig positiv ausfallen wird. Sie kann auch innere Zweifel oder das Bedürfnis nach größerer Geduld in einer bestimmten Situation symbolisieren.

Wenn der Fall während des Sturzes die Richtung ändert und sich unregelmäßig oder unerwartet bewegt, hängt die Bedeutung meist mit Verwirrung und Instabilität zusammen. Diese Bewegung steht für eine unklare Zukunft, für mehrdeutige Situationen oder Wege, die noch ungewiss sind. Sie kann auch unerwartete Veränderungen, Schwierigkeiten bei Entscheidungsfindungen oder längere Verzögerungen bei der Lösung wichtiger Probleme symbolisieren.

Mehrere Drops haben auch spezifische Interpretationen. Wenn mehrere Tropfen herabfallen und sich zu einem einzigen großen Tropfen verbinden, hängt die Bedeutung von der Seite ab, auf der sie fallen. Wenn die Verbindung auf der rechten Seite stattfindet, gilt das als positives Zeichen in Bezug auf externe Hilfe, emotionale Unterstützung oder wichtige Zusammenarbeit, um das zu lösen, was die Person beunruhigt.

Andererseits, wenn die Tropfen auf der linken Seite verbunden sind, zeigt die Interpretation, dass die Person, die mit der gestellten Frage verbundenen Probleme allein lösen muss. Sie symbolisiert persönliche Verantwortung, individuelle Anstrengung und die Notwendigkeit, zu handeln, ohne zu viel externe Unterstützung zu erwarten.

Es gibt auch Fälle, in denen die Tropfen absinken, aber bevor sie den Boden der Kerze erreichen, kurz anhalten und sich mit anderen auf dem Weg angesammelten Tropfen verbinden. Dieses Phänomen wird meist als sehr günstiges Zeichen interpretiert. Sie steht für schnelle Lösungen, Stabilität und eine positive Lösung offener Probleme. Pausen symbolisieren notwendige Momente der Reflexion, bevor schließlich ein positives Ergebnis erreicht wird.

Andererseits, wenn die Tropfen es schaffen, die Basis der Kerze zu erreichen, aber während der Reise mehrere Pausen oder Unterbrechungen machen, ändert sich die Bedeutung hin zu einer weniger günstigen Prognose. Diese Pausen sind Hindernisse, Verzögerungen und anhaltende Schwierigkeiten. Die Lösung existiert, aber der Weg dorthin wird kompliziert sein und erfordert Geduld, Einsatz und emotionale Ausdauer.

Über traditionelle Interpretationen hinaus hat die Beobachtung von Wachs auch eine tief psychologische und intuitive Dimension. Formen und Bewegungen fördern symbolische Vorstellungskraft und ermöglichen es dem Unterbewusstsein, verborgene Emotionen, Sorgen und Gedanken zu projizieren. Oft kommen die Antworten, die die Person während des Rituals findet, eher aus ihrer eigenen inneren Intuition als aus einer äußeren oder übernatürlichen Kraft.

Das Wachs fungiert als symbolischer Spiegel, in dem der Geist Muster und Formen interpretiert, die mit dem emotionalen Zustand des jeweiligen Moments zusammenhängen. Deshalb sind mentale Ruhe und emotionale Ehrlichkeit bei solchen Zeremonien so wichtig.

Kerzenwahrsagung zielt nicht darauf ab, absolute Gewissheiten über die Zukunft zu bieten, sondern dient als Werkzeug für Reflexion, Selbstreflexion und spirituelle Führung. Die Wachssignale sind Möglichkeiten, Tendenzen und emotionale Zustände, die mit den Fragen zusammenhängen, die die Person betreffen.

Vielleicht ist das der Grund, warum diese Kunst seit so vielen Jahrhunderten noch lebt. Denn in der langsamen Bewegung des schmelzenden Wachses finden Menschen etwas zutiefst

Menschliches: das Bedürfnis, Sinn, Antworten und Hoffnung angesichts der Unsicherheiten des Lebens zu suchen.

Was nach einem Ritual tun? Geduld und Verantwortung bei Kerzenlichtritualen

Nach der Durchführung eines Rituals ist es wichtig, ruhig, geduldig und emotional ausgeglichen zu bleiben. Innerhalb esoterischer Traditionen wirkt keine Magie, Hexerei, Okkultismus oder Verzauberung gleichzeitig oder verwandelt die Realität von einem Moment zum nächsten. Kerzenlichtzeremonien gelten als symbolische und spirituelle Werkzeuge, die helfen, Energien zu mobilisieren, die Absicht zu stärken und den Willen zu fokussieren, aber die Ergebnisse entwickeln sich oft allmählich und oft auf unerwartete Weise.

Einer der häufigsten Fehler ist, sich nach Abschluss des Rituals sofort über das Ergebnis zu fixieren. Angst, Verzweiflung und das ständige Bedürfnis nach schnellen Signalen können zu Frustration und emotionaler Blockade führen. Viele spirituelle Strömungen lehren, dass nach Abschluss der Zeremonie das

Wichtigste darin besteht, zu vertrauen, positive Gedanken zu bewahren und Situationen sich natürlich entwickeln zu lassen.

Es ist auch wichtig zu verstehen, dass die nach einem Ritual verursachten Veränderungen nicht immer genau so ablaufen, wie es sich die Person vorgestellt hat. Manchmal treten im Rahmen des Transformationsprozesses bestimmte unerwartete Situationen auf. Manche mögen anfangs unbeholfen oder verwirrend wirken, aber sie stehen nicht unbedingt für etwas Negatives. Oft bestehen die notwendigen Veränderungen für Gleichgewicht, Wachstum oder Lösungen zunächst darin, Strukturen, Gewohnheiten oder Umstände zu durchbrechen, die nicht mehr günstig waren.

Aus diesem Grund empfehlen esoterische Traditionen, nach jeglicher spirituellen Arbeit eine offene und fröhliche Haltung zu bewahren. Ständige Angst oder negative Interpretation jedes Ereignisses kann die Person emotional beeinflussen und dazu führen, dass sie die Klarheit über ihre wahren Ziele verliert.

Rituale müssen stets von konkreten Handlungen begleitet werden, die das unterstützen, was erreicht werden soll. Magie allein ist kein Ersatz für menschliche Anstrengung, Verantwortung oder bewusste Entscheidungen. Kerzen symbolisieren Energie, Absicht und spirituelle Orientierung, aber es ist die Person, die handeln muss, um die Veränderungen zu schaffen, die sie sich wünscht.

Wenn jemand Rituale im Zusammenhang mit wirtschaftlichem Wohlstand durchführt, muss er sich auch bemühen, seine Finanzen besser zu organisieren, auf seine Ziele hinzuarbeiten und die sich ergebenden Chancen zu nutzen. Wenn das Ritual mit Liebe oder Versöhnung zusammenhängt, ist es auch notwendig, die Kommunikation zu verbessern, emotionale Konflikte zu heilen und in persönlichen Beziehungen reif zu handeln.

Spirituelle Zeremonien dienen als emotionale und energetische Unterstützung und helfen, Selbstvertrauen, Konzentration und Entschlossenheit zu stärken. Wahre Veränderung tritt jedoch auf, wenn spirituelle Absicht mit echten und verantwortungsvollen Handlungen im Alltag kombiniert wird.

Viele Menschen stellen außerdem fest, dass Rituale hauptsächlich innere Veränderungen hervorrufen. Durch sie lernen sie, Geduld, Selbstreflexion, emotionale Disziplin und eine Verbindung zu sich selbst zu entwickeln. Die Kerze, jenseits jeder übernatürlichen Kraft, dient oft als Symbol der Hoffnung und als ständige Erinnerung an persönliche Ziele.

Auch Erfahrung spielt eine wichtige Rolle in esoterischen Praktiken. Je mehr Rituale eine Person durchführt, desto größer entwickelt sie die Sensibilität, um zu verstehen, welche Elemente, Methoden oder Zeremonien eine stärkere emotionale und spirituelle Verbindung hervorrufen. Jeder Einzelne erlebt Rituale unterschiedlich und lernt allmählich, seine eigenen Erfahrungen, Intuitionen und Emotionen zu interpretieren.

Im Laufe der Zeit stellen viele Menschen fest, dass einige Rituale ihnen hauptsächlich helfen, sich zu entspannen, zu fokussieren und Gedanken zu klären, während andere ihr Selbstvertrauen stärken oder ihnen ermöglichen, schwierige Zeiten mit größerer Gelassenheit zu meistern. Ständiges Üben fördert Beobachtung, Intuition und die Fähigkeit zur inneren Reflexion.

Die ernsthaftesten Traditionen warnen jedoch stets vor der Bedeutung, das Gleichgewicht zu wahren und eine emotionale Abhängigkeit von Ritualen zu vermeiden. Kerzen sollten kein Ersatz für persönliche Verantwortung oder ein Weg sein, den echten Problemen des Lebens zu entkommen. Das Ziel der spirituellen Arbeit sollte sein, die Person zu stärken und sie nicht unfähig zu machen, ohne ständig auf Zeremonien oder Zauber zurückzugreifen.

Nach einem Ritual positiv zu denken, bedeutet nicht, die Realität zu ignorieren oder sofortige Wunder zu erwarten. Es bedeutet, Hoffnung, Selbstvertrauen und die Bereitschaft zu bewahren, zu handeln, wenn sich Chancen oder große Veränderungen ergeben. Die symbolische Energie des Rituals hilft, den Geist auf das zu fokussieren, was du aufbauen möchtest, aber die wahre Kraft liegt weiterhin in den Entscheidungen und Handlungen jeder Person.

Vielleicht ist das der Grund, warum Kerzen den Menschen so viele Jahrhunderte begleitet haben. Denn seine Flamme steht für etwas zutiefst Menschliches: das Bedürfnis, die Hoffnung am Leben zu erhalten, auch wenn die Antworten nicht sofort kommen. Die Kerze lehrt Geduld, Ausdauer und Vertrauen in die Verwandlung und erinnert uns daran, dass oft die wichtigsten Veränderungen langsam, fast lautlos beginnen, wie eine kleine Flamme, die die Dunkelheit erleuchtet.

Ritualisierte Kerzen und ihre symbolischen Formen

Innerhalb der esoterischen Welt und spirituellen Praktiken rund um Kerzenmagie hat nicht nur Farbe symbolische Bedeutung. Die Form der Kerze steht auch für eine bestimmte Absicht und eine bestimmte Energiemenge. Seit der Antike wurden Kerzen mit Figuren und Symbolen hergestellt, die mit Liebe, Schutz, Gerechtigkeit, Wohlstand, spiritueller Reinigung und emotionaler Transformation verbunden sind. Jede Form dient als visuelle Darstellung des Ziels, an dem du während des Rituals arbeiten möchtest.

Diese ritualisierten Kerzen werden hauptsächlich verwendet, um die mentale und emotionale Absicht der Person, die die Zeremonie durchführt, zu verstärken. Die Kerzenfigur hilft, die symbolische Energie des Rituals zu bündeln und erleichtert die psychologische und spirituelle Verbindung zum gewünschten Zweck. Oft stärkt die einfache Handlung, eine Person zu sehen, die mit der Anfrage in Verbindung steht, die Konzentration und emotionale Klarheit der Person.

➢ Die Adam-und-Eva-Kerzen gehören wahrscheinlich zu den bekanntesten Liebesritualen. Sie bestehen aus zwei verbundenen menschlichen Figuren, meist eine blaue und eine rosa, die die Verbindung eines Paares symbolisieren. Diese Kerzen werden verwendet, um Versöhnungen zu bitten, emotionale Bindungen zu stärken und liebevolle Harmonie zu fördern. Sie sind die emotionale Verbindung, die intime Verbindung und das Verlangen nach emotionaler Stabilität zwischen zwei Menschen.

➢ Coffin Candles haben eine viel intensivere und zartere Symbolik. Traditionell werden sie verwendet, um Zyklen zu schließen, hartnäckige Probleme zu lösen oder das endgültige Ende negativer Situationen zu symbolisieren. In einigen esoterischen Strömungen werden sie auch symbolisch verwendet, um Feinde abzuwehren oder schädliche Verbindungen zu kappen. Der Sarg steht für die Verwandlung, das Schließen und das Abschließen schwieriger Phasen.

➢ Buddha-Kerzen stehen für Wohlstand, Weisheit und materiellen Überfluss. Sie werden oft in Ritualen verwendet, die darauf abzielen, Geld und wirtschaftliche

Stabilität anzuziehen. Traditionell werden sie vor einem Teller mit Münzen und Wasser platziert, Elementen, die Reichtum und Energiezirkulation symbolisieren. Die Buddha-Figur steht für spirituelle Ruhe und Harmonie zwischen materiellem Wohlbefinden und innerem Frieden.

➤ Totenkopfkerzen symbolisieren Befreiung, Verwandlung und das Überwinden schwieriger Hindernisse. Sie werden in Ritualen verwendet, die darauf abzielen, schlechte Phasen zu durchbrechen, negative Situationen zu überwinden oder komplizierte Phasen hinter sich zu lassen. Der Schädel steht symbolisch für die Konfrontation mit Ängsten und die Fähigkeit, nach Schwierigkeiten wiedergeboren zu werden.

➤ Die Schuhkerzen stehen in Verbindung mit den sogenannten "Wegöffnern". Der Schuh symbolisiert Fortschritt, Bewegung und persönlichen Fortschritt. Diese Kerzen werden verwendet, um Arbeitsmöglichkeiten, Wirtschaftswachstum, Reisen oder jede Situation zu fördern, in der die Person vorankommen und Blockaden überwinden muss, die ihren Fortschritt verhindern.

➤ Herzkerzen werden hauptsächlich in Ritualen verwendet, die mit Liebe, Versöhnung und emotionaler Harmonie zu tun haben. Sie symbolisieren Gefühle, Sensibilität und affektive Vereinigung. Viele Menschen nutzen sie, um emotionale Konflikte zu glätten, Beziehungen zu stärken oder liebevolle Stabilität und aufrichtige Zuneigung anzuziehen.

➢ Die Drei-Affen-Kerzen besitzen eine komplexe und zugleich kontroverse Symbolik. Traditionell werden sie mit Ritualen in Verbindung gebracht, die darauf abzielen, Verwirrung zu erzeugen, psychische Konflikte hervorzurufen oder emotionalen Schaden an Personen zurückzugeben, die für Leid oder Verrat verantwortlich gemacht werden. In vielen modernen spirituellen Strömungen wird jedoch zur Vorsicht bei Ritualen geraten, die mit Rache, emotionaler Manipulation oder negativer Energie verbunden sind.

➢ Teufelskerzen sind eine der intensivsten Figuren innerhalb bestimmter esoterischer Praktiken. Historisch wurden sie in Ritualen verwendet, die mit Herrschaft, symbolischer Zerstörung von Feinden oder als aggressive Magie betrachteten Werken zu tun hatten. Diese Kerzen werden oft mit dunklen und kontroversen Praktiken in Verbindung gebracht, die viele spirituelle Traditionen aufgrund ihrer starken emotionalen und symbolischen Bedeutung zu vermeiden empfehlen.

➢ Schwertkerzen symbolisieren das Schneiden, den Schutz und die Beseitigung von Negativität. Sie werden verwendet, um schädliche Energien zu brechen, negative Einflüsse abzuschneiden oder spirituelle Werke zu neutralisieren, die als schädlich gelten. Das Schwert steht für Stärke, Gerechtigkeit und die Fähigkeit, sich in schwierigen Situationen zu verteidigen.

➢ Die Axt Kerze hat eine Bedeutung, die der des Schwertes ähnelt, aber mit extremer Stärke und dem endgültigen Durchbrechen von Hindernissen oder Negativität verbunden ist. Es wird besonders in Arbeiten im Bereich Gerechtigkeit, Schutz und Beseitigung persistierender negativer Energien eingesetzt.

➢ Schlangenkerzen sind Verwandlung, Verteidigung und Neutralisierung emotionaler oder energetischer Angriffe. Die Schlange symbolisiert Weisheit, Erneuerung und die Fähigkeit, sich vor Menschen zu schützen, die bewusst oder unbewusst Negativität senden.

➢ Augenkerzen werden speziell verwendet, um dem bösen Auge entgegenzuwirken und vor Neid oder negativen Energien zu schützen, die auf eine Person gerichtet sind.

Das Auge symbolisiert Wachsamkeit, Gefühl und spirituellen Schutz.

➢ Taubenkerzen sind Frieden, Hoffnung und göttlicher Schutz. Sie werden in Momenten der Verzweiflung, familiären Konflikten oder emotional schwierigen Situationen eingesetzt, in denen nach Ruhe und einem Ausweg aus komplexen Problemen gesucht werden.

➢ Kerzen in Form eines männlichen Geschlechtsorgans haben je nach verwendeter Farbe unterschiedliche Bedeutungen. In Weiß symbolisieren sie das Durchtrennen von Bindungen oder emotionale Befreiung. In Rot stehen sie für Leidenschaft, körperliche Verbindung und die Stärkung intimer Beziehungen. In Schwarz werden sie symbolisch verwendet, um Menschen fernzuhalten, die in romantischen Beziehungen als schädlich oder aufdringlich gelten.

➢ Pyramidenkerzen symbolisieren die Verbindung mit universellen Energien, Stabilität und spirituelle Konzentration. Die pyramidenförmige Figur steht für Stärke, energetische Erhebung und die Fähigkeit, Gleichgewicht und Harmonie aus höheren Ebenen anzuziehen.

➢ Faustkerzen stehen für Stärke, Ausdauer und Entschlossenheit. Sie werden verwendet, um Forderungen in Bezug auf Mut, Ausdauer und die Fähigkeit, Hindernisse zu überwinden, ohne aufzugeben, zu untermauern.

➢ Froschkerzen stehen hauptsächlich im Zusammenhang mit Klatsch, Klatsch und sozialen Konflikten. Je nach Hautfarbe können sie dazu verwendet werden, Beziehungen zu verbessern, negatives Feedback zu verhindern oder den Ruf einer Person zu schützen. Die Tradition bedeutet, den mit dem Ritual verbundenen Namen aufzuschreiben und ihn in die Figur zu legen, bevor man sie anzündet.

➢ Die Sonnenkerzen symbolisieren das Öffnen von Pfaden, Klarheit und das Überwinden von Hindernissen. Die Sonne steht für Erfolg, lebenswichtige Energie und persönliches Wachstum. Sie werden genutzt, um neue Chancen zu gewinnen und wichtige Projekte zu stärken.

➢ Schlüsselkerzen stehen für Öffnung und Befreiung. Sie symbolisieren den Zugang zu neuen Möglichkeiten, Lösungen sowie die Öffnung emotionaler, finanzieller oder spiritueller Wege.

- Die Mondkerze steht in einer engen Verbindung zu Intuition, Sensibilität, Liebe und Kreativität. Es wird verwendet, um positive Emotionen zu stärken, Vorstellungskraft zu entwickeln und harmonische Ergebnisse aus persönlicher Anstrengung zu fördern.

- Scherenkerzen schneiden und lösen aus. Je nach Farbe können sie genutzt werden, um Negativitäten zu brechen, eine Person emotional zu stärken oder schädliche Energien, die sich in einer bestimmten Situation angesammelt haben, zu beseitigen.

- Engelskerzen symbolisieren spirituellen Schutz, inneren Frieden und Harmonie. Viele Menschen verwenden sie in schwierigen Zeiten oder wenn sie emotionale Ruhe und ein Gefühl spiritueller Begleitung benötigen.

- Rote Apfelkerzen stehen für dauerhafte Liebe, emotionale Vereinigung und emotionale Stärkung innerhalb von Paaren. Der Apfel symbolisiert Verlangen, Liebe und emotionale Fruchtbarkeit.

- Die Zitronenkerze steht für Reinigung und Entblocken von Energie. Es wird in Ritualen verwendet, die darauf abzielen, Stagnation zu überwinden, Wege zu öffnen und Situationen zu mobilisieren, die scheinbar ohne klare Erklärung gestoppt oder gelähmt sind.

Über magische Glaubensvorstellungen hinaus besitzen all diese Figuren eine starke symbolische und emotionale Ladung. Sie wirken als visuelle Werkzeuge, die helfen, Gedanken, Emotionen und Wünsche zu fokussieren. Menschen haben schon immer Symbole benutzt, um das zu sein, wovor sie Angst haben, wollen oder das sie verwandeln müssen.

Vielleicht ist das der Grund, warum ritualisierte Kerzen weiterhin so viele Menschen faszinieren. Denn in jeder Figur gibt es eine sichtbare Darstellung der Kämpfe, Hoffnungen und tiefsten Gefühle der menschlichen Seele.

Die magischen Kräfte der Wochentage.

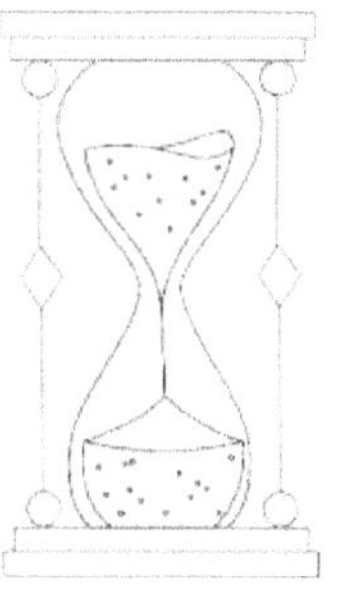

Innerhalb esoterischer Traditionen hängt Magie nicht nur von der Farbe der Kerzen oder der Absicht des Rituals ab. Der Moment, in dem die Zeremonie stattfindet, gilt ebenfalls als sehr wichtig. Seit der Antike waren Astrologie, Magie und Spiritualität eng miteinander verbunden, weshalb jeder Wochentag mit bestimmten Planeten, Farben und spezifischen Energien verbunden war, die bestimmte Arten spiritueller Arbeit begünstigen konnten.

Nach diesen Überzeugungen hilft das Durchführen eines Rituals am richtigen Tag, die Absicht zu stärken und die Energien der magischen Arbeit mit den entsprechenden planetaren Schwingungen zu harmonisieren. Das bedeutet nicht, dass Zauber oder Rituale nicht zu anderen Zeiten ausgeführt werden können, aber es wird angenommen, dass die Ergebnisse günstiger sein können, wenn eine Synchronisation zwischen Zweck des Rituals und dem gewählten Tag besteht.

Jeder Wochentag steht symbolisch für eine andere Energie, die mit Emotionen, menschlichen Aktivitäten und bestimmten Lebensaspekten zusammenhängt. Aus diesem Grund empfehlen esoterische Traditionen, die richtige Zeit sorgfältig zu wählen, um Arbeit im Zusammenhang mit Liebe, Wohlstand, Schutz, Gesundheit oder spirituellem Wachstum zu verrichten.

Sonntag – Der Tag der Sonne

Der Sonntag wird von der Sonne beherrscht, einem Symbol für Leben, Stärke, Erfolg und Lebenskraft. Obwohl die Sonne astronomisch gesehen ein Stern ist, gilt sie in der Astrologie und magischen Symbolik als der spirituelle Herrscher dieser Zeit. Die mit dem Sonntag assoziierten Farben sind Gelb, Gold und Orange, Schattierungen, die Energie, Triumph, Expansion und Klarheit symbolisieren.

Die sonntags durchgeführten Rituale beziehen sich meist auf Gesundheit, Ehrgeiz, persönliche Ziele und berufliches Wachstum. Es gilt auch als günstiger Tag für Jobs, die mit Erfolg, Beförderungen, sozialer Anerkennung und Stärkung des Selbstwertgefühls zu tun haben. Solarenergie symbolisiert Führung, persönliche Macht und die Fähigkeit, entschlossen voranzukommen.

Darüber hinaus gilt dieser Tag als günstig für Rituale rund um Kinder, Spaß, Kreativität und Aktivitäten im Zusammenhang mit wirtschaftlicher oder finanzieller Expansion. Die Sonne steht auch für emotionale Vitalität und Lebensfreude.

Montag – Mondtag

Montag wird vom Mond beherrscht, einem Symbol für Emotionen, Intuition und spirituelle Sensibilität. Die zugehörigen Farben sind Weiß, Silber und Grau, Schattierungen, die mit Reinheit, Spiritualität und emotionaler Welt zusammenhängen.

Montagsrituale sind oft mit Träumen, Intuition, tiefen Emotionen und spirituellen Themen verbunden. Es ist auch ein Tag, der mit Weiblichkeit, den Geheimnissen des Unterbewusstseins und der emotionalen Verbindung zu zuhause und Familie verbunden ist.

Viele Menschen führen an diesem Tag Zeremonien im Zusammenhang mit emotionalem Schutz, intuitiver Entwicklung, Reisen, Spiritualität und religiösen Erfahrungen durch. Es ist auch günstig für Rituale im Zusammenhang mit Wasser, Ozeanen, Seen und allen Elementen, die mit Sensibilität und der inneren Welt verbunden sind.

Der Montag symbolisiert auch Introspektion, Vorstellungskraft und Verbindung zu verborgenen Aspekten des menschlichen Bewusstseins.

Dienstag – Märztag

Der Dienstag wird vom Mars beherrscht, einem Planeten, der mit Tat, Stärke und Tapferkeit verbunden ist. Seine Hauptfarben sind rot, Rosa und Orange, Schattierungen, die mit Leidenschaft, körperlicher Energie und Bewegung assoziiert werden.

Rituale, die dienstags durchgeführt werden, konzentrieren sich meist auf Mut, Schutz, Sexualität, Handeln und das Überwinden von Hindernissen. Es ist auch ein Tag, der mit körperlichen Aktivitäten, Sport, Konflikten, Auseinandersetzungen und wichtigen Entscheidungen verbunden ist.

Marianische Energie steht für Entschlossenheit, Kampffähigkeit und die Bereitschaft, Schwierigkeiten zu meistern. Deshalb werden an diesem Tag viele Aufgaben in den Bereichen Verteidigung, Justiz, Negativität abbauen oder schwierige Projekte erledigt.

Es gilt auch als vorteilhaft für Tätigkeiten im Zusammenhang mit Werkzeugen, Reparaturen, Mechanik, Chirurgie und

Arbeiten, die intensive Energie und schnelle Entscheidungsfindung erfordern.

Mittwoch – Merkur-Tag

Wednesday wird von Merkur beherrscht, einem Planeten, der mit Kommunikation, Intelligenz und Lernen assoziiert wird. Verwandte Farben sind Violett und Silber, Symbole für Geist, Kreativität und intellektuelle Klarheit.

Dieser Tag eignet sich ideal für Rituale rund um Studium, Gedächtnis, Weisheit und geistige Entwicklung. Es bevorzugt auch Aktivitäten im Zusammenhang mit Schreiben, Verträgen, Telefonaten, Nachrichten und Kommunikation im Allgemeinen.

Die spirituelle Arbeit, die mittwochs durchgeführt wird, richtet sich meist auf Bildung, Musik, bildende Kunst, Spracherwerb und die Stärkung intellektueller Fähigkeiten. Merkur steht für schnelles Denken, Neugier und die Fähigkeit, Informationen auszutauschen.

Es ist auch ein günstiger Tag für Studierende, Schriftsteller, Künstler und Menschen, die mit Technologie oder Kommunikation zu tun haben.

Donnerstag – Jupiter-Tag

Donnerstag wird von Jupiter beherrscht, einem Planeten, der mit Expansion, Weisheit und Wohlstand assoziiert wird. Ihre Farben sind blau und die Töne metallisch, Symbole für Größe, Wachstum und spirituelle Autorität.

Die donnerstags durchgeführten Rituale konzentrieren sich meist auf Glück, Geschäft, lange Reisen, Philosophie, Religion und persönliches Wachstum. Er gilt auch als bedeutender Tag für Berufe, die mit politischer Macht, Gerechtigkeit, höheren Studien und spiritueller Entwicklung zu tun haben.

Jupiters Energie symbolisiert Fülle, Optimismus und Ausdehnung. Aus diesem Grund führen viele Menschen an diesem Tag Rituale durch, die mit wirtschaftlichem Wohlstand, beruflichem Erfolg und Wegeröffnung zu tun haben.

Sie bevorzugt außerdem Aktivitäten im Bereich Lehre, Psychologie, Publikationen und die Suche nach vertieftem Wissen.

Freitag – Venus-Tag

Freitag wird von der Venus beherrscht, dem Planeten der Liebe, Schönheit und Harmonie. Die zugehörigen Farben sind Grün, Rosa und Weiß, Schattierungen, die mit Zuneigung, Gleichgewicht und emotionaler Sensibilität zusammenhängen.

Die freitags durchgeführten Rituale konzentrieren sich meist auf romantische Liebe, Freundschaften, Versöhnungen und romantische Beziehungen. Es gilt auch als besonders günstiger Tag für Berufe, die mit Schönheit, Kunst, Musik und Kreativität zu tun haben.

Venusianische Energie symbolisiert Harmonie, Vergnügen und emotionale Verbindung. Aus diesem Grund finden an diesem Tag viele Zeremonien statt, die darauf abzielen, Seelenverwandte anzuziehen, Ehen zu stärken oder emotionale Beziehungen zu verbessern.

Darüber hinaus bevorzugt der Freitag soziale Aktivitäten, Wohnkultur, Design, Mode und jeglichen künstlerischen Ausdruck, der mit Sensibilität und Ästhetik zu tun hat.

Samstag – Saturn-Tag

Der Sabbat wird von Saturn beherrscht, einem Planeten, der mit Disziplin, Karma und Transformation assoziiert wird. Seine Farben sind Schwarz, Grau und Dunkelrot, Symbole für Tiefe, Verantwortung und Schutz.

Die am Sabbat durchgeführten Rituale beziehen sich meist auf Schutz, Neutralisierung von Negativitäten, Gerechtigkeit und das Überwinden schwieriger Prüfungen. Es ist auch ein Tag, der mit Reflexion, Grenzen und dem Umgang mit komplexen Situationen verbunden ist.

Saturns Energie symbolisiert Geduld, Reife und tiefe Transformation. Viele Menschen führen an diesem Tag Rituale durch, die darauf abzielen, negative Energien abzubauen, den Charakter zu stärken und wichtige Hindernisse zu meistern.

Es bevorzugt auch Arbeit in den Bereichen Recht, Finanzen, Mathematik, Testamente und materielle Verpflichtungen. Saturn steht auch für Weisheit, die durch Erfahrung erworben wird, und für die Fähigkeit, Schwierigkeiten zu überstehen.

Über esoterische Überzeugungen hinaus hilft die Beziehung zwischen Tagen und bestimmten Energien psychologisch, Absichten zu organisieren und bestimmte Momente der Reflexion und Konzentration zu schaffen. Jeder Tag hat eine andere symbolische Ladung, die es dem Geist ermöglicht, sich emotional auf bestimmte Ziele zu konzentrieren.

Vielleicht ist das der Grund, warum so viele alte Traditionen Zeit mit Spiritualität und Magie verknüpften. Denn Menschen haben immer versucht, ihre Wünsche, Gefühle und Rituale mit den Zyklen des Universums zu synchronisieren, um Harmonie zwischen dem Alltag und den geheimnisvollen Kräften zu finden, die die Welt zu bewegen scheinen.

Deine magischen Tage und Stunden

In esoterischen und astrologischen Traditionen ist es nicht nur wichtig, die richtige Kerzenfarbe oder die richtige Mondphase für ein Ritual zu wählen. Es gilt auch als unerlässlich, die sogenannten planetaren Stunden und magischen Tage zu kennen, da jeder Moment des Tages symbolisch mit bestimmten spirituellen und planetaren Energien verbunden ist.

Um dieses System zu verstehen, müssen wir zunächst wissen, welcher der herrschende Planet unseres Tierkreiszeichens ist und welcher Planet den Zweck des Rituals bestimmt, das wir durchführen möchten. Nach astrologischer Tradition wird jeder Wochentag von einem bestimmten Planeten beeinflusst:

Der Sonntag entspricht der Sonne.

Montag entspricht dem Mond.

Dienstag entspricht dem Mars.

Mittwoch entspricht Merkur.

Donnerstag entspricht Jupiter.

Freitag entspricht Venus.

Samstag entspricht Saturn.

Diese Assoziationen entstanden nicht zufällig. Seit der Antike haben Astrologen und Okkultisten die Bewegungen der sichtbaren Sterne beobachtet und symbolische Systeme entwickelt, bei denen jeder Planet bestimmte Emotionen, menschliche Aktivitäten und spirituelle Energien repräsentiert. Aus diesen Beobachtungen entstanden die magischen Entsprechungen, die noch heute in der Astrologie und vielen esoterischen Ritualen verwendet werden.

Planetarische Stunden gelten als zeitliche Räume, die vom energetischen Einfluss eines bestimmten Planeten dominiert werden. Nach diesen Überzeugungen hat jede Stunde eine andere Schwingung und kann bestimmte Arten von Aktivitäten, Zaubern oder wichtigen Entscheidungen begünstigen. Die richtige Nutzung dieser Stunden hilft, die Absicht der Rituale zu verstärken und unsere Handlungen mit den Energien des Universums zu synchronisieren.

Viele Menschen glauben, dass ihre Rituale nicht einfach deshalb funktionierten, weil sie zu energetisch ungünstigen Zeiten durchgeführt wurden. Daher gilt das Erlernen der Nutzung planetarischer Korrespondenz als eine der wichtigsten Grundlagen innerhalb magischer und spiritueller Praktiken.

Im Gegensatz zu herkömmlichen sechzigminütigen Stunden ändern sich die planetaren Stunden ständig je nach Jahreszeit und geografischem Standort. Tagsüber gibt es zwölf Planetenstunden und nachts zwölf. Die tagsüber beginnen bei Sonnenaufgang und enden bei Sonnenuntergang, während die nächtlichen von der Dämmerung bis zur folgenden Morgendämmerung dauern.

Tagsüber werden oft genutzt, um Absichten zu aktivieren und Projekte oder Wünsche in Bewegung zu setzen. Die nächtlichen hingegen stehen im Zusammenhang mit intuitiveren und spirituellen Energien und bevorzugen Introspektion, Träume und psychische Stärkung.

Neben der Verwendung für magische Rituale können planetar stunden auch im Alltag genutzt werden. Viele Traditionen empfehlen, bestimmte Zeiten zu wählen, um Verträge zu unterschreiben, zu reisen, Vorstellungsgespräche zu führen, Dates zu führen, wichtige Gefälligkeiten zu erbitten oder professionelle Projekte zu starten. Die Idee ist, im Einklang mit der planetaren Energie zu handeln, die für das, was wir erreichen wollen, am günstigsten ist.

In der Antike sahen Astrologen die sieben Sterne mit bloßem Auge sichtbar und ordneten ihre Einflüsse nach einer bestimmten Reihenfolge: Saturn, Jupiter, Mars, Sonne, Venus, Merkur und Mond. Dieser Zyklus wurde genutzt, um die Regentschaft der Stunden zu bestimmen, und führte später zu dem System der Wochentage, das wir heute kennen.

Die alten Chaldäer waren diejenigen, die den Sieben-Tage-Kalender entwickelten und jedem den Namen eines entsprechenden Planeten oder einer Gottheit zuwiesen. Sie stellten außerdem fest, dass sich die Länge von Tag und Nacht je nach Jahreszeit änderte und dass während der Tagundnachtgleichen beide Perioden gleich lang waren. Aus diesem Grund teilten sie jeden Tag in zwei Gruppen zu je zwölf Stunden: Tag und Nacht.

Sonnenscheinstunde

Die Stunde der Sonne gilt als eine der mächtigsten und positivsten für fast jede größere Tätigkeit. Es bevorzugt Treffen mit Influencern, Vorstellungsgespräche, Verhandlungen, Beförderungen und Projekte, die mit persönlichem Erfolg und sozialer Anerkennung zu tun haben. Es eignet sich auch hervorragend für Rituale rund um Arbeit, Geld, Beförderungen und die Stärkung des Selbstwertgefühls.

Venus-Zeit

Die Stunde der Venus ist tief mit Liebe, Schönheit, Harmonie und Kreativität verbunden. Es eignet sich ideal für künstlerische Aktivitäten, romantische Dates, Versöhnungen, Wohnaccessoires und alles, was mit persönlichen Beziehungen zu tun hat. Viele Traditionen betrachten dies als die beste Zeit, um einen Heiratsantrag zu machen, Liebeszauber zu wirken oder emotionale Bindungen zu stärken.

Merkurzeit

Die Mercury Hour bevorzugt Kommunikation, Studium und intellektuelle Aktivitäten. Es eignet sich hervorragend zum Schreiben, Lernen, Vertragsunterzeichnung, zum Versenden wichtiger Nachrichten oder zum Führen von Geschäftsverhandlungen. Es gilt auch als vorteilhaft für kurze Reisen, Sprachenlernen sowie Aktivitäten im Bereich Technologie und Kommunikation.

Mars-Zeit

Die Mars-Stunde ist mit physischer Energie, Tapferkeit und Handlung verbunden. Es bevorzugt Sportaktivitäten, Situationen, die emotionale Stärke erfordern, und Rituale zum Schutz oder zur Selbstverteidigung. Aufgrund seiner impulsiven Natur wird es jedoch nicht für wichtige

Diskussionen oder heikle Verbindungen empfohlen, da es Konflikte oder Spannungen begünstigen kann.

Mond Zeit

Die Stunde des Mondes steht im Zusammenhang mit Emotionen, Intuition und häuslichen Angelegenheiten. Sie begünstigt familiäre Themen, Fruchtbarkeit, Spiritualität und emotionale Verbindung. Es gilt auch als hervorragend für Rituale im Zusammenhang mit zuhause, Mutterschaft, Träumen und intuitiver Sensibilität.

Saturnzeit

Saturn-Zeit hat eine ernstere, langsamere und reflektierender Energie. Es bezieht sich auf Bauwerke, Immobilien, Bauwesen und rechtliche Fragen. Sie bevorzugt außerdem Rituale des Schutzes, der Neutralisierung und spiritueller Weisheit. Aufgrund seiner einschränkenden Natur empfehlen viele Traditionen in dieser Stunde Vorsicht bei sensiblen sozialen oder emotionalen Angelegenheiten.

Jupiter-Zeit

Jupiter-Zeit symbolisiert Wohlstand, Expansion und Wachstum. Es ist besonders vorteilhaft für Geschäftsreisen, lange Reisen, rechtliche Angelegenheiten und wichtige berufliche Projekte. Viele Menschen führen in dieser Stunde

Rituale im Zusammenhang mit Geld, Arbeitserfolg, spiritueller Schutz und Gesundheitserholung durch.

Die Berechnung der Planetenstunden hängt von der Dauer von Sonnenlicht und Dunkelheit an jedem Ort und jeder Jahreszeit ab. Um sie korrekt zu berechnen, müssen Sie zunächst die genaue Zeit von Sonnen auf- und -untergang kennen. Die Gesamtzahl der Tageslichtminuten wird dann durch zwölf geteilt, wodurch die Länge jeder Tagesstunde ergeben wird. Das gleiche Verfahren gilt für die Nachtschicht.

Viele Menschen kombinieren den planetaren Tag mit der entsprechenden Zeit, um ihre Rituale weiter zu stärken. Zum Beispiel gilt ein liebesbezogener Zauber, der am Freitag in der Stunde der Venus ausgeführt wird, als besonders mächtig. Ebenso symbolisiert ein Wohlstandsritual, das am Donnerstag während der Jupiterstunde durchgeführt wird, wirtschaftliche Expansion und materiellen Erfolg.

Über esoterische Glaubensvorstellungen hinaus spiegelt dieses System den uralten menschlichen Wunsch wider, in Harmonie mit den Zyklen des Universums zu leben. Planetarische Stunden dienen auch als symbolische Art, Absichten, Emotionen und persönliche Ziele nach natürlichen und spirituellen Rhythmen zu ordnen.

Vielleicht ist das der Grund, warum diese Traditionen so viele Jahrhunderte überlebt haben. Denn Menschen hatten schon immer das Bedürfnis, besondere Momente zu finden, in denen die Zeit mit ihren tiefsten Wünschen, Hoffnungen und Träumen übereinstimmt.

Beispiel für die Berechnung der Planetenstunden

Um besser zu verstehen, wie planetare Arbeitszeiten funktionieren, können wir ein praktisches Beispiel verwenden. Stellen wir uns vor, wir wollen die planetaren Stunden des 7. Dezember 2020 in der Stadt Las Vegas berechnen. An diesem Tag war Montag, daher gehört nach astrologischer Überlieferung die erste planetare Stunde des Tages dem Mond, da der Mond der Herrscher des Montags ist.

In diesem Beispiel findet der Sonnenaufgang um 5:11 Uhr statt und der Sonnenuntergang um 18:38 Uhr. Um die Tageslänge zu berechnen, wird die Zeit des Sonnenaufgangs von der Zeit des Sonnenuntergangs abgezogen. Das Ergebnis sind 13 Stunden und 27 Minuten Tageslicht. Da die tagtäglichen Planetenstunden in zwölf gleich große Teile unterteilt sind, müssen wir diese Gesamtzeit in Minuten umrechnen. Dreizehn Stunden ergeben 780 Minuten, und wenn man 27 Minuten addiert, haben wir 807 Minuten Licht. Dann teilen wir diese 807 Minuten durch 12, was uns eine ungefähre Dauer von 67 Minuten für jede Tagesplanetenzeit ergibt, also 1 Stunde und 7 Minuten.

Das bedeutet, dass die erste planetare Stunde genau bei Sonnenaufgang um 5:11 Uhr beginnt und 1 Stunde und 7

Minuten später, etwa um 6:18 Uhr, endet. Da der Tag Montag ist, wird diese erste Stunde vom Mond bestimmt. Die zweite Planetenzeit folgt der traditionellen Reihenfolge der Planeten und wird von Saturn regiert, beginnend bei 6:18 und endend etwa 7:25. Von dort aus wird die uralte planetarische Ordnung weiterhin befolgt: Saturn, Jupiter, Mars, Sonne, Venus, Merkur und Mond.

Die Nachtstunden werden auf die gleiche Weise berechnet, jedoch unter Verwendung des Zeitraums zwischen Sonnenuntergang und Sonnenaufgang am nächsten Tag. In diesem Fall, wenn der Tag 13 Stunden und 27 Minuten Tageslicht hätte, hätte die Nacht 10 Stunden und 33 Minuten. Wenn man diese Dauer in Minuten umrechnet, ergibt sich 633 Minuten. Dann teilen wir 633 durch 12, und das Ergebnis beträgt etwa 52 Minuten und 45 Sekunden für jede nächtliche planetare Stunde.

Das zeigt, warum die Planetenstunden nicht immer 60 Minuten dauern. Die Dauer variiert je nach Jahreszeit, Stadt, in der Sie sich befinden, und der verfügbaren Sonnenlichtmenge. Im Sommer sind die Tagesstunden der Planeten meist länger, weil mehr Sonnenlicht vorhanden ist, während sie im Winter kürzer sind. Das Gegenteil passiert bei den Nachtstunden.

Obwohl diese Berechnung zunächst kompliziert erscheinen mag, müssen Sie sich nicht mit Mathematik quälen. Heutzutage gibt es Online-Tools wie planetaryhours.net, mit denen Sie planetare Stunden schnell nach Datum und Ort berechnen können. Das Wichtige ist, das Grundprinzip des Systems zu verstehen und die traditionellen Symbole der Planeten aus der antiken Astrologie zu kennen. Bei dieser Methode werden nur die sieben klassischen Planeten verwendet: Sonne, Mond, Mars, Merkur, Jupiter, Venus und Saturn. Uranus, Neptun und Pluto sind nicht enthalten, da diese Planeten nicht Teil des traditionellen astrologischen Systems waren, das mit bloßem Auge sichtbar war.

Um die planetaren Stunden in Ritualen korrekt zu nutzen, muss die Zeit gewählt werden, die dem Zweck der magischen Arbeit entspricht. Wenn das Ritual zum Beispiel mit Liebe, Versöhnungen oder affektiven Beziehungen zusammenhängt, wird empfohlen, nach der Zeit der Venus zu suchen. Wenn der Zweck Wohlstand, wirtschaftliche Expansion oder rechtliche Angelegenheiten ist, ist die Jupiter-Zeit günstiger. Für Schutzrituale, Begrenzungen oder Neutralisierung negativer Energien kann Saturnzeit verwendet werden. Für Kommunikationsangelegenheiten, Verträge oder Studien ist Merkurzeit geeigneter.

Ein weiterer wichtiger Aspekt dieser Traditionen ist Merkur rückläufig. Diese Phase findet drei- bis viermal im Jahr statt und gilt als sensible Phase für Angelegenheiten rund um Kommunikation, Dokumente, Verträge, kurze Reisen, Handel und wichtige Entscheidungen. Während des Merkur-Rücklaufs empfehlen viele astrologische Strömungen, relevante Vereinbarungen zu unterzeichnen, wichtige Geschäftsprojekte zu starten oder Entscheidungen zu treffen, die zu stark auf Informationen, Nachrichten oder Verhandlungen basieren.

Das bedeutet nicht, dass das Leben vollständig stillstehen sollte, aber es ist ratsam, vorsichtiger zu handeln, Dokumente sorgfältig zu prüfen und keine Eile Zeit zu vermeiden. Entscheidungen, die in diesem Zeitraum getroffen werden, müssen möglicherweise zu einem späteren Zeitpunkt korrigiert oder geändert werden. Es wird außerdem empfohlen, in dieser Phase nicht-dringende Operationen zu vermeiden, es sei denn, es handelt sich um einen medizinischen Notfall.

Falls es aus irgendeinem Grund notwendig ist, während des Rücklaufs Merkur ein Ritual oder einen Zauber durchzuführen, empfehlen viele Traditionen, zunächst eine energetische Reinigung oder ein spirituelles Bad durchzuführen. Der Zweck dieses Bades ist es, die Aura zu reinigen, Verwirrungen zu neutralisieren und die persönliche Energie besser vorzubereiten, bevor mit der spirituellen Arbeit begonnen wird.

Diese Art von symbolischem Bad wird üblicherweise mit Pflanzen hergestellt, die mit Sauberkeit, geistiger Klarheit und spiritueller Sicherheit verbunden sind. Ihr Ziel ist es nicht nur, die Auswirkungen des Merkur-Rücklaufs zu "neutralisieren", sondern auch der Person zu helfen, in einen Zustand der Ruhe, Konzentration und emotionalen Ausgeglichenheit zu gelangen. Auf diese Weise wird das Ritual mit größerer Ruhe und weniger geistiger Störung durchgeführt.

Über esoterische Überzeugungen hinaus lehrt das planetare Zeitsystem etwas Wichtiges: die Notwendigkeit, die Zeit zum Handeln sorgfältig zu wählen. Manchmal hängt der Erfolg eines Projekts nicht nur von der Absicht ab, sondern auch von Vorbereitung, Geduld und der Fähigkeit, auf den günstigsten Moment zu warten. Die planetaren Stunden dienen als symbolischer Leitfaden, um unser Handeln zu ordnen und unsere Rituale mit den natürlichen Zeitzyklen zu verbinden.

Bath für die Merkur-Rücklaufperiode

In esoterischen und astrologischen Traditionen gilt die Periode des Merkur-Rücklaufs als eine Zeit geistiger Verwirrung, Verzögerungen, Missverständnisse und Hindernisse in Bezug auf Kommunikation, Verträge, Reisen und Technologie. Viele Menschen empfinden während dieses Zyklus stärkere Angst, emotionale Erschöpfung oder ein Gefühl von Unordnung in ihren Plänen und Gedanken. Aus diesem Grund empfehlen viele spirituelle Strömungen eine energetische Reinigung, die darauf abzielt, die Aura zu reinigen, mentale Klarheit zurückzugewinnen und die mit diesem astrologischen Einfluss verbundenen Spannungen zu verringern.

Eine der am häufigsten verwendeten Methoden ist die Durchführung eines spirituellen Bads mit schützenden und reinigenden Pflanzen. Diese Kräuter werden seit Jahrhunderten in Reinigungsritualen verwendet, aufgrund ihrer Düfte, natürlichen Eigenschaften und starken spirituellen Symbolik. Der Zweck dieses Bades ist es nicht nur, Merkur rückläufig zu "neutralisieren", sondern auch der Person zu helfen, sich zu entspannen, ihre emotionale Energie neu zu ordnen und sich spirituell vorzubereiten, bevor sie Rituale durchführen, wichtige Entscheidungen trifft oder neue Projekte beginnt.

Um dieses Bad vorzubereiten, müssen Sie drei Pflanzen ausfolgenden Optionen auswählen: Raute, Salbei, Rosmarin, Lavendel, Minze oder Lorbeer. Jede hat eine andere Symbolik innerhalb der spirituellen Praktiken. Rue steht im Zusammenhang mit dem Schutz und der Beseitigung von Negativität. Salbei symbolisiert Reinigung und tiefe Reinigung. Rosmarin wird mit geistiger Klarheit und spiritueller Stärke assoziiert. Lavendel bringt emotionale Ruhe und Harmonie. Minze steht für energetische Erneuerung und geistige Frische, während Lorbeerholz Erfolg, Schutz und Öffnung von Wegen symbolisiert.

Diese Pflanzen sind in botanischen, esoterischen Geschäften oder sogar auf Naturmärkten erhältlich, wo frische oder getrocknete Kräuter verkauft werden. Das Wichtigste ist, diejenigen zu wählen, zu denen die Person die größte intuitive und emotionale Verbindung empfindet.

Sobald die drei Pflanzen ausgewählt sind, sollten Sie einen großen Topf nehmen und ihn mit genügend Wasser füllen, um die Infusion vorzubereiten. Dann geben Sie die Kräuter ins Wasser und lassen sie langsam kochen, bis sie ihre Aromen und Eigenschaften vollständig freigeben. Während das Wasser kocht, nutzen viele Menschen die Gelegenheit, sich mental auf das zu konzentrieren, was sie in ihrem Leben reinigen, loslassen oder verändern möchten.

Der aromatische Dampf der Pflanzen wirkt zudem entspannend, der hilft, Spannungen abzubauen und eine ruhigere spirituelle Umgebung zu schaffen. Der Geruch dieser Kräuter wird seit Jahrhunderten in Reinigungszeremonien verwendet, gerade weil sie Zustände der Ruhe, Selbstreflexion und emotionalen Ausgeglichenheit fördern.

Wenn die Zubereitung vollständig gekocht ist, sollten Sie sie von der Hitze nehmen und abkühlen lassen, bis sie eine angenehme Körpertemperatur erreicht. Anschließend wird die Flüssigkeit abgeseift, um die Pflanzen zu trennen und nur das vorbereitete Wasser zu erhalten.

Das Bad sollte vorzugsweise in einer ruhigen und ungestörten Umgebung durchgeführt werden. Zuerst badet man sich wie gewöhnlich und reinigt den Körper auf normale Weise. Dieser Schritt symbolisiert die körperliche Reinigung, bevor mit der energetischen Reinigung begonnen wird.

Nach dem normalen Bad beginnt man, das Wasser langsam vom Kopf aus über den Körper zu gießen, sodass es bis zu den Füßen hinunterfließt. Während das Wasser über den Körper läuft, empfehlen viele Traditionen, sich vorzustellen, wie

Sorgen, Spannungen und negative Energien nach und nach verschwinden.

Der Kopf besitzt in diesem Ritual eine große symbolische Bedeutung, da er für Geist, Gedanken und emotionale Klarheit steht. Das Herabfließen des Wassers von oben nach unten symbolisiert die vollständige Reinigung der Aura und das Lösen angesammelter emotionaler Belastungen.

Wenn das Ritual beendet ist, sollte man einige Sekunden warten, bevor man sich abtrocknet. Nach diesen Überzeugungen ermöglicht dieser kurze Moment den energetischen Eigenschaften der Pflanzen, symbolisch die Aura zu durchdringen und das spirituelle Gleichgewicht wiederherzustellen. Viele Menschen bevorzugen es, an der Luft zu trocknen oder einen Teil des Wassers natürlich auf der Haut einziehen zu lassen.

Das Hauptziel dieses Rituals besteht darin, ein Gefühl emotionaler und geistiger Erneuerung hervorzurufen. Nach dem Bad berichten viele Menschen, dass sie sich leichter, ruhiger und konzentrierter fühlen. Unabhängig von spirituellen Überzeugungen kann allein der bewusste Akt, innezuhalten, sich zu entspannen und ein Ritual der Selbstfürsorge durchzuführen, eine positive psychologische Wirkung auf den emotionalen Zustand haben.

Diese Arten von Bädern dienen auch als symbolische Rituale der Befreiung. Sie helfen der Person, emotional das Abschließen von Sorgen, Spannungen oder negativen Gedanken zu erkennen, die sich in schwierigen Zeiten angesammelt haben. Der Duft von Pflanzen, heißem Wasser und eine ruhige Atmosphäre fördern meditationsähnliche Entspannungszustände.

Innerhalb der Esoterik gilt es, dass eine energetisch saubere und emotional ausgeglichene Person es leichter hat, positive Chancen anzuziehen und Rituale mit besserer Konzentration und geistiger Klarheit zu entwickeln. Deshalb empfehlen viele Traditionen, spirituelle Bäder vor wichtigen Zeremonien oder während astrologischer Phasen, die als intensiv gelten, durchzuführen.

Über Astrologie und Magie hinaus spiegelt dieses Ritual etwas zutiefst Menschliches wider: das Bedürfnis, innezuhalten, zu atmen und die innere Energie emotional zu erneuern, wenn der Geist gesättigt oder verwirrt ist. Manchmal beginnt echte Veränderung genau in diesen kleinen Momenten der Stille, des Wassers, der Düfte und der Ruhe, in denen wir das Gefühl

haben, für einen Moment mit dem leichtesten Geist und dem
ruhigsten Herzen neu beginnen zu können.

Der Magische Kreis und der Schutz der Rituale

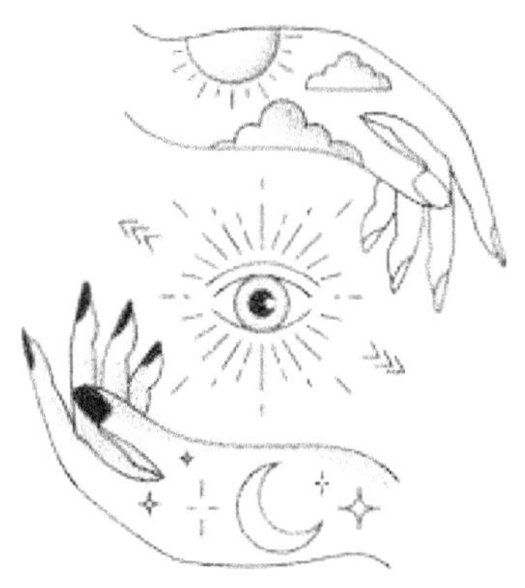

Der magische Kreis ist eines der wichtigsten Symbole in
esoterischen Praktiken, Ritualen und spirituellen Zeremonien.
Seit der Antike wird es als geweihter Raum genutzt, der dazu
dient, während magischer Werke, Anrufungen und spiritueller
Zeremonien Energien zu schützen, zu konzentrieren und zu
kanalisieren. Mehr als eine einfache Figur, die auf dem Boden
nachgezeichnet wird, steht der Kreis als symbolische Barriere
zwischen der Alltagswelt und dem heiligen Ort, an dem das
Ritual stattfindet.

In vielen okkulten Traditionen fungiert der magische Kreis als
eine Art energetischer Schutz, der hilft, die Person von äußeren
negativen Einflüssen zu isolieren und sich gleichzeitig auf die
Energie zu konzentrieren, die für spirituelle Arbeit benötigt
wird. Es gilt als luftdichter und sicherer Raum, in dem

Emotionen, Gedanken und Absichten sich ohne Unterbrechungen oder energetische Einflüsse entwickeln können.

Der Kreis hat auch eine tiefe psychologische und spirituelle Bedeutung. Indem der Geist einen bestimmten Raum für das Ritual physisch abgrenzt, tritt er in einen anderen Zustand der Konzentration und Feierlichkeit ein. Der einfache Akt, den Kreis zu bilden, hilft der Person, sich mental von alltäglichen Sorgen zu lösen und sich vollständig auf den Zweck der Zeremonie zu konzentrieren.

Innerhalb dieses geweihten Raumes kann die Person gemäß esoterischen Traditionen Anrufungen, Meditationen oder Rituale durchführen, die sich an verschiedene spirituelle oder energetische Kräfte richten. Viele Strömungen glauben, dass der Kreis als symbolische Grenze dient, die sowohl den Praktizierenden als auch alle Teilnehmer der Zeremonie schützt.

Der Kreis muss sauber, ordentlich und respektiert werden, um seine Schutzfunktion zu erhalten. Aus diesem Grund wird empfohlen, vor Beginn eines Rituals den gewählten Ort physisch und energetisch zu reinigen. Materielle Sauberkeit ist in der magischen Symbolik von großer Bedeutung, da

Unordnung als Darstellung stagnierender oder verteilter Energie gesehen wird.

Bevor der Kreis gezeichnet wird, ist es ratsam, den Raum zu organisieren, den Boden zu reinigen, unnötige Gegenstände zu entfernen und eine ruhige und harmonische Atmosphäre zu schaffen. Manche Menschen verwenden Weihrauch, Kerzen oder aromatische Pflanzen, um diese energetische Reinigung zu ergänzen und eine entspanntere und spirituellere Umgebung zu fördern.

Die vorherige Vorbereitung beinhaltet auch die sorgfältige Überprüfung aller für das Ritual notwendigen Elemente. Sobald der Kreis gezogen ist, ist es ideal, die Zeremonie nicht ständig durch die Suche nach vergessenen Gegenständen zu unterbrechen. Aus diesem Grund empfehlen viele Traditionen, Kerzen, Quarz, Öle, Kräuter, Behälter und alle notwendigen Werkzeuge im Voraus vorzubereiten.

Wenn während des Rituals das Bedürfnis besteht, den Kreis vorübergehend zu verlassen, empfehlen einige esoterische Strömungen, sich symbolisch eine kleine energetische Tür vorzustellen, die geöffnet und geschlossen werden kann, ohne den Schutz des Raumes vollständig zu brechen. Diese Geste hilft, die emotionale und symbolische Konzentration des Rituals intakt zu halten.

Es gibt keinen einzigen richtigen Weg, einen magischen Kreis zu zeichnen. Jede Tradition und jede Person entwickelt unterschiedliche Methoden entsprechend ihren Überzeugungen und Erfahrungen. Manche Menschen benutzen einen Zauberstab, während andere einfach die dominante Hand bevorzugen. Wichtig ist nicht das verwendete Objekt, sondern die Absicht und Konzentration, mit der das Layout erstellt wird.

Das verwendete Instrument berührt in der Regel nicht physisch den Boden. Es wird nach unten gerichtet, während die Person sich vorstellt, wie die Energie von innen in den dominanten Arm fließt und in den Raum projiziert, der den Kreis abgrenzt. Viele Überlieferungen beschreiben diesen Prozess als bewusste Projektion von schützender Energie.

Während des Nachzeichnens sollte die Person sich intensiv konzentrieren und sich einen leichten Strom oder einen energetischen Strahl vorstellen, der vom Instrument oder aus der Hand ausgeht und langsam die Umrisse des Kreises auf dem Boden formt. Visualisierung ist in diesem Prozess von großer Bedeutung, da sie symbolisch das Gefühl von Schutz und spiritueller Verbindung stärkt.

Einige Praktizierende rufen die vier Himmelsrichtungen an: Norden, Süden, Osten und Westen, besonders wenn das Ritual komplexere spirituelle Zeremonien oder Anrufungsarbeiten umfasst. Jede Richtung hat eine Symbolik, die mit den Elementen der Natur und bestimmten spirituellen Energien zusammenhängt.

Der Norden steht meist im Zusammenhang mit Land und Stabilität. Der Süden mit Feuer und Verwandlung. Der Osten mit Luft und Kommunikation. Der Westen mit Wasser und Emotionen. Das Anrufen dieser Punkte symbolisiert das Gleichgewicht zwischen Naturkräften und energetischer Harmonie innerhalb des Rituals.

In manchen Fällen kann der Kreis auch durch Kerzen, Steine, Blumen oder Quarz abgegrenzt werden, die um den zeremoniellen Raum verteilt sind. Viele Menschen betrachten schwarzen Turmalin als besonders schützend, einen Stein, der mit der Aufnahme von Negativität und der Energieabwehr in Verbindung gebracht wird.

Eine sehr gängige Praxis ist es, vier schwarzen Turmalinen an den vier Himmelspunkten zu platzieren, um den Schutz des Kreises visuell und symbolisch zu verstärken. Diese Steine bieten Stabilität und helfen dabei, ein Gefühl von Sicherheit und Konzentration während des Rituals zu schaffen.

Der magische Kreis sollte nicht ausschließlich als Linie auf dem Boden vorgestellt werden. Viele Traditionen empfehlen, sie als eine vollständige Energiesphäre um den zeremoniellen Raum zu visualisieren und eine Art schützende Blase, um die Teilnehmer der Zeremonie zu bilden.

Sobald der Kreis gezogen ist, kann das Ritual beginnen. Es ist jedoch wichtig, das Gefühl, sich in einem heiligen und geschützten Raum zu befinden, bewusst zu bewahren. Der Kreis symbolisiert Konzentration, Respekt und spirituelle Verbindung, daher sollte er nicht als bloße dekorative Zeichnung behandelt werden.

Das Öffnen und Schließen des Kreises hat ebenfalls symbolische Bedeutung. Traditionell wird der Kreis geöffnet, indem man ihn im Uhrzeigersinn verfolgt – eine Bewegung, die mit Schöpfung, Expansion und energetischer Aktivierung verbunden ist. Um sie zu schließen und die angesammelte Energie aufzulösen, erfolgt die Bewegung gegen den Uhrzeigersinn, was den Abschluss und die Rückkehr zum täglichen Gleichgewicht symbolisiert.

Nach dem Ritual empfehlen viele Traditionen, falls Quarz zum Schutz verwendet wurde, die Reinigung mit Meersalz, um während der Zeremonie angesammelte Energie zu entfernen. Dieser Akt symbolisiert Erneuerung und Vorbereitung auf zukünftige spirituelle Arbeit.

Über übernatürliche Glaubensvorstellungen hinaus dient der magische Kreis auch als mächtiges psychologisches Werkzeug. Die Abgrenzung eines speziellen Raumes für Meditation, Reflexion oder Zeremonien hilft dem Geist, tiefe Zustände der Konzentration und emotionalen Ruhe zu erreichen.

Vielleicht ist das der Grund, warum das Symbol des Kreises in so vielen Kulturen und spirituellen Praktiken im Laufe der Geschichte präsent war. Denn Menschen hatten schon immer das Bedürfnis, geschützte Räume zu schaffen, in denen sie sich sicher, mit sich selbst verbunden und vorübergehend vom Lärm und den Sorgen der Außenwelt getrennt fühlen können.

Zusammenfassung

Um die Bedeutung von Kerzenlichtritualen zu verstehen, ist es wichtig zu bedenken, dass jede spirituelle Zeremonie zwei grundlegende Phasen hat: Vorbereitung und Ausführung. Beide sind gleichermaßen wichtig, denn ein Ritual beginnt nicht im Moment des Anzündens der Kerze, sondern ab dem Moment, in dem die Person mental, emotional und körperlich alles organisiert, was an der Zeremonie teilnehmen wird.

Vorbereitung steht für die Geburt der Absicht. Es ist der Moment, in dem die Person klar definiert, was sie erreichen möchte, was der spirituelle Zweck des Rituals ist und welche Energien sie mobilisieren muss, um dieses Ziel zu erreichen. Viele esoterische Traditionen gehen davon aus, dass ein schlecht vorbereitetes Ritual an Stärke verliert, weil emotionale Energie verteilt wird und die Konzentration abnimmt.

Während dieser ersten Phase müssen alle notwendigen Elemente sorgfältig organisiert werden. Der günstigste Tag wird entsprechend der entsprechenden planetaren Energie, der richtigen Zeit, der Mondphase und der Farbe der Kerzen definiert, die am besten mit dem Zweck der Zeremonie harmonieren. Jedes Detail hat eine spezifische Symbolik und hilft, die spirituelle Absicht des magischen Werks zu stärken.

Auch das richtige Weihrauch, Quarz, ätherische Öle, Pflanzen, Symbole und alle anderen Elemente, die am Ritual teilnehmen, werden ausgewählt. Der Altar muss im Voraus vorbereitet werden, wobei jedes Objekt harmonisch und ausgewogen, um eine Umgebung zu schaffen, die Konzentration und emotionale Ruhe fördert.

Die während der Zeremonie getragene Kleidung hat auch symbolische Bedeutung in vielen spirituellen Traditionen. Es wird empfohlen, bequeme, leichte Kleidung und vorzugsweise weiße oder helle Farben zu tragen. Diese Nuancen symbolisieren Reinheit, Ruhe und energetische Offenheit. Außerdem erleichtert leichte Kleidung die Körperbewegung und hilft der Person, sich während des Rituals entspannter und verbundener mit sich selbst zu fühlen.

Alles, was verwendet werden soll, muss vor Beginn bereit sein. Dazu gehören Kerzen, Holzstreichhölzer, Gefäße, Gebete, Anrufungen und zeremonielle Texte. Eine vorherige Vorbereitung vermeidet unnötige Unterbrechungen und hilft, die energetische und emotionale Konzentration des Rituals aufrechtzuerhalten.

Sobald die Organisation abgeschlossen ist, beginnt die zweite Phase: die Ausführung. Dieser Moment steht für die

Aktivierung der spirituellen Absicht und die bewusste
Initiierung der Zeremonie. Bevor eine Kerze angezündet wird,
muss erneut eine Reinigung des physischen und energetischen
Raums durchgeführt werden, in dem das Ritual stattfinden
wird.

Die Reinigung der Umgebung kann mit Weihrauch,
aromatischen Pflanzen, blutigem Wasser, sanften Geräuschen
oder einfach durch sorgfältiges Aufräumen erfolgen. Das Ziel
ist es, einen ruhigen, harmonischen und spannungsfreien Raum
zu schaffen, der Konzentration und mentale Ruhe fördert.

Auch die Entspannung der Person ist unerlässlich. Es reicht
nicht aus, sich nur geistig ruhig zu fühlen; Auch der Körper
sollte entspannt sein. Viele Traditionen empfehlen, tief
durchzuatmen, Muskelverspannungen zu lösen und den Geist
vor Beginn der Zeremonie zu beruhigen. Ein angespannter
Körper oder ein veränderter Geist erschwert die Konzentration
und schwächt die für das Ritual notwendige emotionale
Klarheit.

Dann wird der magische Kreis geöffnet, ein symbolischer
Raum des Schutzes und der Energiekonzentration, in dem die
Zeremonie stattfinden wird. Einmal im Kreis, sollte die Person
beginnen, den Zweck des Rituals mental zu visualisieren, als

wäre es bereits durchgeführt worden. Diese Visualisierung gilt als einer der wichtigsten Teile der spirituellen Arbeit.

Der Geist muss sich das gewünschte Ergebnis klar vorstellen: Harmonie, Wohlstand, Versöhnung, Schutz oder jedes mit dem Ritual verbundene Ziel. Nach vielen esoterischen Strömungen verstärkt Visualisierung emotionale Schwingungen und hilft, die Energie des Rituals bewusst auf den erklärten Zweck auszurichten.

Anrufungen und Gebete nehmen ebenfalls einen zentralen Platz in der Zeremonie ein. Die während des Rituals gesprochenen Worte gelten als symbolische Brücken zwischen der materiellen und der spirituellen Welt. Durch sie drückt die Person ihre Wünsche, Absichten und Gefühle gegenüber dem aus, was sie als überlegen oder heilig betrachtet.

Aus diesem Grund empfehlen viele Traditionen, die Gebete und Anrufungen, die dem Ritual entsprechen, genau zu wiederholen, ohne Worte zu ändern oder die ursprünglichen Anweisungen zu ändern. Jede Phrase gilt als eine bestimmte energetische Struktur, die die spirituelle Verbindung verstärken und das Gleichgewicht der Zeremonie bewahren soll.

Invokationen dienen auch als Werkzeuge für emotionale Konzentration. Indem man sie sorgfältig wiederholt, bleibt der

Geist auf den Zweck des Rituals fokussiert und vermeidet äußere Ablenkungen. Die rhythmische Wiederholung von Worten hilft auch, Zustände der Ruhe und tiefen Meditation zu schaffen.

In vielen spirituellen Strömen gelten Engel, Erzengel, Heilige oder Geistführer als symbolische Fürsprecher zwischen der Person und dem Universum. Sie sind Schutz, Hoffnung und spirituelle Begleitung in schwierigen Zeiten oder wichtigen Prozessen emotionaler Transformation.

Daher müssen die während des Rituals gesprochenen Worte mit Glauben, Vertrauen und emotionaler Aufrichtigkeit gesprochen werden. Über religiöse oder esoterische Überzeugungen hinaus gelten authentische Absicht und innere Überzeugung als unerlässlich, um dem Ritual symbolische Kraft zu verleihen.

Es ist auch wichtig, sich bestimmte traditionelle Details im Zusammenhang mit der Verwendung von Kerzen zu merken. Es wird empfohlen, sie immer mit Streichhölzern oder Holzstreichhölzern anzuzünden, da sie eine natürlichere und harmonischere Verbindung zum Feuerelement symbolisieren. Viele Traditionen vermeiden die Verwendung elektronischer Feuerzeuge, weil sie das Gefühl haben, dass diese die symbolische Reinheit des Rituals beeinträchtigen.

Die Kerzen müssen zuvor mit ätherischen Ölen oder rituellen Präparationen gesalbt oder geweiht werden. Dieser Akt symbolisiert die spirituelle Aktivierung der Kerze und verstärkt die energetische Intention, die mit dem Zweck der Zeremonie verbunden ist.

Schließlich solltest du nach dem Ritual niemals vergessen, den magischen Kreis richtig zu schließen. Dieser Schritt symbolisiert das Ende der Zeremonie und die bewusste Rückkehr in den Alltag. Das Schließen des Kreises steht für Gleichgewicht, Schutz und die ordnungsgemäße Erfüllung der geleisteten spirituellen Arbeit.

Jenseits magischer Überzeugungen spiegelt all diese Vorbereitung etwas zutiefst Menschliches wider: die Notwendigkeit, besondere Momente der Stille, Konzentration und Hoffnung angesichts der Schwierigkeiten des Lebens zu schaffen. Rituale dienen oft als symbolische Akte, bei denen die Person ihre Wünsche emotional organisiert, ihren Willen stärkt und innere Ruhe findet.

Vielleicht ist das der Grund, warum Kerzen seit Jahrhunderten zu spirituellen Zeremonien gehören. Denn ihre Flamme steht für etwas Einfaches, aber Mächtiges: die menschliche

Fähigkeit, auch inmitten von Unsicherheit und Dunkelheit weiterhin nach Licht, Sinn und Hoffnung zu suchen.

Weihwasser, Weihwasser und Mondwasser

In vielen spirituellen Ritualen und esoterischen Zeremonien
wird Weihwasser als Element der Reinigung, des Schutzes und
der energetischen Reinigung verwendet. Es besteht jedoch die
fälschliche Annahme, dass diese Art von Wasser nur in
Kirchen, Tempeln oder religiösen Orten erhältlich ist. Seit der
Antike lehren viele spirituelle Traditionen, dass jeder sein
eigenes Weihwasser oder Weihwasser mit Absicht,
Konzentration und einfachen Elementen im Haus zubereiten
kann.

Wasser gilt seit den ältesten Zivilisationen als Symbol für
Leben, Erneuerung und Reinigung. Flüsse, Meere, Seen und
Regen waren stets mit spiritueller Reinigung und emotionaler
Transformation verbunden. Aus diesem Grund nimmt Wasser
einen zentralen Platz in zahllosen magischen, religiösen und
energetischen Ritualen weltweit ein.

In esoterischen Praktiken wird Weihwasser verwendet, um Räume zu reinigen, Menschen zu schützen, rituelle Gegenstände zu reinigen und angesammelte negative Energien abzuschneiden. Sie wird auch verwendet, um Altäre, Kerzen, Quarz, Amulette und spirituelle Werkzeuge vor wichtigen Zeremonien zu segnen.

Viele Menschen bevorzugen es, es "heiliges Wasser" zu nennen, weil sie glauben, dass die wahre Kraft dieser Vorbereitung aus der Absicht, Konzentration und emotionalen Energie liegt, die während der Zubereitung abgesetzt wird. Über jede bestimmte Religion hinaus symbolisiert das Ritual Reinigung, Harmonie und spirituelle Verbindung.

Einer der interessantesten Aspekte dieser Zubereitung ist ihre Einfachheit. Die Hauptelemente sind in jedem zuhause leicht zu finden und haben eine tiefe Symbolik innerhalb spiritueller Traditionen.

Materialien zur Herstellung von Weihwasser oder Weihwasser

Sie benötigen:

> Eine Tasse normales Wasser.
> Ein Esslöffel Meersalz oder Himalaya-Salz.

Wasser steht für Leben, Sensibilität, Intuition und spirituelle Reinigung. Salz hingegen wird seit Jahrhunderten als Symbol für Reinigung und Energieschutz verwendet. Viele Kulturen betrachteten Salz als eine Substanz, die Negativität aufnehmen und vor schlechten Einflüssen schützen kann.

Meersalz hat eine starke Symbolik im Zusammenhang mit dem Ozean, der Natur und den Reinigungszyklen der Energie. Himalaya-Rosa Salz wird ebenfalls weit verbreitet verwendet, da es mit Gleichgewicht, Harmonie und spiritueller Reinigung verbunden ist.

Um mit der Vorbereitung zu beginnen, müssen Sie den Behälter mit Wasser auf Ihrer linken Seite und das Salz auf der rechten Seite beide vor Sie stellen. Das Material der Behälter ist nicht wichtig; Glas-, Keramik- oder Kunststoffgläser, Gläser oder Behälter können verwendet werden. Das Wesentliche im Ritual ist nicht der Luxus der Objekte, sondern die Absicht und Konzentration, mit der die Zeremonie durchgeführt wird.

Sobald die Elemente organisiert sind, legen Sie Ihre rechte Hand auf das Wasser und die linke auf das Salz, wobei Sie leicht die Arme verschränken. Diese Geste hat eine symbolische Bedeutung im Zusammenhang mit dem Energiegleichgewicht und der Vereinigung reinigender Elemente.

Die rechte Hand wird üblicherweise mit Handlung, Energie und spiritueller Übertragung assoziiert, während die linke für Empfang, Intuition und emotionale Sensibilität steht. Sie über die Elemente zu kreuzen symbolisiert die Verbindung zwischen Absicht und Reinigung.

Dann musst du langsam, laut oder gedanklich, folgende Anrufung aussprechen:

"Durch die Macht, die ich habe, befreie ich diese Elemente von allen Negativitäten, möge das Licht des Universums sie reinigen, und wenn sie sich vereinen, werden sie nur im Einklang mit allem sein, was Güte und Liebe ist."

Diese Worte dienen als Bestätigung von energetischer Reinigung, Schutz und Harmonisierung. Es geht nicht nur darum, einen Satz zu wiederholen, sondern sich wirklich auf die Absicht zu konzentrieren, die Elemente zu reinigen und sie symbolisch mit positiven Energien aufzuladen.

Viele Traditionen betrachten Worte als emotional und spirituell schwingend. Deshalb wird empfohlen, die Beschwörung langsam, ruhig und mit voller geistiger Konzentration auszusprechen.

Nach der Beschwörung wird Salz ins Wasser gegeben und vorsichtig vermischt, bis es vollständig gelöst ist. Manche

Menschen bevorzugen dies mit kreisförmigen Bewegungen im Uhrzeigersinn, ein Symbol für Schöpfung und energetische Aktivierung.

Sobald die Vorbereitung abgeschlossen ist, kann das Wasser für spirituelle Rituale oder Energiereinigungszeremonien verwendet werden. Viele Menschen sprühen ein paar Tropfen in die Ecken des Hauses, um die Umgebung zu reinigen, während andere es verwenden, um rituelle Gegenstände zu segnen oder Räume und Altäre energisch zu reinigen.

Es kann auch symbolisch an Türen, Fenstern oder Räumen verwendet werden, in denen emotionale Spannung oder ein Gefühl energetischer Schwere wahrgenommen wird. Das Besprengen von Weihwasser steht für Reinigung, Erneuerung und das Öffnen harmonischerer und beruhigender Energien.

Über esoterische Überzeugungen hinaus haben diese Arten von Ritualen auch eine wichtige psychologische und emotionale Wirkung. Das Zubereiten von Weihwasser zwingt einen dazu, innezuhalten, sich zu konzentrieren und einen Moment bewusster Ruhe zu schaffen. Der einfache Akt, sich Zeit zu nehmen, um symbolisch einen Raum oder sich selbst zu reinigen, hilft, ein Gefühl von Ordnung, Ruhe und innerer Erneuerung zu erzeugen.

Die Kombination aus Wasser, Salz und emotionaler Absicht erzeugt ebenfalls eine tief meditative Erfahrung. Viele Menschen empfinden emotionale Erleichterung, einfach weil das Ritual ihnen erlaubt, Anspannungen abzubauen, sich mental zu konzentrieren und wieder Kontrolle über ihre Umgebung zu gewinnen.

Vielleicht ist das der Grund, warum Wasser eine so wichtige Rolle in den spirituellen Zeremonien praktisch aller menschlichen Kulturen eingenommen hat. Denn Wasser symbolisiert etwas Universelles: die Fähigkeit zu reinigen, sich zu verwandeln und neu anzufangen. So wie Regen die Erde nach einem Sturm reinigt, sind diese Rituale der menschliche Wunsch, das emotional belastende loszulassen und Platz für Ruhe, Hoffnung und innere Erneuerung zu schaffen.

Über den Autor

Alina Rubi ist Astrologin, spirituelle Autorin und Forscherin, die sich dem Studium von Astrologie, Metaphysik, Numerologie, Symbolik, Spiritualität, Ritualen und persönlicher Transformation widmet. Durch seine Bücher und spirituellen Lehren erforscht er die emotionalen, psychologischen und energetischen Dimensionen des menschlichen Lebens und verbindet alte mystische Traditionen mit modernen Reflexionen über Liebe, Schicksal, Beziehungen, Bewusstsein und spirituelles Wachstum. Ihre Arbeit soll den Lesern helfen, sich selbst, ihre Gefühle und die unsichtbaren Energien, die das Alltagsleben beeinflussen, besser zu verstehen.

Seit vielen Jahren entwickelt Alina Rubi umfangreiche Inhalte zu Sternzeichen, planetarischen Einflüssen, spirituellen Ritualen, energetischer Reinigung, Manifestation, emotionaler Heilung, heiliger Symbolik, Wohlstand und Selbstfindung. Sein Schreibstil verbindet Spiritualität, Intuition, emotionale Analyse, Humor und praktische Orientierung und schafft Bücher, die sowohl nachdenklich als auch für Leser mit Interesse an Astrologie und esoterischem Wissen zugänglich sind.

Seine Arbeit behandelt häufig Themen wie
Liebeskompatibilität, emotionale Psychologie durch Astrologie,
spirituelles Erwachen, Numerologie, Mondenergie,
Energieschutz, karmische Beziehungen, Wohlstandsrituale,
Engel, metaphysische Traditionen und den spirituellen Sinn
hinter Lebenserfahrungen. Sie ist besonders bekannt für ihre
Fähigkeit, komplexe spirituelle Konzepte auf warme,
emotionale und leicht verständliche Weise zu erklären, sodass
die Leser unabhängig von ihrer Erfahrung in Astrologie oder
Spiritualität eine tiefe Verbindung zum Material aufbauen
können.

Inspiriert von alten Traditionen, Symbolik, Philosophie,
emotionaler Heilung und spiritueller Erkundung hat Alina Rubi
viele Bücher zu Astrologie, Spiritualität, Ritualen, Metaphysik
und persönlicher Entwicklung geschrieben und daran
mitgearbeitet. Seine Werke haben Leser erreicht, die daran
interessiert sind, die tieferen emotionalen und energetischen
Kräfte zu verstehen, die Beziehungen, persönliche
Entwicklung, Schicksal und menschliches Bewusstsein prägen.

Während ihrer literarischen Laufbahn hat Alina Rubi ihr Werk
weiterhin auf zahlreiche spirituelle und metaphysische Themen
ausgeweitet, darunter die Psychologie der Tierkreiszeichen,
spirituellen Schutz, heilige Rituale, Manifestationstechniken,

Wohlstandspraktiken, emotionale Transformation, Mondzyklen und die mystischen Traditionen verschiedener Kulturen weltweit. Seine Schriften zeichnen sich durch ihre emotionale Tiefe, spirituelle Perspektive, intuitive Herangehensweise und eine starke Verbindung zu persönlicher Selbstermächtigung und innerem Wachstum aus.

In Zusammenarbeit mit Angeline Rubi hat sie an der Entwicklung mehrsprachiger spiritueller Publikationen mitgewirkt, die sich auf Astrologie, Metaphysik, Rituale, Energiearbeit, Numerologie, emotionale Heilung und esoterische Studien konzentrieren. Gemeinsam wollen ihre Werke Leser aus verschiedenen Kulturen und Hintergründen zu Reflexion, emotionalem Bewusstsein, spiritueller Neugier und persönlicher Transformation inspirieren.

Durch ihre Bücher ermutigt Alina Rubi die Leser, sich wieder mit ihrer Intuition zu verbinden, ihrer inneren Stimme zu vertrauen, emotional zu heilen und die spirituelle Bedeutung zu entdecken, die in den Lebenserfahrungen verborgen ist. Ihre Arbeit wächst weiterhin durch Bücher, spirituelle Projekte und Bildungsinhalte, die Menschen helfen, Liebe, Transformation, Fülle, Beziehungen, Spiritualität und emotionale Entwicklung mit größerem Bewusstsein und Verständnis zu navigieren.